»Mit künstlichen Steighilfen
habt ihr die Berge in ein mechanisches
Spielzeug umgewandelt.
Schließlich werden sie kaputtgehen
oder sich abnutzen, und euch
bleibt dann nichts anderes übrig,
als sie wegzuwerfen.« *Paul Preuß*

»Ich besitze einen Kletterhammer, den seinerzeit Paul Preuß mit sich führte und nur sehr selten benützte. Wie ich hörte, schlug er z. B. damit einen Haken in der Trisselwand bei Aussee, zur Sicherung seines Gefährten. Ich bekam diesen Hammer, der sehr zierlich ist und in einem Lederetui steckt, von Frau Anny Haupt-Wachalarsky geschenkt, Mitglied der seinerzeitigen Gilde ›Exzelsior‹ und des ÖAK, bekannt durch ihre großen Touren (z. B. Monte-Rosa-Ostwand – 1. Damenbegehung).«

Norbert Biely

»Selbst mein kleiner Kletterpickel mußte mehrmals zeigen, was er zu leisten imstande wäre.«

Paul Preuß

»Noch einmal stieg ich zu der Traverse empor, wieder mit demselben Resultat. Ja wenn ich wüßte, ob der Griff, den ich dort drüben erreichen kann, wenn ich mich ganz schief hinüber lehne, auch hält? ›Schlag' dir einen Mauerhaken ein‹, ruft Hüdl herauf, und so ungern ich zu solchen Mitteln greife, so muß ich mich doch damit abfinden. Gar so leicht war auch diese Tätigkeit nicht, und erst nach längeren Manipulationen, nachdem ich zwei Haken eingetrieben hatte, gelingt der schwere Schritt.«

Paul Preuß

Inhalt

»Meine Lieblingstour ist die Pfannlroute durch die Hochtor-Nordwand – die große, alte, klassische Tour, eine Riesenwand, fast gleichmäßig schwierig vom Anfang bis zum Ende, die unübertroffene und unübertreffbare Heldenleistung einer früheren Generation.« — *Paul Preuß*

Paul Preuß in der Pfannlroute der Hochtor-Nordwand.

»Wie ein freudiger Glanz der Erinnerung an Selbsterlebtes und Selbstgeschautes seine stahlblauen Augen erfüllte, wie seine kleine, fast schmächtig zu nennende Figur größer zu werden schien, wenn er von seinen Bergen sprach!« — *Walter Bing*

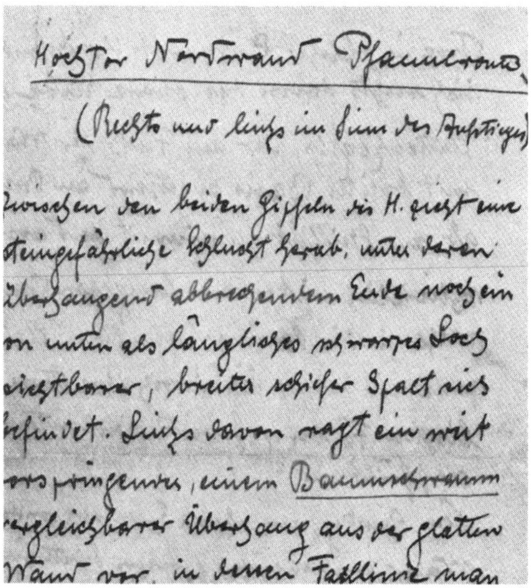

Hochtor Nordwand Pfannlroute

(Rechts und links im Sinne des Aufstieges)

Zwischen den beiden Gipfeln des H. zieht eine
steingefährliche Schlucht herab, unter deren
überhängend abbrechendem Ende noch ein
von unten als längliches schwarzes Loch
sichtbarer, breiter schiefer Spalt sich
befindet. Links davon ragt ein weit
vorspringender, einem Baumschwamm
vergleichbarer Überhang aus der glatten
Wand vor, in dessen Fallinie man

Tagebuchauszug: Hochtor-Nordwand, Pfannlroute. (Rechts und links im Sinne des Aufstieges.) – Zwischen den beiden Gipfeln des H. ragt eine steingefährliche Schlucht herab, unter deren überhängend abbrechendem Ende noch ein von unten als längliches schwarzes Loch sichtbarer, breiter schiefer Spalt sich befindet. Links davon ragt ein weit vorspringender, einem Baumschwamm vergleichbarer Überhang aus der glatten Wand vor, in dessen Fallinie man …

Paul Preuß – zum 100. Geburtstag ein Buch

Im Alpine Journal XXVIII (Nr. 203, 1914) schreibt Dr. Günther Freiherr von Saar: »Laßt uns hoffen, daß wir nicht zu lange warten müssen, bis die Schriften von Paul Preuß gesammelt publiziert werden können«.

Nun erst sind sie da.

Kein anderer Alpinist hat für unser Tun eine größere Bedeutung als Paul Preuß. Dies und meine frühe Bewunderung für diesen Idealisten haben mich bewogen, eine Biographie über Paul Preuß zu schreiben, seine Schriften zu sammeln und als Buch vorzulegen. 1986, zum 100. Geburtstag von Paul Preuß, hat es der BLV Verlag gewagt, jenes Vermächtnis herauszubringen, das seit mehr als 50 Jahren erwartet wird. Dafür gebührt ihm Dank. Dank sage ich auch Herrn Professor Dr. Karl Mägdefrau, selbst extremer Kletterer in der Post-Preuß-Zeit, der mir bei der Materialbeschaffung geholfen hat, und dem verstorbenen Severino Casara, der in einem Preuß-Buch (»Preuß, l'Alpinista leggendario«, Longonesi, 1970) wertvolle Recherchenarbeit geleistet hat.

Dieser lebenslustige Paul Preuß war nicht nur ein exzellenter Kletterer, Eisgeher und Tourenskifahrer, er begeisterte mit seinen Vorträgen voller Witz und Spontaneität, schrieb Artikel über Themen, die heute noch aktuell sind. Preuß war eine Persönlichkeit, die das Bergsteigen nachhaltig beeinflußt hat. Seine Ideen stehen am Anfang der modernen Freikletterbewegung. Seine Touren, kühn in der Linienführung und frei, sind ein Schlüssel zum Nachvollzug des Kletterkönnens vor dem Ersten Weltkrieg. Seine Aufsätze, seinerzeit Anlaß zu lebhaften Diskussionen, sind nicht nur voller zündender Ideen, Kritik und Weitsicht, sie sind auch gut geschrieben.

»Noch nie hat jemand gewagt, so nackt und nüchtern die Trennung von Alpinismus und (Kletter-)Sport auszusprechen wie Preuß.« *Franz Nieberl*

Mit Absicht habe ich fast alle Schriften von Paul Preuß übernommen. Nur in diesen Aussagen ist sein Geist zu erkennen. In seinen Erstbegehungen wird der große Alpinist greifbar für jeden, der sie wiederholt, Tritt für Tritt, Griff für Griff.

Dieses Buch ist als späte Hommage für Paul Preuß gedacht. Es ist ein historisches Dokument. Für all jene, die sich der Sportkletterbewegung angeschlossen haben, soll es Anregung sein, die Preuß-Touren nachzusteigen. Sie sind beim derzeitigen Kletterkönnen von Zigtausenden frei zu bewältigen, im Stile und im Geist des unvergessenen Paul Preuß.

Reinhold Messner

»Im Jahre 1886 (6. Juli) wurde das Haus in Puchen 53, Altaussee erworben. Die Stadtwohnung in Wien war eine Doppelwohnung, die von dem Moment der Gründung des Hausstandes bis zum Tode der Mutter Preuß von ihr bewohnt wurde und auch von Eduards Bruder Sigmund, Junggeselle und von Beruf Richter.«

Edi Schaar

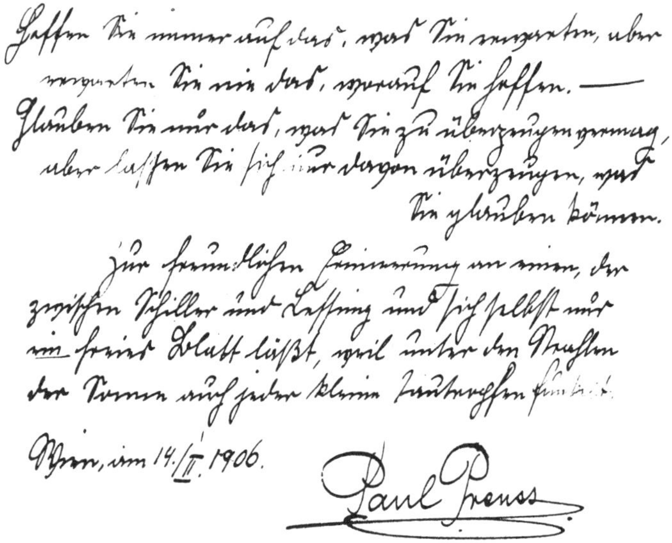

Hoffen Sie immer auf das, was Sie erwarten,
aber erwarten Sie nie das, worauf Sie hoffen. –
Glauben Sie nur das, was Sie zu überzeugen vermag,
aber lassen Sie sich nur davon überzeugen,
was Sie glauben können.
Zur freundlichen Erinnerung an einen, der
zwischen Schiller und Lessing und sich selbst nur
ein freies Blatt läßt, weil unter den Strahlen
der Sonne auch jeder kleine Tautropfen funkelt.
Wien, am 14. II. 1906 Paul Preuß

Paul Preuß – sein Leben

1786, am 8. August, besteigen Michel Paccard, ein Arzt, und Jacques Balmat, ein Kleinhäusler aus Chamonix, den Montblanc, den höchsten Berg der Alpen.
Fast genau 100 Jahre später, am 19. August 1886, wird in Altaussee im Salzkammergut Paul Preuß geboren. Seine Mutter, geborene Caroline Lauchheim, Elsässerin, hatte 1871 Straßburg verlassen, um bei Baron von Rosenberg als Hauslehrerin tätig zu werden.
Im Schloß Ebenzweier am Traunsee im Salzkammergut verbrachten die Rosenbergs den Sommer. Dort trafen sich Caroline Lauchheim und Eduard Preuß, der den beiden Kindern der Familie Rosenberg zweimal in der Woche Musikunterricht geben sollte.
Die Familie Preuß stammte aus Fünfkirchen in Ungarn, und Eduard, 1847 als zweiter Sohn geboren, kam nach Wien, um Musik zu studieren. Die Sommermonate, Ende Mai bis Anfang Oktober, verbrachte Eduard Preuß wie viele andere Wiener in Aussee in der Steiermark. Er und Caroline Lauchheim trafen sich nun regelmäßig im Schloß Ebenzweier, besuchten sich gegenseitig.
Am 12. September 1882 heirateten sie. Caroline war knapp 25 Jahre alt, Eduard 36. Im Winter lebte das junge Paar in Wien, zuerst Franz-Joseph-Kai 25, dann 39, den Sommer verbrachte es in Aussee, wo 1883 die erste Tochter, Sophie, zur Welt kam. 1884 wurde in Wien Mina geboren, das zweite Mädchen. Im Mai 1886 zog die Familie Preuß in ein eigenes kleines Sommerhaus nach Altaussee, wo am 19. August, um 1.30 Uhr, Paul geboren wurde.
Der Alpinismus, damals gerade 100 Jahre alt, steckte in einer ersten Umbruchphase. Die meisten der großen Alpengipfel waren »erobert«, da und dort schon schwierigere Routen gefunden.
Noch ging es nicht um die elegante Linienführung einer Erstbegehung, nicht um die Kunst des Kletterns, nicht um den Stil. Die Zeit der führerlosen Alpinisten war gerade erst angebrochen und hatte, 1885, bereits ihren kühnsten Vertreter verloren. Dr. Emil Zsigmondy war 24jährig an der Südwand der Meije in den französischen Alpen abgestürzt.
Im August 1886, gerade als Paul Preuß geboren wurde, bezwangen Winkler und Zott die Cima della Madonna in der Pala-Gruppe/Dolomiten, und ein Jahr später, 1887, wagte derselbe Georg Winkler den Soloaufstieg auf den kühnsten der Vajolettürme im Rosengarten, der heute Winklerturm heißt. 1886, im Geburtsjahr von Paul Preuß, ist John Ball, Gründer des britischen Alpine Club, 68 Jahre alt. John Tyndall, Alpinist und Wissenschaft-

Eingesendet.

Eduard Preuß, Clavierlehrer aus Wien (I. Franz Josefs-Quai 25), unterrichtet während des Sommers in Aussee und Umgebung. Wohnung: Altaussee 45, gegenüber vom Consumverein.

»Wir wissen, daß Eduard Preuß Blumen liebte, daß er Grund um das Haus ankaufte und einen Garten mit relativ seltenen Bäumen, mit einer Unzahl von Rosenstöcken anlegte. Er unternahm häufig Wanderungen.«
Edi Schaar

Das Preuß-Haus in Altaussee.

Albert F. Mummery

ler ist 66, Eduard Whymper, der Erstbesteiger des Matterhorns, 46, Douglas Freshfield 41, Albert Frederik Mummery, der mit seinem Ruf nach »fair means« als Vorläufer von Paul Preuß gesehen werden kann, 30.

Jünger sind die großen deutschsprachigen Persönlichkeiten des Alpinismus. Der Dolomiten-Erschließer Paul Grohmann ist 48, der unermüdliche Ludwig Purtscheller 37 wie der Alpenmaler E.T. Compton, Julius Kugy 28, Karl Blodig, der später von Preuß schwärmen sollte (»Nie hätte ich gedacht, daß ein Mensch so geschickt sein könne.«), 27 und Eugen Guido Lammer 24.

Paul Preuß verbrachte die Sommermonate mit seinen Eltern und den beiden Schwestern in Altaussee, spielte mit den anderen Kindern und begleitete seinen Vater, der ein begeisterter Hobby-Botaniker war, oft auf Spaziergängen.

Der sechsjährige Paul war grazil, fast schwächlich; einen Winter und einen Frühling verbrachte er zwischen Bett und Rollstuhl, da er durch eine Infektion (polio-ähnlicher Virus) teilweise gelähmt war.

Wieder genesen, gaben Gymnastik und Spaziergänge dem Kind Kraft und Geschicklichkeit zurück. In dieser Zeit begeisterte sich Paul Preuß für die Bergblumen, er spielte Schach, mit der Mutter sprach er Französisch.

Paul Preuß war zehn Jahre alt, als 1896 sein Vater starb. Die Mutter heiratete nicht wieder. Paul setzte sein Wandern fort, zuerst mit den beiden Schwestern, später mit Spielkameraden, oft allein. Er hatte immer einen Spiegel und eine Trillerpfeife in der Tasche, und wenn er auf einem Gipfel stand, pfiff er oder spielte mit den Sonnenstrahlen.

»Im Jahre 1896 starb Eduard an einer Streptokokken-Angina.«
Edi Schaar

Mit elf Jahren begann Paul, richtig bergzusteigen, und innerhalb von fünf Jahren mag er auf 300 Gipfeln gestanden haben. Sicher hat er in diesen Jahren den Grundstock für sein späteres Können gelegt. Er war völlig frei; ohne Aufsicht kletterte er in den Bergen herum, der Abgrund wurde ihm etwas Selbstverständliches.

Jugend

Wir wissen nichts Genaues über diese wilden Jahre, ein Bergtagebuch hat Paul Preuß erst 1910 zu schreiben begonnen. Nur was die Schwestern erzählten und was mir Emmy Eisenberg, später Hartwich Brioschi, in Briefen schrieb, kann ich aus dieser Zeit wiedergeben.

»Eduard Preuß war offenbar naturbegeistert, unternehmend und, obwohl er aus der Ebene kam oder vielleicht gerade deshalb, von den Bergen begeistert.«
Edi Schaar

Diese Emmy – sie ist vor wenigen Jahren verstorben – war die ideale Tourengefährtin für Paul Preuß. Leicht wie eine Feder stieg sie ihm überallhin nach und beklagte sich nie. Emmy Eisenberg entstammte einer vornehmen Wiener Familie. Sie war bekannt für ihre eigenwillige und moderne Lebenshaltung. Sie darf als große Freundin des jungen Preuß verstanden werden. »Die Gipfel«, sagte sie, »sind die einzigen sichtbaren Ideale, die man schnell erreichen kann«.

Elegant wie Emmy Eisenberg war auch Paul Preuß. Er gehörte nicht zu den verwilderten Typen in den Bergen, die durch Schlampigkeit glauben, ihre Überlegenheit ausdrücken zu können. Meistens kletterte er ohne Kopfbedeckung, dafür trug er eine Seidenkrawatte – je nach Jahreszeit weiß, blau oder violett. Im Fels bevorzugte er eine einfache Steirische Tracht und ließ sich die Kleidung nach seinen Vorstellungen umändern. Praktisch und elegant mußte sie sein.

In seinem Zimmer im Häuschen in Altaussee, wo er bei Regenwetter schrieb, las und Karten studierte, herrschte eine bestimmte Ordnung, auch wenn Rucksäcke, Kletterpatschen, Seile neben Routenskizzen, Rezensionen und Büchern Platz haben mußten. Er wollte sich mit seinen »besten Sachen« umgeben. Da standen auch die Fotografien von Georg Winkler und Emil Zsigmondy, zwei Bergsteiger, die er besonders verehrte, und ein Schrank, an dem er trainierte. Dazu stellte er zwei Gläser umgekehrt auf den oberen Rand des Schrankes und machte an ihnen Klimmzüge. Ein Kunststück, das niemand nachmachen konnte, das dem Freikletterer aber seine Überlegenheit im brüchigen Fels gab. Trotzdem, seine Hände waren feingliedrig wie die eines Künstlers.

Er balancierte auf dem Stiegengeländer auf und ab, konnte mit beiden Händen einarmig Klimmzüge machen und sprang, kleine Felsvorsprünge ausnutzend, über reißende Bergbäche.

Mit einer Begehung der Planspitze-Nordwand im Gesäuse über die Pichl-Route – es war am 11. Juli 1908 – begann die sportliche Phase im Bergsteigerleben von Paul Preuß. Er hatte die Tour allein, mit einem Biwak auf dem Hochtor, ausgeführt und beurteilte sie selbst als seine erste Bergfahrt mit sportlichem Wert. Sie sollte seine Entwicklung wesentlich beeinflussen. Paul Preuß sah das Klettern als eine natürliche Fähigkeit des Menschen an, und er wollte diese Einstellung kompromißlos leben. Die Berge waren ihm nicht Feind, sie waren ihm Medium, ein Maß für die Kräfte und Fähigkeiten des Menschen.

Dieses Selbstverständnis ist es, das in all seinen Schriften, in der Tourenwahl, in seiner Persönlichkeit klar wird. Preuß war *der* Alpinist seiner Zeit: wegen seiner Aussagen, seiner Einflüsse, seiner Ideen – und ob der Zahl und der Qualität seiner Besteigungen. Das Preuß-Tagebuch beginnt 1910 und endet mit dem 16. Juni 1913. Da fast ausschließlich technische Daten darin enthalten sind, beschränke ich mich darauf, im Anhang eine Tourenübersicht zu veröffentlichen. Seine Aufsätze, seine Streitschriften, seine

Von links: Paul Preuß, Emmy Eisenberg, Walter Schmidkunz.

Paul Preuß und Emmy Eisenberg bei einer Klettertour.

Tourenschilderungen, die er für Zeitschriften verfaßt hat, habe ich in den Mittelteil dieses Buches gestellt, weil sie der Person des Paul Preuß als Mensch, Bergsteiger und Visionär am ehesten gerecht werden, weil im Grunde nur sie das richtige Licht auf sein Wesen und sein Können werfen.
Wieviel Energie dieser Mann hatte, wieviel Begeisterung auch, wird nur verständlich, wenn man bedenkt, wieviele Touren er in kürzester Zeit bewältigen konnte. So stieg er vom 4. bis 8. Juni 1911, in fünf Tagen also, im Gebiet des Zuckerhütl in den Stubaier Alpen mit Ski auf 22 verschiedene Gipfel. Vom 20. Juli bis 3. August desselben Jahres gelangen ihm in der Brenta-Gruppe in den Südwestlichen Dolomiten neun große Touren, darunter zwei bedeutende Erstbegehungen. Anschließend war er in der Langkofel- und Rosengarten-Gruppe, wo er in zwei Wochen gleich 30 Gipfel bestieg, einige Neutouren inklusive. 16 Gipfel, alle mehr als 3000 Meter hoch, bestieg er vom 27. Februar bis 6. März 1912 im Großglocknergebiet.

»Von den Bergen, die wir in weiter Ferne sehen, suchen wir nicht nur ein Bild ihrer charakteristischen Form zu erhalten, sondern wir bemühen uns mit einem Fleiß, der einer besseren Sache würdig wäre, alle Einzelheiten aufzufinden.« Paul Preuß

Mit 20 Jahren hatte Paul Preuß extrem zu klettern begonnen, und seine Touren wurden von nun an von Jahr zu Jahr schwieriger und zahlreicher. Von den Felswänden rund um Altaussee – Trisselwand, Sandling – ging er ins Tote Gebirge und ins Gesäuse. Von Wien aus fuhr er Wochenende für Wochenende in die Rax, zum Schneeberg oder zum Semmering. Bald schon dehnte er seine Bergabenteuer in die Julischen Alpen, in die Dolomiten aus; 1908 war er zum ersten Mal in den Westalpen, in Zermatt.

Der Tatmensch

Der junge Preuß hatte einen Auftrag angenommen, den Sohn eines englischen Barons in Deutsch und Französisch zu unterrichten. Während dieser Wochen gelang ihm die Überschreitung des Zinalrothorns von Morentet nach Zermatt. Zwei Tage später, wieder im Alleingang, stieg er über den Hörnligrat auf das Matterhorn, kletterte über die Gegenseite, den Carrel-Weg, hinab, ging zum Teodulpaß, um so die Besteigung des Breithorns an seine Matterhorn-Überschreitung zu hängen. Eine großartige Tagesleistung! Am Abend war er wieder in Zermatt.
Mit Begeisterung kam er zurück in die heimatlichen Ennstaler Alpen, ins Gesäuse war er buchstäblich verliebt.
Wie viele seiner Studienkollegen hat er fürs Klettern begeistert, wer ging nicht alles an seinem Seil? Martin Freud, der Sohn des berühmten Psychoanalytikers, dessen Schwester; Paul Relly, der später Preuß' Schwester Mina heiratete, wurde sein beständigster Begleiter.
Paul Preuß entwickelte sich nicht nur zum exzellenten Kletterer

Die Trisselwand über dem See im Altausseer Tal.

und Hochtourengeher, er gehörte sicherlich zu den erfahrensten Skibergsteigern seiner Zeit. Viele Skitouren hat er entdeckt, Gran Paradiso, Dreiherrnspitze, Turnerkamp als erster mit Ski bestiegen. Gerade über den Skitourismus hat er später wichtige Artikel geschrieben, Polemiken ausgelöst, die heute noch aktuell sind. Er hat an einem Buch über den Skialpinismus gearbeitet, als er 1913 abstürzte.

Der alpine Skilauf, aus dem Wunsch geboren, die Berge auch in den Wintermonaten auszukosten, erlebte damals die ersten Auseinandersetzungen. Rennen wurden ausgetragen, neue Techniken propagiert, Clubs gegründet.

Preuß war seiner Zeit um Jahrzehnte voraus. Neben seiner klaren Argumentation zur Amateurfrage und zum Problem der Schutzhütten im Winter, führte er mit seinen Freunden Skidurchquerungen durch, wobei sie ganze Gebirgsgruppen durchstreiften.

Die Überschreitungen waren auch in den sommerlichen Bergen eine Spezialität von Paul Preuß. Er überschritt die Königspitze in der Ortler-Gruppe, die er für den schönsten Eisgipfel schlechthin hielt, die Marmolada von Süden nach Norden, die Vajolettürme. An der Fünffingerspitze führte er die erste Doppelüberschreitung durch.

Preuß lebte inzwischen in München, wo er auch studierte, in der Adalbertstraße in Schwabing. Schnell hatte er Eingang in die Münchner Kletterszene gefunden und viele Freunde gewonnen. Obwohl er sehr kritisch war, hatte er doch viel Verständnis für die menschlichen Schwächen seiner Zeitgenossen, und so war er allgemein beliebt. Er konnte leidenschaftlich »streiten«, vor allem

»Preuß war ein Wiener. Er hatte erst vor wenigen Jahren seine philosophischen Studien vollendet, den Doktortitel erworben und seither in München Pflanzenphysiologie studiert.«
Mitteilungen des Du.ÖeAV, Nr. 20, 1913

»Die nächtliche Kletterei an den Propyläen wird andernorts Hans Dülfer zugeschrieben, mit der Variante allerdings, daß dieser einen Kamin als Aufstieg benutzt haben soll.« *Reinhold Messner*

mit seinen besten Freunden, denjenigen, die ihm weniger sympathisch waren, gab er meist recht.
In dieser Zeit, 1911, hielt er die ersten Vorträge und kletterte an den Propyläen herum. Sein Freund Walter Bing blieb unten und stand Wache, um Preuß rechtzeitig vor den Stadtpolizisten zu warnen.
Georg Winkler, meinte Preuß damals, könne jetzt ohne weiteres die Totenkirchl-Westwand alleine klettern. Es ist alles auch eine Frage der Zeit, in die ein Alpinist hineingeboren wird. Heute könnten Winkler und Preuß die schwierigsten Routen der Welt wiederholen, wenn sie mit derselben Intensität trainierten, wie es die jungen Starkletterer unserer Tage tun.
Preuß studierte, ging an fast jedem Wochenende ins Gebirge und spielte im Café Stephanie Schach. Gerne besuchte er Maskenbälle, spielte er Karten und war für jeden Spaß zu haben. Da er nicht viel Geld von zu Hause bekam, verdiente er selbst etwas dazu, um während der Studienjahre über die Runden zu kommen.

»Paul Preuß studierte an den Universitäten Wien (1906–10) und München Botanik und Chemie, 1912 Dr. phil. In Wien gehörte er der Sektion Austria des Du.OeAV an, in München wurde er Mitglied der streng hochalpin eingestellten Alpenvereins-Sektion Bayerland, des Klubs alpiner Skiläufer und des Alpenklubs ›Hoch-Glück‹.«
Österreichisches Biographisches Lexikon 1815–1950, Wien 1983

Nach seinen in Wien abgeschlossenen Studien war Preuß Assistent im Botanischen Institut der Universität München, dazu kamen die Honorare von seinen Vorträgen und Publikationen.
Nur ganz selten sah man Preuß im Frack. Meist trug er sein Steirergewand oder seine knielangen Lederhosen. So besuchte er auch die Clubabende der »Bayerländer« oder die von »Hoch-Glück«, bei denen er Mitglied war. Zu »Bayerland« gehörten auch Dülfer, Schaarschmidt, Pfann, Ittlingen und die Brüder Bernuth. In einer solchen Runde war es auch, als Preuß – als Spiritus rector – den »Mauerhakenstreit« begann, eine Diskussion, die jahrelang fortwährte.
Um 1910 war München in Bayern das weltweite Zentrum der Kletterbewegung. In diese Szene war der zierliche Paul Preuß, dieser übermütig wirkende Wiener, geplatzt, und in kürzester Zeit zum Katalysator einer Umbruchstimmung geworden. Bald war Preuß der gefragteste Vortragsredner in Sachen Bergsteigen im deutschen Sprachraum. Als Kletterer war er vielseitig. Er ging gerne allein, was seinem Charakter ebenso entsprach wie das Unterwegssein in der Gruppe, die er unterhalten und anregen konnte. Skitouren unternahm er in Gebiete, wo die Massen nicht waren.
Seit 1911 unterschrieb er mit Dr. Paul Preuß. Sein Studienabschluß in Pflanzenphysiologie (allerdings nicht nachgewiesen) reichte ihm nicht für seine Ansprüche als Akademiker, er studierte weiter.

»Allerdings befriedigte ihn dieser Zweig der Arbeit nicht ganz, und er befaßte sich mit empirischer Philosophie mit der Absicht, in naher Zukunft Universitätsdozent zu werden.«
Günther Freiherr von Saar

Preuß war einen Schritt weiter gegangen als der Wiener Emil Zsigmondy, der Ideator des führerlosen Alpinismus. Hatte man für die Eroberung der großen Alpengipfel noch alle damals greifbaren

Dr. Paul Preuss

teilt, um Anfragen zuvorzukommen,
mit, dass er die Abhaltung von

Lichtbilder-Vorträgen

alpinen oder skisportlichen Inhaltes,

nur gegen Honorierung zu .übernehmen in der Lage ist. Das Honorar für einen Vortrag beträgt 100 Mark (in Oesterreich 100 Kronen) zuzüglich der Reise und Aufenthaltsspesen im Betrage von 15 M (K) für je 100 Kilometer Bahnfahrt. (Aus- o o o o gangspunkt München.) o o o o

Zu sämtlichen Vorträgen Lichtbilder
nach grösstenteils eigenen Aufnahmen.

Wünsche der p. t Vereine bezüglich des Vortrags- o themas werden nach Möglichkeit berücksichtigt. o

Zuschriften erbeten an Dr. P. PREUSS,
ALT-AUSSEE, Steiermark, Oesterreich.

Für Jänner 1914 ist eine Vortragsreise
o durch Norddeutschland geplant. o

»13. Dezember 1912: Herr Paul Preuß: Dachstein. Lichtbildervorführung von Herrn Albert Link.«
Alpenklub »Hoch-Glück«, München – Bericht über das Vereinsjahr 1913/14

»100 Kronen vor dem Ersten Weltkrieg sind bezogen auf die heutige Einkommensverteilung wohl 10–15 000 Schilling.«
Roman Sandgruber

»Die Ankunft von Preuß in unserer Stadt war ein Ereignis.«
Ettore Canzio

»Im Jahre 1911 wird der Name Preuß bekannt... Das Staunen im Juli jenen Jahres in Münchner Bergsteigerkreisen! Diese, an außergewöhnliche Unternehmen gewohnt, staunten, als die Nachricht zirkulierte, Preuß habe es gewagt, die berühmte Totenkirchl-Westwand, die damals schwerste Wand in den Alpen, im Alleingang zu durchklettern.«
Aldo Bonacossa

Hilfsmittel eingesetzt – und dies waren in erster Linie die bergkundigen einheimischen »Führer« gewesen –, so verzichtete Zsigmondy konsequent auf diese. Er hatte bewiesen, daß es möglich war, die schwierigsten Gipfel auch ohne Träger- und Führerhilfe zu besteigen. Preuß wollte beweisen, daß es möglich war, die schwierigsten Routen seiner Zeit ohne den Mauerhaken zu wiederholen.
Angelo Dibona, zweifellos der beste Bergführer seiner Zeit, hatte bei seinen Neutouren am Croz dell'Altissimo in der Brenta-Gruppe und an der Nordkante des Großen Ödsteins Haken geschlagen. Preuß wiederholte beide Routen, ohne die Haken der Erstbegeher zu benutzen.
Damals wurde der Mauerhaken mehr oder weniger als Sicherungsmittel eingesetzt. Er sollte die Lebensgefahr verringern, die durch die schwieriger und schwieriger werdenden Anstiege im Fels gesteigert wurde. Die Forderungen von Paul Preuß waren nun nicht nur »sportlich« im Sinne von klaren Wettkampfbedingungen (gleiche Hilfsmittel, am besten keine, für alle) und erhöhtes Können für erhöhte Schwierigkeiten. Er forderte höchstes Können und Verantwortung gegenüber einer gegebenen Lebensgefahr. Der *Mensch* sollte einem Problem gegenüber wachsen, nicht der technische Aufwand bei dessen Lösung. Darin und nur darin müssen wir die Bedeutung von Paul Preuß für das Bergsteigen untersuchen. Darin und nur darin scheiden sich die Geister beim extremen Bergsteigen. Auch heute noch. Hier die Sicherungsfanatiker, die alle Risiken einschränken müssen, um unser Tun »verantworten« zu können; dort die Besessenen der Eigenverantwortung, die wie Nietzsches Zarathustra an der Problemstellung, an der Ungewißheit, ja, warum nicht, an der Todesgefahr wachsen wollen. Ein Kompromiß ist in der Praxis möglich (und Paul Preuß hat ihn gelebt), nicht in der Philosophie.
Ein Mauerhaken war damals nichts anderes als ein Eisenstift, der in Felsspalten geschlagen wurde, um sich daran zu halten oder das Seil zum Sich-selbst-Sichern oder zum Sich-Hinablassen daran zu fixieren. Zum Haken mit Ring – zuerst offen, dann geschlossen – weiterentwickelt soll ihn Wilhelm Paulcke haben. Hans Fiechtl hatte die Idee zum einteiligen geschlossenen Haken, zum Fiechtl-Haken, der in tausend Abwandlungen bis heute benützt wird. Den Karabiner dazu, als Bindeglied zwischen Seil und Haken, »erfand« Otto Herzog. Im Klettergarten erprobte er, was in der Berufsarbeit täglich eingesetzt wurde.
Hatte der Tiroler Bergführer Hans Fiechtl damit begonnen, den Haken im Fels systematisch zur Fortbewegung einzusetzen, und der Münchner Otto Herzog diese Methode verfeinert, so sah Preuß die »Kletterprobleme« als Stimulanzien für alle mensch-

Predigtstuhl-Nordkante: Der offene Kamin.

lichen Fähigkeiten, nicht als Zwang zur Erfindung immer verfeinerter technischer Steig- und Sicherungshilfen.
Mit ihrer Methode durchstiegen Fiechtl und Herzog die Südwand der Schüsselkarspitze, wenige Tage nachdem Piaz und Preuß in freier Kletterei an ihr gescheitert waren. Von Fiechtl übernahm dann Dülfer diese Technik, die er 1912 mit Schaarschmidt an der Fleischbank-Ostwand und 1913 mit Redewitz an der Totenkirchl-Westwand so meisterhaft zum Einsatz brachte.

»Unter den großen Persönlichkeiten der Führerlosen, die mir im Leben begegnet sind, muß uns heute, in der Zeit der restlosen Ausnützung aller verfügbaren Hilfsmittel des extremen Bergsteigens, Paul Preuß in ganz besonderer Weise anrühren.«
Luis Trenker

Der »Mauerhakenstreit«

Es waren vor allem diese Erfolge, die dem technologischen Alpinismus Nachahmer zutrieben, nicht die teilweise recht oberflächlichen Erwiderungen von Otto Herzog, Tita Piaz, Rudolf Schietzold, Franz Nieberl, Hans Dülfer auf die Grundsatzaussagen von Paul Preuß. Seine Intelligenz war unbestritten, und in seiner Argumentation gab man ihm recht. Insgeheim aber fühlte man sich herabgesetzt, entblößt. Da schaute den Machern einer in die Karten, wagte es, ihre Haltung zu kritisieren, ohne ihre Namen zu nennen oder sein eigenes Können und seinen Mut ausdrücklich als Beweis seiner Ideen anzuführen.
Seine Gegner argumentierten vor allem mit der Gefahr, Paul Hübel und Dr. Georg Leuchs, die sich auf die Seite von Preuß stellten, unterstützten ihn in der Idee, eine grundsätzliche Regelung bei der Verwendung künstlicher Hilfsmittel zu finden.

Künstliche Hilfsmittel auf Hochtouren

Von Paul Preuß

Keine langen philosophischen Betrachtungen über alpine Fragen will ich hier bringen; keine Angriffe, die ein jahrzehntelang aufgebautes stolzes Gebäude in seinen Grundpfeilern wanken machen sollen. Nur Gedanken, die sich mir immer aufdrängen, wenn ich mitten im regsten Getriebe des Bergsteigens stehe, sollen hier lose vereinigt werden. Noch kann ich selbst nicht

einen Block wirft, bis es festhält, und dann daran hinaufklettert, dann bewundert man die Kühnheit, Energie und Ausdauer. Worin liegt der Unterschied? Es liegt mir fern, gegen die versicherten Felsensteige zu predigen; kein denkender Bergsteiger verkennt heute ihren Wert für die große Menge des berg- und naturfreudigen Publikums. Auf etwas anderes kommt es mir an, um es kurz zu sagen: Ich halte die Sicherung durchein-

Preuß ging es um mehr. Er akzeptierte Seil und Haken als Sicherungsmittel für den Notfall, er wollte den freiwilligen Verzicht des Kletterers auf die Technik, um das Verhältnis Mensch-Berg nicht zu stören. In der Beschränkung läge die Kunst des Meisters. In der Beschränkung auch auf eine dem eigenen Können adäquate Aktivität. Wer ein technisches Hilfsmittel brauche, um etwas machen zu können, was er ohne dieses nicht wagen würde, solle auf die Tour verzichten.
Bei dieser ersten Diskussion zum Thema Sportklettern redete man

»Paul Preuß war der Groß-meister.« *Hans Dülfer*

vielfach aneinander vorbei. Die Wortführer »sprachen verschiedene Sprachen«, weil nicht alle gelernt hatten, wissenschaftlich zu argumentieren, Definitionen als Voraussetzung für das schnellere Verständnis zu akzeptieren. Das Thema und die Entwicklung waren damit für Jahrzehnte festgefahren.

Erst in jüngster Zeit gewinnen die Ideen von Paul Preuß mehr und mehr Anhänger. Die Revolution des Bergsteigens in den siebziger Jahren könnte auch eine Rückbesinnung auf die Thesen von Paul Preuß sein – wenn sie nicht der Notwendigkeit entsprungen wäre, dort neu anzufangen, wo Preuß 1913 aufgehört hatte. Der technologische Alpinismus hatte stetig, aber unaufhaltsam in eine Sackgasse geführt – in die Langeweile, die der Aufhebung des Unmöglichen, des Geheimnisvollen, des Mediums Natur folgen mußte.

Ich will hier nicht auf die rein geschichtliche Entwicklung des Hakens eingehen. Vielmehr möchte ich das Warum seiner Entwicklung und Verwendung ergründen und auf deren Auswirkungen hinweisen.

»Die Hochtor-Nordwand: die große, alte, klassische Tour, eine Riesenwand, fast gleichmäßig schwierig vom Anfang bis zum Ende, die unübertroffene und unübertreffbare Heldenleistung einer früheren Generation.« *Paul Preuß*

Die meisten unserer technischen Erfindungen und Einrichtungen wie das Rad oder der Hebel sind auf eine weltbedingte Notwendigkeit zurückzuführen. Dementsprechend erkläre ich den Haken als eine bergsteigerische Notwendigkeit. Der Alpinismus nahm eine Entwicklung, die zu einem bestimmten Zeitpunkt den Haken forderte. Und so wie wir uns heute die technische Welt ohne das Rad nicht mehr vorstellen können, so kann sich der extreme Bergsteiger die Berge ohne den Haken nicht mehr vorstellen.

Paul Preuß in der Hochtor-Nordwand.

Schon die Soldaten Alexanders des Großen haben angeblich bei der Erstürmung einer Stadt deren Mauern mit Hilfe von Eisenstiften überwunden. Damit will ich sagen, daß die Verwendung von Mauerhaken schon sehr alt ist. Die Bergsteiger haben den Haken nicht selbst erfunden, sondern ihn lediglich vom Bereich des täglichen Lebens auf die Berge übertragen. Dies geschah aber nicht gleich in den Anfängen, sondern erst, als es notwendig wurde.

Die ersten Pioniere des Alpinismus – es waren Gemsjäger, Forscher und andere Männer ohne Geisterfurcht – bestiegen die an sich leichtesten Berge über ihre leichtesten Seiten. Sie hatten zu ihren Bergfahrten keine technischen Hilfsmittel nötig und verwendeten auch keine. Nachdem die Mehrzahl der leichtbesteigbaren Alpenberge erklommen war, suchten »Fexen« und Bergführer den leichtesten Zugang zu den noch jungfräulichen Gipfeln. In dieser Zeit entstand das Führerwesen; Seil, Pickel und Alpenstock waren die einzigen technischen Hilfsmittel dieser Bergsteiger.

Inzwischen war die Zahl der zu Berge Steigenden beträchtlich angewachsen, Hütten waren entstanden, und auch das Schuhwerk hatte sich verbessert. Diese Umstände und der Drang in den Bergsteigern, Pionierarbeit zu leisten, bildeten die Ursachen dafür,

daß die junge Bergsteigergeneration über schwierige Wände, Grate und Kanten auf die bereits bestiegenen Berge kletterte. Zuerst waren es die leichteren, dann die mittelschweren Seiten des Berges, auf denen die Kletterer einen Weg zum Gipfel suchten.
War es vorher ausschließlich der Gipfel, für den man die Anstrengungen einer Bergfahrt auf sich nahm, so ist es jetzt der Weg, der lockt. Die alpine Entwicklung zeigt hier den Übergang vom Leichten zum Schweren. Die bergsteigerische Mentalität hat sich geändert. Der Gipfel, der vorher das erhabene Ziel war, ist jetzt nur mehr das Ende des Weges.
In dieser Änderung der Mentalität liegt der Grund für die Veränderung der alpinen Klettertechnik. Auf diesen nun immer schwieriger werdenden Wegen begegnete man Kletterstellen, die keine natürlichen Sicherungsmöglichkeiten (Felszacken) mehr boten. Der Kletterer sann auf eine künstliche Sicherung, ohne die ihn der Selbsterhaltungstrieb nicht über die schweren und zugleich ausgesetzten Stellen hinwegkommen ließ. Die Notwendigkeit des Hakens war gegeben.
Aus den Eisenstiften, denen sie im täglichen Leben dauernd begegneten, entwickelten die Bergsteiger einen Haken, der ihnen im Gebirge die notwendige Sicherung gewährleisten sollte. Sie verwendeten zuerst Nägel, sammelten Erfahrungen mit diesen, gewannen daraus ihre Erkenntnisse, und in kurzer Zeit steckten brauchbare Haken in den schwersten Kletterstellen der damals schwersten Führen.
Die besten Bergsteiger dieser Zeit anerkannten die Notwendigkeit des Hakens und verwendeten ihn, wenn auch sehr, sehr sparsam, so doch immer mehr. Sogar Paul Preuß, der hervorragendste Freikletterer und größte Gegner des Mauerhakens, hielt es im Rizzikamin am Innerkoflerturm für notwendig, sein Seil mit den bereits vorhandenen Haken mittels Reepschnur zu verbinden. Hans Dülfer hat der Hakentechnik vollends zum Durchbruch verholfen und gilt heute noch als der Begründer der modernen Klettertechnik.
Die ersten Haken waren einfache Eisenstifte. Erst Herzog und Fiechtl haben ihnen ihre heutige Form gegeben. Die Haken hatten eine Öse, waren verhältnismäßig leicht und wiesen verschiedene Formen auf. Mit ihrer Hilfe schafften es die besten Kletterer der dreißiger Jahre, steilste und schwierigste Wände zu durchsteigen. Durch die Haken gesichert, gelangen ihnen wahre Kunststücke der Freikletterei.
Der Sommer 1911 war für die Bergsteigerlaufbahn von Paul Preuß der ergiebigste. Vor allem in den Dolomiten glückten ihm damals sensationelle Touren. Zwischen dem 23. Juni und dem 23. Oktober bestieg er 93 Gipfel, viele davon über erstklassige Rou-

Predigtstuhl, Matejaktraverse.

»So gab sich Preuß in den Bergen heiter den Erlebnissen der Stunde hin; die Berge waren ihm feierlicher Rahmen für ein frohgemutes Tummeln des einfachen Lebewesens, das in die Welt gestellt ist, um zu atmen und sich seines Daseins zu freuen.« Adolf Deye

»Sein Können verdankte er dem unermüdlichen Drang nach Vervollkommnung, seinem Talent, seinem fleißigen Training.« Luis Trenker

Montblanc mit Peutereygrat.

ten. Seine Erstbegehungen in der Silvretta, wo er mit dem berühmten Alpenmaler E.T. Compton zusammentraf, sehen furchterregend aus. Anschließend an dieses »Aufwärmen« kletterte Preuß allein durch die Westwand des Totenkirchl, was die extreme Kletterszene damals verblüffte. Die Route war von Piaz, Klammer, Schietzold und Schroffenegger erstbegangen worden und galt als die schwierigste der gesamten Alpen. Preuß kletterte sie frei, in wenigen Stunden, wobei er eine Variante zur dritten Terrasse eröffnete.

Seine kühnste Tour – er hatte den Plan dazu sogar seinen Freunden geheimgehalten – gelang ihm an der Guglia di Brenta in den Dolomiten. Er hat später kaum etwas dazu veröffentlicht; vielleicht ist gerade diese Erstbegehung deshalb in der Erinnerung der Bergsteiger geblieben. Dieses Meisterwerk von einer Route – senkrechter Fels, logische Linienführung, große Ausgesetztheit – konnte Paul Preuß frei, ohne jede Sicherung im Auf- und Abstieg klettern, ohne je zu zögern. Nur in der Wandmitte hat er kurz angehalten, um ein Stück Papier mit Datum und Unterschrift zu hinterlegen. Mit keiner anderen Erstbegehung hat er seinen Geist, sein Können, sich selbst so klar ausgedrückt, wie mit der Ostwand der Guglia di Brenta, die für immer an ihn erinnern wird. Erst 17 Jahre später gelang Hans Steger und Ernst Holzner die erste Wiederholung. Auf die weiteren Erstbegehungen und frühen Wiederholungen will ich hier nicht eingehen; sie sind in einem gesonderten Kapitel behandelt.

Hans Steger

1912 war Paul Preuß wieder in den Westalpen, wo er Ugo di Vallepiana und Aldo Bonacossa trifft, zwei Studienkollegen von der Universität in München. Das Wetter ist schlecht, ein tragisches Erlebnis wirft Preuß für einige Zeit aus dem Gleichgewicht. Das junge englische Ehepaar Jones und der Bergführer Truffer stürzen vor seinen Augen an der Aiguille Rouge de Peuterey ab.

(Fortsetzung Seite 22)

Zum Unglück in der Montblanc-Gruppe

H. O. Jones, seine mit ihm erst 14 Tage vermählte junge Frau und sein Führer J. Truffer befanden sich bereits einige Tage (mit B. W. Young und Führer J. Knubel) auf der Gambahütte am Fuße der Aiguille de l'Innominata, von wo aus sie am 11. August die Erstersteigung des Nordgipfels der Dames Anglaises ausführten. Am 12. kam ich allein zur Hütte, in der wir wegen schlechten Wetters mehrere Tage festgehalten wurden. Young und Knubel stiegen am 13. ins Tal ab. Am ersten schönen Tag (15. August) beschlossen wir, da bis 3000 Meter herab Neuschnee gefallen war, den schneefreien Mont Rouge de Peuterey, einen unbedeutenden (2951 m hohen) Vorberg der Aiguille Noire de Peuterey, über den Nordgrat zu ersteigen.

»Über das Unglück in der Montblanc-Gruppe, dem H. O. Jones zum Opfer fiel, waren in den Tagesblättern und zum Teil auch in Fachschriften derartig abenteuerliche und unrichtige Nachrichten verbreitet, daß ich der Aufforderung der Schriftleitung, eine genaue Darstellung und Kritik der Ursachen des Unglücks zu geben, Folge leiste, so schwer es mir fällt, die traurige Erinnerung damit wieder aufzufrischen.«
Paul Preuß

Jones, seine Frau und der Führer gingen vom Betreten des Fresnaygletschers an zu dritt an einem Seil. Von der Scharte zwischen Mont Rouge und Aiguille Noire an begann die Kletterei. Auf Jones' Wunsch sollte ich von hier aus vorausgehen, um in dem verwickelten Terrain die beste Route ausfindig zu machen, wodurch Jones seiner Frau, die ziemlich ungeübt war, Umwege ersparen wollte. Jones ließ, da die Tour keine größeren Schwierigkeiten zu bieten versprach, den Führer, der recht gut kletterte, dem er selbst aber zweifellos weit überlegen war, vorausgehen und kletterte selbst als Letzter, um seiner Frau von unten behilflich zu sein; hier trug er das Seil von 15 Meter Länge, das ihn mit ihr verband, in losen Schlingen auf dem Arm. Leider ließ er meinen Rat, seine Frau als schwächsten Teilnehmer der Tour am Ende des Seils gehen zu lassen, mit Hinweis auf etwa vorkommende Quergänge unberücksichtigt. – Die Schwierigkeit der Tour entsprach etwa dem Führerweg auf das Totenkirchl, dem Stadelwandgrat auf dem Wiener Schneeberg oder dem Daumenschartenweg auf die Fünffingerspitze.

Die Gesellschaft kam nur sehr langsam vorwärts, so daß ich mehrmals weit vorausgehen und nach genauer Rekognoszierung wieder zurückkehren konnte. Ich befand mich eben etwa 6 Meter oberhalb des Führers, als dieser aus einem kurzen Kamin nach links aussteigen wollte. Frau Jones stand 2 Meter tiefer auf gutem Stand im Kamin (dazwischen 15 m lose liegendes Seil), Jones wenige Schritte unter seiner Frau. Dem Führer brach nun, obwohl er, soweit ich ihn beobachten konnte, recht sorgfältig kletterte, ein Griff in der Größe eines halben Ziegelsteins aus, und er stürzte kopfüber nach hinten; an Sicherung durch die Dame war nicht zu denken und auch Jones wurde durch die Last der zwei fallenden Körper mitgerissen. Vollkommen lautlos, viel schneller, als der Lauf der Ereignisse sich nur

»Im August 1913 sagte er mir, daß er nun keine Angst mehr habe, in den Bergen zu sterben, weil er nicht mehr von dem wagemutigen Enthusiasmus seiner ersten Bergsteigerjahre erfüllt sei. Er sei nun auch überzeugt, daß es keine Erstbesteigung wert sei, das Leben zu riskieren.«
Ugo Graf di Vallepiana

»Das Unglück hat einen der besten englischen Bergsteiger betroffen. H. O. Jones, der Chemieprofessor in Cambridge war und auch als wissenschaftliche Kapazität galt, ist seit Jahren ständiger Besucher der Montblanc-Gruppe gewesen und hat dort an einer Reihe der bedeutendsten Ersteigungen teilgenommen. So im Vorjahr an der ersten Begehung des Brouillardgrats, an der ersten Ersteigung des Grepon vom Mer de Glace, der Grandes Jorasses vom Col des Grandes Jorasses und an dem ersten Abstieg zum Col des Hirondelles u. a. m. Der Führer war 37 Jahre alt und galt als gut und zuverlässig.«
Paul Preuß

denken läßt, stürzten alle drei über die unten überhangende Wand nach mehrfachem Aufschlagen 300 Meter tief auf den Fresnaygletscher ab. Von Hängenbleiben, Baumeln am Seil und ähnlichem romanhaften Unsinn, der berichtet wurde, war keine Rede! – Am nächsten Tag bargen wir ohne größere Schwierigkeiten die drei stark verstümmelten Leichen.
Das Ausbrechen eines Griffs, vielleicht mitverschuldet durch die Technik vieler Granitkletterer, die auf Gewichtsverteilung wenig achten und die ganze Körperlast oft an einen Griff hängen, war die unmittelbare Veranlassung des Unglücks. Immerhin möchte ich aber den durch widrige Umstände hervorgerufenen Sturz des Vorauskletternden als einen unglücklichen Zufall betrachten, der jedem begegnen kann. Als Ursache aber, daß es zu einer Katastrophe mit drei Todesopfern kommen mußte, möchte ich die unrichtige Art anzuseilen und die dadurch hervorgerufene schlechte Sicherungsmöglichkeit bezeichnen. Und gerade der vor diesem Unglück gemachte Fehler beruht nicht nur auf der gewöhnlich etwas lauen Seilbehandlung durch die Urgesteinskletterer, die in dieser Disziplin weniger geschult sind als die Kletterer aus den Kalkalpen, sondern es ist ein Fehler, der, wie zahlreiche ähnliche Unfälle in den Ostalpen beweisen, auch bei uns mehr als einmal gemacht wird. – Zu den allgemeinen Grundregeln der Seilbehandlung gehören eben, wie ich glaube, auch die folgenden: Der schwächste Teilnehmer an einer Klettertour gehört an den Schluß; der Abstand zwischen ihm und dem Zweiten muß geringer sein als zwischen diesem und dem Ersten, damit der Letzte bei Quergängen, ohne daß umgeseilt werden muß, in die Mitte genommen werden kann. Unterhalb des schwächsten Teilnehmers der Tour darf niemand mehr angeseilt klettern. *Paul Preuß*

»In rasender Eile jagen auf schwierigen Bergfahrten die Bilder an unseren Augen vorüber. Eine Sensation verdrängt die andere, jedes neue Ereignis vertreibt die Erinnerung an das alte, und von unserer Umgebung prägen sich nur große, unscharf gezeichnete Konturen dem Gedächtnis ein.« *Paul Preuß*

Mit diesem Sommer 1912 und seinem Erfolg als Skitourist war Paul Preuß nicht nur der »kompletteste« Bergsteiger der Alpen. Er war prädestiniert für Expeditionen in den Himalaya. Wie Mallory wäre er vielleicht zum Mount Everest oder Nanga Parbat aufgebrochen, wenn er nicht im Herbst 1913 abgestürzt wäre. Preuß sprach fließend Französisch, Englisch, Italienisch und Deutsch. Dazu hatte er die gesamte Geographie der Alpen im Kopf und kannte sich deshalb überall sofort aus. In Genua und Florenz interessierte ihn die Kunst.
Preuß tat alles ganz, identifizierte sich mit dem, womit er sich gerade beschäftigte. Je älter er wurde, um so aktiver war er. Er schrieb nur noch wenig. Taten wollte er vollbringen, so als habe er gewußt, daß seine Zeit knapp bemessen war.

Der Tod

Vermutlich am 3. Oktober 1913 ist Paul Preuß an der Mandlkogelkante in seinen Heimatbergen abgestürzt. Er war allein. Niemand hat ihn gesehen. Erst am 14. Oktober fand eine Suchmannschaft den toten Körper im Kar. Er war mit Neuschnee völlig zugedeckt. Diesen Unfall haben viele zu rekonstruieren versucht. Ich will es nicht tun. Dafür lasse ich P. Gilly zu Wort kommen, der als unbekannter Bergsteiger seine letzte Bergfahrt mit Paul Preuß beschreibt: den Heroldweg auf das Totenkirchl. In dieser einfachen Erzählung erfahren wir mehr über Paul Preuß, als durch alle möglichen Spekulationen.

»Beim Abstieg weist es sich, wie Preuß den so komplizierten Bau des Totenkirchls kennt. Er erklärt uns, daß gerade unter uns der ungemein schwierige Krafft-Kamin hinabführe, erläutert die ver-

»Am 14. Oktober wurde das Gepäck Preuß' in der Vorderen Scharwandalm gefunden und damit außer Zweifel gestellt, daß Preuß sein Vorhaben, den Mandlkogel über die Nordkante zu ersteigen, in die Tat umgesetzt hatte sowie dabei verunglückt war.«

Mitteilungen des Du.ÖAV, Nr. 20, 1913

»Das Gerücht kam auf, daß Preuß vermißt wurde. Ich war mit Hartwich und Mina mit Relly verheiratet. Unsere Männer machten sich sofort auf den Weg, um ihn zu suchen, während Mina und ich und soviele andere in Altaussee mit größter Sorge warteten. Ich war bei Mina, als die Todesnachricht eintraf. Es war der schrecklichste Moment, an den ich mich erinnern kann. Der Tod meines so sehr geliebten Vaters hatte keinen solchen Eindruck auf mich gemacht.«

Emmy Hartwich

»Ein armseliger Haken hätte ihn retten können.« Franz Nieberl

»Wer Preuß gekannt hat und seinen unbändigen Drang nach immer neueren, schwereren, kühneren Bergfahrten beobachtet hat, mußte Sorge um ihn haben.«
Luis Trenker

»Lina verließ so wie auch ihre anderen Schwestern Strassbourg im Jahre 1871 nach der Übernahme durch die Deutschen. Ihren Enkeln erzählte sie statt den üblichen Märchen Geschichten, Episoden aus der Zeit der Belagerung Strassbourgs. Sie verzieh es den Deutschen nie, und manchmal kam ›Les Boches‹ über ihre Lippen.« Edi Schaar

Mutter Caroline Preuß.

schiedenen Steige, die knapp nebeneinander durch die Wände ziehen. Und dann sind wir bald an der richtigen Stelle. Der schiefe, einmal geknickte Führerriß (der übrigens in der Mitte nicht gar so leicht ist) bringt uns rasch auf die Grasschrofen des Vorbaues. Und zum Ausstieg. Hier trennen sich unsere Wege. Und nun nimmt Preuß ein Telegramm aus der Tasche, das man ihm abends eingehändigt hatte. Piaz, der berühmte Dolomitenführer, belagere mit einer Dame eine Wand der Scharnitzspitze im Wetterstein, habe ihn gerufen; er müsse schleunigst hin. Ich solle ihm das Reisegeld vorstrecken. Fünf Kronen wechseln den Besitzer. Ich muß nach Kufstein, Preuß will zur Griesener Alm hinunter, dann nach St. Johann zur Bahn. So nehmen wir Abschied – den Abschied fürs Leben! Erst einige Jahre später ersah ich, daß Preuß nicht zu Piaz gefahren war. Auf der Wanderung nach St. Johann fiel ihm die Nordwand des Mitterkaisers im Griesener Kar auf – hier gab's noch ein »Problem«, die als ungangbar beschriebene Verschneidung. Und schon hatte er sie bezwungen. Der Sommer kam, Preuß machte ein Autorennen mit, zog dann in andere Gebiete, schließlich hörte man, er führe zahlreiche Erstersteigungen im Gosauer Kamm durch. Im Vorjahre hätte ich da mithalten sollen; aber ewiger Regen und Schnee hatten damals unsere Pläne gestört. Ein Ausspruch eines Freundes, der Preuß gut kannte, kam mir in den Sinn. Der hatte vorausgesagt, Pauli werde in seinen heimischen Salzkammergutbergen verunglücken, die er so oft beging und die doch schwierig und brüchig seien. Besonders vor dem Sandlingturm warnte er, den Preuß gern als kurze, schwierige Tour für seine vielen Schüler wählte. Aber es war nicht der Sandlingturm, der sein Ende sah. Am Großen Mandlkogel stürzte er ab. Entsetzlich der Schock, als ich die Trauernachricht las. Furchtbar der Schmerz der Mutter, die nie glauben wollte, er sei abgestürzt. Ein Herzschlag, ein Unwohlsein hätten ihren Sohn dahingerafft... Dann kam der Krieg. Viele, die mit Preuß den Bergen Trotz geboten, holte er sich. Auch seinen Rivalen Dülfer traf 1915 vor Arras die tödliche Kugel. Sixt, einer der besten Kletterer Münchens, war auf der Rückkehr vom Predigtstuhl im Unwetter erfroren, Rudi Redlich, die größte Zukunftshoffnung von Wiens junger Bergsteigergarde, fiel in Galizien... Aber wer verschont blieb, dachte noch lange Jahre an den schmächtigen, kleinen, blonden Mann, der so meisterhaft den kalten Stein, das tückische Eis bezwungen, der im bürgerlichen Leben so freundlich und nett gewesen, der für die Wissenschaft so viel zu versprechen schien.«

Wegen der Pünktlichkeit von Paul Preuß verständigte bei seinem Ausbleiben die Haushälterin von Altaussee Emmy Hartwich und diese Mina und Paul Relly. Trotzdem dauerte die Suche lange.

Preuß, dessen Bergsteigerlaufbahn keine zehn Jahre währte, war mehr und mehr zum Alleingänger geworden. Seine Ideen waren zu kühn, um damals allgemein verstanden zu werden. Seine Erstbegehungen wurden vielfach erst nach seinem Tod wiederholt. Die Preuß-Touren sind genial in ihrer Anlage, oft ausgesetzt, frei. Auch seine Gedanken waren elitär. Preuß stellte hohe Ansprüche an sich selbst. In allem, was dieser Mann tat, spürt man den Wunsch nach Steigerung, Vervollkommnung. Auch heute noch würde jemand wie er zur Elite des Alpinismus zählen. So wie im Leben mochte Paul Preuß auch bei seinen Touren die Steigerung. Trotzdem war er in keiner Weise überheblich. Er war allseits beliebt.

»Ist es nicht eher ein gnädiges Spiel, das sich die Natur mit uns Menschen erlaubt, die wir in ihr Reich eindringen? Wir bilden uns ein, Sieger zu sein, und sind Pardonnierte, denen ein stets überlegener Gegner seine Macht nicht fühlen läßt.« Paul Preuß

Seine Zeitgenossen beschreiben ihn als »schmächtigen, kleinen Mann«. Blond war er, freundlich. In fröhlicher Rivalität lebte er mit den anderen »Großen« seiner Zeit: Dülfer, Schaarschmidt, Sixt, Herzog.

Seine zahlreichen Buchbesprechungen sind sachlich, immer fair dem Autor gegenüber, oft recht witzig. In seinen Vorträgen muß Preuß all das ausgestrahlt haben, was in ihm steckte. Er konnte die Menschen mit seinen Worten ebenso begeistern wie mit seinen Taten. Oft wirkte er wie ein halbwildes Tier unter Menschen, und trotzdem war da soviel Humanität, daß er bei allen der Liebling war.

»Eine zweite Paul-Preuß-Hütte steht auf der Kalmbergschartenalm, Naturfreunde-Sektion Goisern, im Salzkammergut, 1540 m hoch.«

Emmy Eisenberg, später Hartwich-Brioschi, kletterte nicht nur mit Paul Preuß, sie ging am Seil von Guido Mayer, Emilio Comici, Mary Varale. Trotzdem, ihre ganze Begeisterung galt Paul Preuß. Im Kletterstil mag Paul Preuß einem Emilio Comici verwandt gewesen sein, in seiner Lebenshaltung war er offener, froher, lebensbejahend bis in die letzte Faser. Es ist eine Schande für den deutschsprachigen Alpinismus, daß Preuß nach dem Krieg lange totgeschwiegen wurde. Tita Piaz hat 20 Jahre nach dem Tod von Preuß seinem bewunderten Rivalen auf einem Felsvorsprung unter den Vajolettürmen eine Gedenkstätte errichtet: eine kleine Hütte für Bergsteiger, die Preuß-Hütte. Hier zählte nicht, daß Preuß Halbjude war, hier zählten und zählen seine Taten und sein Geist.

Hätte der Alpinismus sich an den Ideen von Paul Preuß orientiert, wir stünden heute irgendwo anders. So aber bleibt uns die Rückbesinnung auf Paul Preuß und der Fels dort als Medium, wo wir ihn mit bloßen Händen anfassen.

Preuß-Grabstätte in Altaussee.

»Totgesagte leben lange.«
Paul Preuß

Paul Preuß – seine Ideen

»Auch in der Diskussion, als Polemiker, als Verteidiger kühner Ideen, schwang er eine scharfe Klinge. Seine Argumente trafen sicher, ohne daß er jemals unhöflich geworden wäre.«
Günther Freiherr von Saar

Unter den kritischen Schriften von Paul Preuß ist der »Mauerhakenstreit« von größter Wichtigkeit. Mögen seine Gedanken zum Winteralpinismus, zur »Jagd und Skitouristik« heute noch aktuell sein, seine witzigen Aufsätze über die Berg- und Skisport betreibenden Damen zum Schmunzeln anregen und die »Amateurfragen« immer noch unbeantwortet sein, die Auseinandersetzung über die »künstlichen Hilfsmittel auf Hochtouren«, von ihm angeregt und auf hohem Niveau geführt, bleibt eine der Grundsatzarbeiten über das Bergsteigen schlechthin. Ohne sie ist auch die moderne Freikletterbewegung nicht verständlich.

Preuß war 25 Jahre alt, als er die Diskussion 1911 in der Deutschen Alpenzeitung begann. Er hatte damals schon mehr als 1000 Bergtouren hinter sich und nur selten abgeseilt. Wenige Male nur hatte er sich an Haken gesichert. Am 31. Januar 1912, als die Polemik in einer Sitzung der Sektion Bayerland in München abgeschlossen wurde, konnte er mit seinen Argumenten überzeugen. Trotzdem ging die Entwicklung des Klettersports 50 Jahre lang den Weg der Technisierung. Und heute stehen wir wieder vor einer Weggabelung: sportliches Bergsteigen durch Wettkampf oder sportliches Bergsteigen durch Verzicht auf Technik, auch Sicherungstechnik. Aber so wie der Verzicht auf Absicherung durch Haken damals den Verzicht auf die Lösung der großen Wandprobleme in den Alpen bedeutet hätte, so würde der Verzicht auf Absicherung die Wiederholung der heute schwierigsten Freiklettertouren in den Mittelgebirgen unmöglich machen. Bergsteiger sind, wie die meisten anderen Menschen, in ihren Ideen oft ausgeprägtere Idealisten als in der Praxis. Für die Ehre dazuzugehören, hängen alle, sagen wir fast alle, ihre Ängste an einen Haken, um so gesichert in die Avantgarde des Kletterhimmels aufzusteigen.

Auch Paul Preuß hat sein Seil im Rizzikamin an der Südwand des Innerkoflerturms in den Dolomiten in die vorhandenen Haken gehängt. Ein Beweis dafür, daß er zu Kompromissen bereit war. Er führte den »Mauerhakenstreit« zwar gekonnt, verbissen war er dabei nie. Wie er vor Freunden zugab, hatte ihn allein schon die literarische Auseinandersetzung gefreut.

Die Preuß-Schriften müssen wir heute vor diesem Hintergrund sehen, vor allem seine kritischen Aufsätze. Die Freude an der Auseinandersetzung und das dialektische Denken haben ihm ebensoviel bedeutet wie die Aktion. Preuß war nicht nur ein Mann der Tat, er war auch ein Mann mit Geist.

Die Amateurfrage

Auszüge

Von Paul Preuß

_____ Jeder Sport, der im Werden ist, hat seine Kinderkrankheiten... Zu den Kinderkrankheiten fast aller Sportarten gehört die Amateurfrage. Wenn die Hilfe nicht rechtzeitig kommt, wird auch der Skisport daran chronisch kranken. Einen kühnen Heilungsversuch hat der Skiklub Arlberg heuer auf der Vertreterversammlung des Österreichischen Skiverbandes unternommen; der Boden für den Antrag, auch Skilehrer als konkurrenzberechtigt anzuerkennen, war aber noch nicht genügend vorbereitet und – »was der Bauer nicht kennt, das frißt er nicht« – der Antrag fiel mit Glanz und mit 377 gegen 68 Stimmen bei 81 Stimmenthaltungen durch, nachdem er in einer mehr als schnellsiederartigen »Beratung« erledigt worden war. Das Resultat war zwar nicht überraschend, aber dennoch befremdend. Man greift sich an den Kopf und fragt, ob denn das Resultat wirklich den Anschauungen der Mehrzahl aller Skiläufer entsprochen habe, oder ob neben manchen, die auf eine nähere Betrachtung der Gründe nicht eingehen konnten, nicht auch solche ihre Stimme in die Waagschale warfen, die darauf nicht eingehen wollten.

Uns interessiert die Frage aus prinzipiellen Gründen... »Skisport ist Herrensport«, so lautete u.a. das stolze Wort eines Vertreters, der mit dieser Ansicht keineswegs allein steht. Daß es gerade Vertreter von städtischen Vereinigungen sind, die diesen Anschauungen huldigen, darf uns nicht wundern, denn nirgends anders als in den großen Städten ist der Boden für die Durcharbeitung der Klassengegensätze so günstig. Gerade in den großen Städten sollte man aber auch die Einsicht haben, daß der Skisport nicht nur Sonntagsvergnügen einiger Naturfreunde und vieler Snobs ist, sondern daß er noch andere Aufgaben hat. Mag sein, daß es Sportarten gibt, die Herrensport sind und bleiben sollen; mag aber auch sein, daß es Leute gibt, die sich nicht fest genug auf dem Boden ihrer sozialen Stellung fühlen und schon aus diesem Grund so sehr von einer scharfen Betonung der Gegensätze eingenommen sind. – Wenn der Skisport wirklich Herrensport sein soll, warum läßt man dann den Landbriefträger, den skifahrenden Brotausträger oder den Bauernsohn, der auf Bretteln zur Holzarbeit fährt, mitkonkurrieren? Wenn die Sorge, den Skisport zum Nationalsport zu machen, immer und überall so ernst genommen wird, wie in dem oben zitierten Satz, wozu dann der viele Lärm um Popularisierung? Ist es dann nicht besser, das viele dafür verwendete Geld zu mehr oder weniger schwindelhafter Reklame oder zur

»Schneeschuhsport und Klettersport sind als Selbstzweck bereits existenzfähig.« *Paul Preuß*

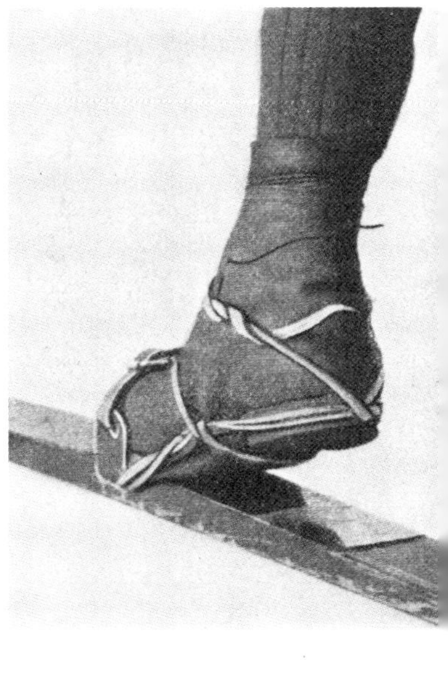

Aplanierung von Übungswiesen auf dem Semmering, in Partenkirchen oder St. Moritz zu vergeuden? »Skisport ist Herrensport«, gewiß – für alle jene, die im Professionalismus etwas Minderwertiges erblicken, dafür aber vor allen, die an einem mehr oder weniger starken Amateurfaden baumeln, auf den Knien herumrutschen.

Wo fängt denn überhaupt der Berufsfahrer an, wo hört der Amateur auf? ... Wenn wir wirklich Amateure und Professionals streng voneinander scheiden wollen, dann müssen wir genauere Bestimmungen anwenden und jeden als Professional bezeichnen, der direkt oder indirekt durch seine sportliche Betätigung materielle Vorteile erwirbt. Dann aber sind die alle keine Amateure mehr, die für Artikel skisportlichen Inhalts Bezahlung nehmen, die Vereinsfunktionäre mit den Bahnermäßigungslegitimationen, die Skikursleiter mit dem freien Aufenthalt, die Landbriefträger, Jäger, skifahrenden Hausierer und alle anderen, die mit Hilfe der Bretter ihrem Haupterwerb oder ihrem Nebenverdienst nachgehen. Dann brauchen wir uns auch nicht mehr für die Skilehrer zu ereifern, weil es wahrscheinlich ohnedies nur mehr Professionals geben wird, die an Rennen teilnehmen werden. Daß man aber alle jene Halbamateure für voll nimmt, denen, die es am meisten verdient haben, aber, den Skilehrern, die Teilnahme an den Rennen versagt, das ist eine Ungerechtigkeit, die ihr Zustandekommen eben nur einer Kinderkrankheit des Sportes – der Angst vor der Konkurrenz – verdankt ... Wie die Verhältnisse jetzt liegen, sind so und so viele zu einer scheinheiligen Amateurheuchelei gezwungen – »Ehrengeschenke«, Heimlichkeiten und Überzahlungen werden dankbar angenommen! Sorgen wir doch rechtzeitig dafür, solchen unliebsamen Wirrnissen ein radikales Ende zu machen: der Berufsfahrer soll sich offen und ehrlich als solcher bekennen dürfen. Warum soll denn er, gerade er allein keine sportliche Ehre, kein sportliches Ehrgefühl und kein sportliches Empfinden haben? ...

(Der Winter, VII, 1912/13)

Schlußbetrachtungen zur Amateurfrage
Auszüge
Von Paul Preuß

»Dann müßten wir überhaupt Rennen ausschreiben für solche, die im Winter 14 Tage, vier Wochen, drei Monate usw. Gelegenheit zum Skilauf haben.
Paul Preuß

——— Der Sport, so behaupten Idealisten, soll eine Schule für das Leben sein. Viel scheint in dieser Schule nicht gelernt zu werden, denn nicht zum erstenmal habe ich es erfahren, daß Sportsleute nicht einmal imstande sind, eine theoretische Diskussion sportlich einwandfrei zu führen, und wenn Herr Bildstein schreibt, die Zulassung der berufsmäßigen Skilehrer zu

»Bildstein war ein Kritiker der Preuß-Aussagen.«
Reinhold Messner

»Leute, die wegen der Aussichtslosigkeit, einen Preis zu gewinnen, die sich also fürchten, geschlagen zu werden, nicht an Rennen teilnehmen, kann man dabei ohnedies nicht brauchen; sie schaden dem Sport mehr, als sie ihm nützen.« *Paul Preuß*

den Rennen »würde eine niedere Art des Kämpfens zur Folge haben«, muß ich gestehen: fast fürchte ich, daß er recht hat; ob aber die Skilehrer daran schuld sein werden –?
Was hat es eigentlich mit der Amateurfrage zu tun, daß Herrn Bildstein ein Sprung zu kurz gerechnet wurde, daß er seine Ski statt mit Wachs mit – Pech geschmiert hatte, daß Böhm-Hennes in Holmenkollen zweimal gestürzt ist, Schneider lieb Kind beim Skiklub Arlberg ist, in Österreich und Deutschland aber nicht gestartet wäre, wenn – ich hingegen als Alpinist berechtigten Ruf genieße; daß Herr Trier reich oder Herr Bildstein arm, daß der Monatswechsel groß, klein oder gar nicht vorhanden ist usw.? Wird man in Hinkunft zur Teilnahme an sportlichen Konkurrenzen eine Steuerquittung oder ein Armutszeugnis als Befähigungsnachweis erbringen müssen?...
Von England ist mit dem Begriff des Professionalismus fest verbunden ein Gefühl mit herübergekommen, das gewissermaßen einen Makel damit verbindet, das im Professional einen sozial und ethisch minderwertigen Menschen erblickt...

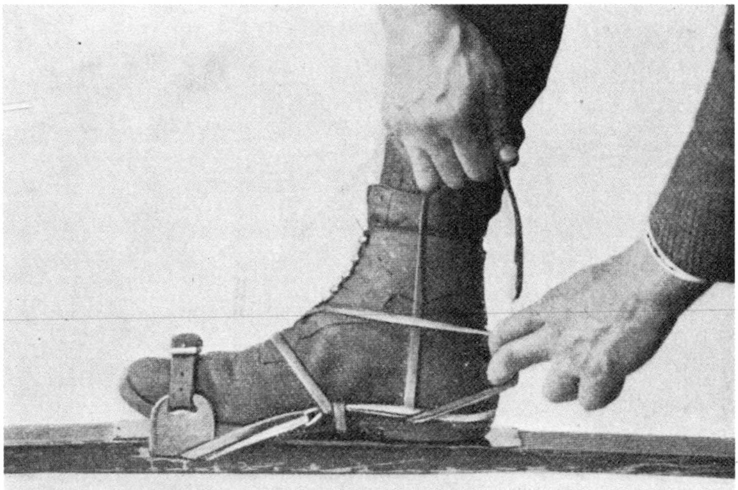

»Ich glaube auch, meine Bindung ist schlecht, weil ich nie dorthin komme, wohin ich will!«
Paul Preuß

Wenn diese Gründe euch zu wenig sind, dann seien wir wenigstens nach der anderen Seite hin gerecht: Lassen wir an unseren Konkurrenzen niemanden teilnehmen, »der aus seiner sportlichen Betätigung auch nur indirekt irgendwelche materiellen Vorteile wirklich genießt oder zu erwarten berechtigt ist«. Wer sich dann noch wirklich frei von Sünde fühlt, werfe den ersten Stein auf mich. Wir wollen dann aber auch sehen, wie es um den Sport bestellt sein wird; ob wir denn nicht vielleicht das Kind mit dem Bad ausgegossen haben. –?

(Der Winter, VII, 1912/13)

Der »Mauerhakenstreit«

Künstliche Hilfsmittel auf Hochtouren

Von Paul Preuß

»Was könnte ich nicht alles persönlich nehmen, wenn ich wollte! Ich will aber nicht, weil mir die Sache über die Person geht und weil ich aus der Entwicklung des Sportes solch kindische Widerstände ausgeschaltet sehen möchte.« Paul Preuß

Keine langen philosophischen Betrachtungen über alpine Fragen will ich hier bringen; keine Angriffe, die ein jahrzehntelang aufgebautes stolzes Gebäude in seinen Grundpfeilern wanken machen sollen. Nur Gedanken, die sich mir immer aufdrängen, wenn ich mitten im regsten Getriebe des Bergsteigens stehe, sollen hier lose vereinigt werden. Noch kann ich selbst nicht sagen, ob das Bild ganz klar ist, das ich entwerfe, aber es will mir scheinen, daß sich die einzelnen Gedanken recht wohl zu einem Bild überhaupt vereinigen lassen. Nur eines weiß ich: daß ich mit meinen Ansichten so ziemlich allein stehe, und wenn ich je etwas davon äußerte, so war die Antwort immer: »Recht idealer Standpunkt, aber ein Spleen.«

So verschieden Alpinismus und Klettersport, so verschieden die Ziele und so verschieden die Forderungen! Die Lösung eines klettersportlichen Problems kann alpin wertlos sein, das wissen wir alle, das tangiert den Alpinismus ebensowenig wie den Klettersport, denn für diesen kann dieselbe Lösung den höchsten Wert besitzen. Zwischen der Totenkirchl-Westwand und irgend einem anderen Aufstieg auf die zweite Terrasse dieses berühmten Berges besteht vom klettersportlichen Standpunkt aus kein genereller, sondern nur ein qualitativer Unterschied. Vom Standpunkt des Alpinisten sind aber die meisten dieser Aufstiege vollkommen wertlos; die Anstiegslinien sind nichts weniger als ideal, und die Idealität der Linie spielt für den Alpinismus gewiß die gleiche Rolle wie die größeren oder geringeren Schwierigkeiten, nur im umgekehrten Sinne. Von beiden Standpunkten aus hat die Lösung irgend eines Problems nur dann einen Wert, wenn sie selbständig, das ist ohne künstliche Hilfsmittel, durchgeführt ist. Das scheint mir oberstes Prinzip beim Alpinismus wie beim Klettersport zu sein, und damit komme ich zur Frage der künstlichen Hilfsmittel.

Für die in alten Zeiten bei Bergtouren mitgenommenen Leitern, für Winklers Wurfanker und ähnliche Hilfsmittel hat man heute nur mehr ein Lächeln um die Mundwinkel. Wenn aber ein moderner Bergsteiger 37mal das Seil um einen Block wirft, bis es festhält, und dann daran hinaufklettert, dann bewundert man die Kühnheit, Energie und Ausdauer. Worin liegt der Unterschied? Es liegt mir fern, gegen die versicherten Felsensteige zu predigen; kein denkender Bergsteiger verkennt heute ihren Wert für die große Menge des berg- und naturfreudigen

»In jenem Sommer saß ich im Sellajochhaus mit Preuß und Schmidkunz beisammen. Ich konnte seiner Auffassung vom Alleingehen sowie der Ablehnung aller technischen Hilfsmittel nicht beipflichten.« Luis Trenker

Publikums. Auf etwas anderes kommt es mir an, um es kurz zu sagen: Ich halte die Sicherung durch eingetriebene Mauerhaken, in vielen Fällen sogar Sicherung überhaupt, sowie das Abseilen und alle anderen Seilmanöver, die so oft die Besteigung von Bergen ermöglichen oder wenigstens dabei angewendet werden, für künstliche Hilfsmittel und daher vom Standpunkt des Alpinisten wie des Klettersportlers als nicht einwandfrei, als nicht berechtigt.

Das Abseilen! »Wenn man irgendwo nicht hinunter kann, soll man auch nicht hinauf« – sagt mir der alpine Standpunkt: »Aus eigener Kraft Schwierigkeiten überwinden, im Aufstieg wie im Abstieg«, das ist ein Postulat einer ehrlichen, sportlichen Überzeugung. Ein Aufstieg ohne das Bewußtsein, alles auch im Abstieg frei gehen zu können, ist leichtsinnig-unalpinistisch; ein Kampf, der mit ungleichen Waffen geführt wird, unritterlich-unsportlich. Gewiß muß jeder Alpinist und jeder Kletterer – ich will mit dieser Unterscheidung aber nicht gesagt haben, daß nicht ein Mensch gleichzeitig beides sein kann – abseilen können; es ist eine Rettung in der Not, bei Wettersturz oder Einbruch der Nacht, nach einem Unfall oder bei Abirren vom Wege. Ich sehe aber den Wert einer Überschreitung des Campanile di Val Montanaia nicht ein, wenn diese Überschreitung ohne Seil unmöglich ist; eine direkte Überkletterung aller sechs Vajolettürme erscheint mir sinnlos, wenn man dazu eine 80 Meter lange Luftreise unternehmen muß. Worin besteht der Wert eines Abstieges durch die Südwand der Marmolada, vom Winkler- oder Delagoturm, durch den Schmittkamin oder über den Kopftörlgrat, wenn man alle Schwierigkeiten nur durch Baumeln am Seil überwindet? Im Aufstiege ist Seilhilfe von oben allgemein verpönt; was für den Aufstieg aber recht ist, muß für den Abstieg billig sein! Einem Berg ist ja die Jungfräulichkeit nicht genommen, wenn man zwar frei hinauf, nicht aber wieder herabgekommen ist, – im Gegenteil sogar! Ich möchte mich recht deutlich ausdrücken, ohne damit aber alle, die sich je abgeseilt haben, vor den Kopf zu stoßen (ich habe es seinerzeit selbst auch getan): Ist der Bestohlene verwerflich oder der Dieb?

Dasselbe gilt, wie mir scheint, auch von Mauerhaken! Daß ihre Benützung als Tritt ungerechtfertigt ist, brauche ich nicht zu betonen; worin liegt aber der Unterschied zwischen einer regelrechten Drahtseilversicherung und der an schwierigen Stellen eintretenden Versicherung an dreifachen Seilen durch Mauerhaken, die alle 5 Meter eingetrieben werden? Ich verstehe weder den Wert der Gefühle noch den Wert der Leistung, wenn man sich so über eine Wand hinaufschwindelt. Ich selbst wollte auch einmal mit einer Schlosserwerkstätte beladen und einer kleinen Eisenhandlung in jeder Tasche eine himmelstürmende

»Ich behauptete, daß die konsequente Durchführung seiner idealen Prinzipien früher oder später zur Katastrophe führen müsse.« *Luis Trenker*

Wand »bezwingen«. Zum Glück bin ich damals dennoch abgeblitzt, und heute kommt mir, wenn ich mich so recht besinne, die ganze sportliche Unehrlichkeit meines damaligen Beginnens zu Bewußtsein! (Ein Illustrationsfaktum aus einem modernen Tourenbericht: »Der Weg ist nicht zu verfehlen, da er in fast schnurgerader Richtung führt und durch 22 Mauerhaken markiert ist.«!!)

»Die Lösung eines Problems ohne künstliche Hilfsmittel als oberstes Prinzip beim Alpinismus und Klettersport aufzustellen, ist meines Erachtens absolut falsch.«
Tita Piaz

Paul Preuß in der Ostwand der Rosengartenspitze.

Die sonderbarsten »Kletterstellen« werden ja mit Hilfe von Seilen und Mauerhaken »gemacht«: Da pendeln die Leute an glatten Wänden hin und her, ganze Berge werden mit Seilmanövern bestiegen (Torre del Diavolo, Guglia Edmondo de Amicis; allerdings werden solche »Besteigungen« hin und wieder selbst von den Beteiligten nicht für vollwertig genommen!), an Mauerhaken angebundene Reepschnüre werden als Griffe oder als »Gleichgewichtserhalter« benützt. Und doch lehrt die Erfahrung, daß viele dieser Stellen frei zu klettern sind; sind sie es nicht, dann soll man sie doch lieber gleich stehen lassen. Auch der Mauerhaken ist ein Notbehelf; ein Mittel, Berge zu bezwingen, darf er nicht sein. Ich will der Liebe zur Gefahr, die bei uns modernen Bergsteigern bis zu einem gewissen Grade unbedingt vorhanden ist, nicht das Wort reden. Mir kommt aber doch vor, daß der Gedanke: »wenn du fällst, hängst du drei Meter am Seil« geringeren ethischen Wert hat, als das Gefühl: »ein Sturz, und du bist tot!«. Wenn man an steilen Wänden mit absoluter Sicherheit nur turnen will, etwa an dreifachen Seilen oder aber einem aufgespannten Sprungtuch, dann soll man doch lieber zu Hause bleiben und seine Geschicklichkeit im Turnverein erproben. Wenn man eine Kletterstelle nicht auch ohne Sicherung gehen kann – vom alpinistischen und sportlichen Standpunkt aus –, darf man sie dann überhaupt nicht gehen. Man darf meiner Ansicht nach als Vorauskletterer immer nur solche Schwierigkeiten und Gefahren überwinden (natürlich mit Ausnahme von objektiven Gefahren wie Spaltengefahr u.s.w.), die man mit denselben Gefühlen auch allein überwinden würde.*)

»Ich setze entgegen, wie viel Tausende von Stürzen wurden durch das Seil unschädlich gemacht oder doch gemildert.« Paul Jacobi

Es liegt mir ferne, die Benützung des Seiles überhaupt zu verwerfen; ich will und kann dieses wichtigste Hilfsmittel des modernen Bergsteigers nicht in Mißkredit bringen; doch es will mir scheinen, daß damit in neuester Zeit zu viel Unfug getrieben wird. Ganz abgesehen davon, wenn man alles unter der Devise »als Zweiten am Seil« auf die Berge schleift – wieviel gewagte Manöver werden auch von den Vorkletterern oft ausgeführt, weil sie eben am Seil sind. Es gibt sogar, wie ich glaube, einzelne Fälle, bei denen gerade im Augenblick höchster Gefahr die Beibehaltung der festen Verbindung zweier Kletterer durch das Seil unmoralisch und unklug wird! Gewiß sollten solche Fälle bei richtiger, planmäßiger Durchführung einer Tour nicht vorkommen, daß wir Bergsteiger aber gegen Zufälle nicht gefeit sind, daß unter Ausnahmsverhältnissen auch Ausnahmsfälle eintreten können, wissen wir leider aus eigener Erfahrung. Es ist meiner Ansicht nach bei prekärer Lage des Vorkletternden und einem zur Sicherung völlig ungeeigneten schlechten Stand des Zweiten von letzterem die feste Seilverbindung zu lösen und das Seilende so fest als möglich in der Hand zu halten! Dies scheint ein Gebot der Menschlichkeit und der Vernunft. Abgesehen davon, daß jedes Leben, das erhalten werden kann, auch erhalten werden muß, daß es sinn- und rechtlos ist, im Falle eines Sturzes aus den allerdings idealen Gründen treuer Kameradschaft den Freund mit ins Verderben zu reißen, trägt diese Maßregel wenigstens ein wenig zur

»Die sorgfältige und gewissenhafte Sicherung ist das moralische Placet für schwere Touren, welche ohne jene sehr leichtsinnige und gewissenlose Unternehmungen werden können. Du bist es deinen Angehörigen, dir selbst und nach Umständen sogar der menschlichen Gesellschaft schuldig, dein Leben und das Leben anderer nicht leichtsinnig aufs Spiel zu setzen.« Franz Nieberl

*) Dies gilt wohl nur für Stellen, die für einen Alleingeher kletterbar sind! Der menschliche Steigbaum z. B. steht, wie ich glaube, knapp an der Grenze zwischen künstlichem und natürlichem Hilfsmittel, weil wegen der Höhe der Kletterstelle ein für den einzelnen unüberwindbares technisches Hindernis vorhanden ist.

Erhöhung der an solchen Stellen etwas schwankenden Sicherheit bei! Bei jedem von uns, wenn er noch so sehr Altruist ist, spielt die Sorge um das eigene Leben wenigstens im Unterbewußtsein eine bestimmende Rolle. Mit dem Gefühle, im Falle des Sturzes des Freundes nicht mitstürzen zu müssen, kann der Zweite mit ungleich größerer Ruhe mehr Kraft und mehr Aufmerksamkeit dem immerhin möglichen Aufhalten des Sturzes widmen, als mit dem bestimmten Gedanken, wegen des ungünstigen Standes im Falle eines Unfalles des Ersten hilflos sich an die Felsen klammern zu müssen mit einer Zentnerlast um den Leib! Wie viele Doppelstürze wären wohl bei sinngemäßer Anwendung dieses Grundsatzes vermieden worden?! Der Seilsicherung soll eine bedeutende Rolle zufallen, doch im Vertrauen auf Seilsicherung und Mauerhaken alles zu wagen und alles durchzuführen, ist unklug, unberechtigt und stillos! Die Sicherung des Vorkletternden durch das Seil darf und soll ein erleichterndes, nicht aber das allein selig machende Mittel sein, das die Durchführung der Touren ermöglicht. Nur der allein scheint mir das Recht zu haben, sich »selbständig« zu nennen, der auf dieser Grundlage bergsteigen kann! Nicht nur »daß« man auf Berge hinauf und wieder hinunter kommt, möge von Bedeutung sein, sondern auch »wie«! Wenn beim Trabfahren ein Pferd galoppiert, wird es wegen unreiner Gangart disqualifiziert. Die unvernünftigen Tiere zwingen wir zur Reinheit des Stiles; bei denkenden Bersteigern sollte alles erlaubt sein? Stil im Alpinismus und Stil im Klettersport sei eine Forderung an alle Alpinisten und alle Kletterer; wenn sie erfüllt wird, dann werden alle Angriffe von selbst verstummen.

Es liegt mir ferne, mit diesen Bemerkungen vielleicht unerfüllbare Forderungen zu stellen; viele Unsitten haben sich so fest eingebürgert, daß sie nicht mit einem Schlag auszurotten sind. Nur einige Anregungen dachte ich damit zu geben, die vielleicht bei der kommenden Generation auf fruchtbaren Boden fallen können.

Man wird mir vorhalten, daß ich eine zu extreme, hypermoderne Klettertechnik anstrebe, die vom Alpinismus vergangener Zeiten himmelweit verschieden ist. Ich möchte dies nicht vorbehaltlos zugeben. Wohl mag heute die Art der Ausführung verschieden sein, der Grundgedanke scheint mir aber derselbe; ich glaube mit meinen Ansichten eher eine Rückkehr zu dem im Niedergang begriffenen Alpinismus reinsten Stiles durchzuführen, dem Alpinismus, auf dessen festem Grund und Boden ich mit Leib und Seele zu stehen glaube.

(Deutsche Alpenzeitung, XI, August 1911)

In der Zahnkofel-Ostwand.

»Daß eine Mäßigung in der Anwendung von Hilfsmitteln beim Klettersport wünschenswert ist, muß man zugeben; aber um diese Mäßigung zu erreichen, darf man nicht gleich zu so radikalen Mitteln greifen, solange nicht alle Kletterer auf Preuß' Stufe stehen.« *Tita Piaz*

»Wenn eine ungangbare Stelle nicht mit Hilfe eines Rings überwunden werden kann, soll sie überhaupt nicht gemacht werden.«
Bergheil-Kalender 1912, O. Jüngling

Erwiderung – Auszüge

Von G. B. Piaz

»Wäre es nicht lächerliche Pedanterie, an einer Stelle umzukehren, wenn die Sicherung durch einen Mauerhaken uns die unbesiegte Wand eventuell ausliefern kann?« Tita Piaz

——— Kein anderer Artikel alpinen Inhaltes bedarf meiner Ansicht nach, und ich halte dies auch für die Ansicht der überwiegenden Mehrzahl aller Alpinisten, einer Entgegnung so dringend, wie der Artikel im ersten Augustheft dieser Zeitschrift, in welchem Paul Preuß seine Gedanken über künstliche Hilfsmittel auf Hochtouren entwickelt hat.

Hätte sich Preuß lediglich darauf beschränkt, die nicht zu leugnenden und nicht zu billigenden Mißbräuche, die in letzter Zeit mit »künstlichen Hilfsmitteln« im Klettersport getrieben wurden, zu geißeln, er hätte nirgends ein Wort des Widerspruches gefunden. Daß er aber zwischen Gebrauch und Mißbrauch keinen Unterschied macht, daß er auf dem Wege nach seinen idealen, leider zu idealen Ansichten alles, was sich ihm entgegenstellt, mit gleicher Rücksichtslosigkeit mit Füßen tritt, daß er so weit geht, die Anwendung von künstlichen Sicherungs- und Hilfsmitteln überhaupt beseitigen zu wollen, kann und darf in keiner Weise Billigung finden. Gegen solche Ansichten, die für den einzelnen, für einen Kletterer von Preuß' Fähigkeiten einen nicht zu verkennenden sportlichen und ethischen Wert haben können, die aber für die große Menge der Alpinisten und namentlich für die »kommende Generation«, an welche sich Preuß ganz besonders wendet, eine nicht ernst genug zu nehmende Gefahr bilden, muß man mit aller Energie ankämpfen. Nicht weil der Gebrauch von »künstlichen Hilfsmitteln« eine alte, seit den Anfängen des Alpinismus bestehende und in allen alpin-theoretischen Schriften sanktionierte Übung ist, muß man ihn verteidigen: in diesem Falle konservativ sein heißt menschenfreundlich sein. Die Zerstörung dieser Methode bedeutet das Auftauchen einer großen Gefahr im Klettersport. Und dabei ist der Verfasser eine zu bedeutende alpine Persönlichkeit, um nicht durch seine Theorie gefährlich werden zu können. Die Jagd nach neuen Idealen wird immer Jünger finden! ...

Hätte der lächerlichste Gebrauch von Mauerhaken ein einziges Menschenleben gerettet, so wäre schon damit der Gebrauch gerechtfertigt. Ich bitte, mich nicht mißzuverstehen: Ich spreche vom Mauerhaken als Sicherungsmittel, nicht als Leitersprosse; denn solche Touren, deren Route durch eine Unzahl von Mauerhaken gekennzeichnet ist, finde auch ich zumindest lächerlich.

Des Verfassers großer Fehler ist, die Zusammensetzung des Bodens, für den seine Lehre bestimmt ist, nicht untersucht zu haben. Das kletternde Publikum setzt sich aus Führern und Geführten zusammen. Erstere zerfallen in Berufs- und Amateurführer. Die Sicherung durch Mauerhaken ist hauptsächlich eine Frage für die Führer. Ist es nötig zu beweisen, daß es höchst unmenschlich ist, dem Bergführer zu sagen: unterlasse eine Tour, wenn du als Vater und Gatte es nicht wagen willst, eine durch ihre Brüchigkeit oder sonstwie gefährliche Stelle anzugehen, ohne das Seil – beim Mangel eines natürlichen Sicherungszackens – durch den sichernden Eisenring laufen zu lassen; unterlasse eine Tour, die du selbst zwar ganz sicher bewältigst, die aber keine reelle Sicherungsmöglichkeit für deinen minder befähigten Begleiter bietet! Oder aber, versuche nicht, die Gefahr für deinen Touristen und dich zu verringern: das ist unritterlich! Die überwiegende Mehrzahl der Amateurführer ist jung, unerfahren und ungeübt; sie besitzen meist mehr Ehrgeiz als Fähigkeiten, sehr schweren Stellen sind sie oft gerade noch gewachsen, ein jeder schwere Berg aber ist für sie eigentlich ein Problem. Wie kann man diesen jungen Leuten zurufen: Nur keine Sicherung durch Mauerhaken, nur nicht abseilen! All dies ist unsportlich, unritterlich! Was man nicht ganz »selbständig« im Auf- wie im Abstieg unternehmen kann oder will, soll man bleiben lassen. Der Abstieg ist in der Regel schwerer und gefährlicher, weil man bekanntlich auf den Fußspitzen höchstens Hühneraugen hat...

Rosengartenspitze-Ostwand, Schnitzelkamin.

Durch den versichernden Mauerhaken wollen wir uns nicht über Wände hinaufschwindeln, wir wollen durch ihn nur die Gefahren, die uns drohen, möglichst reduzieren, so daß, wie sich Lammer ausdrückt, von der absoluten Gefahr nur mehr die Gefahr der Gefahr bleibt, gleich ein Bruchteil der Hälfte. Wir wollen im Falle eines Sturzes lieber 4 oder auch 20 Meter am sichernden Seile hängen (vielleicht mit gebrochenem Bein), als daß die Raben im dunklen Abgrund einen Schmaus um unseren Leichnam halten...

Ich gebe rückhaltlos zu, daß der Wert einer ohne jedes »künstliches Hilfsmittel« ausgeführten Bergfahrt größer ist; aber diese Werterhöhung auf Kosten der Sicherheit ist unsinnig, unmenschlich, unverantwortlich.

Daß eine Mäßigung in der Anwendung von Hilfsmitteln beim Klettersport wünschenswert ist, muß man zugeben; aber um diese Mäßigung zu erreichen, darf man nicht gleich zu so radikalen Mitteln greifen, solange nicht alle Kletterer auf Preuß' Stufe stehen.

Meine Überzeugung ist es, daß überall, wo ernste Gefahr droht, die Anwendung von Mauerhaken strengste moralische Pflicht ist, auch mit Rücksicht auf den Gefährten. Damit ist gleichzeitig die aufgeworfene Frage, ob der »Zweite« unter Umständen die feste Seilverbindung lösen darf oder soll, was jedenfalls

»Ihm gehörten die Felsen. Er war der Herr der Berge.« Tita Piaz

niemals zur Hebung des Sicherheitsgefühles beitragen dürfte, im verneinenden Sinne beantwortet.
Ich begreife überhaupt nicht, wie man so grausam sein kann, den Klettersport in Schranken zwingen zu wollen; man geht doch in die Berge, um Schranken los zu werden! Man geht in die Berge, um allem Zwange aus dem Wege zu gehen, nicht, um über einen noch gefährlicheren Zwang zu stolpern.

(Deutsche Alpenzeitung, XI, September 1911)

Entgegnung – Auszüge

Von Paul Preuß

»Preuß läßt sich von seiner Idee so sehr verleiten, daß er vergißt, daß man Mensch war, bevor man Kletterer wurde, daß der Kletterer den Menschen nicht verdrängen darf, daß unsere Angehörigen mehr Anrecht auf uns haben als die leuchtendsten Kletterideale.« *Tita Piaz*

_____ Die vernichtende Kritik, die meinen Ansichten aus der Feder von G. B. Piaz zuteil wurde, zwingt mich, noch deutlicher, als ich es in dem erwähnten Artikel getan habe, Farbe zu bekennen. Ich gebe gerne zu, daß ich aus meinen Gedanken die letzten Konsequenzen gezogen habe und damit für die Praxis etwas zu weit gegangen bin. Vielleicht habe ich wirklich dort den Gebrauch angegriffen, wo ich in erster Linie den Mißbrauch künstlicher Hilfsmittel angreifen wollte...
Eine Berechtigung für den Gebrauch künstlicher Hilfsmittel aus der Entwicklungsgeschichte des Bergsportes abzuleiten, wie Piaz es möchte, bedeutet meiner Ansicht nach eine Verkennung historischer Tatsachen; die Problemstellungen unserer alpinen Vorfahren waren ganz andere, so daß sich zwischen den Mitteln, die zur Problemlösung in Anwendung gebracht wurden, heute keine Parallelen mehr konstruieren lassen. Aus der Tatsache, daß die für Notfälle unbedingt erforderliche Kenntnis in der Anwendung künstlicher Hilfsmittel in Lehrbüchern des Klettersportes Aufnahme gefunden hat, läßt sich ebenfalls kein Schluß auf die Berechtigung solcher Mittel ohne Notfall ziehen. Auch die Aufrechthaltung des Prinzipes, Bergfahrten (recte: rein sportliche Klettertouren schwierigster Art!) mit der geringsten Gefahr auszuführen, hat bei dem heutigen Stand des Klettersportes kaum mehr volle Berechtigung!
Piaz selbst verwirft Mauerhaken als »Leitersprossen« und läßt sie nur als Sicherungsmittel gelten; doch vergißt er bei der Verspottung von Routen, die durch eine Unzahl von Haken markiert sind, daß diese auch auf solchen Touren fast immer nur zur Sicherung verwendet wurden! Wo soll man aber die Grenze zwischen vernünftigem und übermäßigem Gebrauch ziehen? Wird das bisherige System fortgesetzt, dann werden wir wenigstens bald einen guten Maßstab zur Beurteilung der Schwierigkeiten einer Tour haben, einen »Mauerhakenkoeffi-

»Es steht zu hoffen, daß er mit dieser Jenseitstheorie wirklich allein steht.« *Paul Jacobi*

zienten«, der durch das Verhältnis zwischen Wandhöhe und Hakenzahl ausgedrückt wird! Mit der Verwerfung solcher »Mauerhakentouren« zeigt übrigens Piaz unbewußt seine innere Abneigung gegen den unsportlichen Betrieb der Kletterkunst. Umso mehr nimmt es mich wunder, daß er meinen Ausdruck vom »Kampf mit ungleichen Waffen« (der meinerseits nur als Bild gebraucht war) so scharf angreift! Doch seinen Personifikationen der Berge als Gegner mit ebenfalls unsportlicher und unritterlicher Kampfesweise kann ich als Student der Naturwissenschaften nicht folgen. Wir Menschen sind es, die in die Geschehnisse der Außenwelt immer unsere häßlichen Gedanken hineinlegen, überall Absicht, Ziel und Zweck sehen, wo nur elementare Naturkräfte walten. Die Natur ist und bleibt absichtslos!

Daß Piaz die praktische Durchführbarkeit meiner Ansicht, daß alles, was im Aufstieg begangen wird, auch im Abstieg frei kletterbar ist, angreift, wundert mich nicht. Piaz ist eben leider (wie alle Dolomitenkletterer) trotz seiner ungewöhnlichen Kletterkunst gewöhnt, sich über jede einigermaßen schwierige Stelle abzuseilen. Das Klettern im Abstieg sollte aber und *kann* auch ebenso gelernt werden, wie das Klettern im Aufstieg. Man muß eigentlich den heutigen Stand der Abstiegkletterkunst als beschämend empfinden, wenn man, wie ich, Gelegenheit hatte, im Verlauf eines Jahres aus Gutmütigkeit oder Dummheit 60 Meter Seil vom Südostgrat, 80 Meter aus der Schmittrinne des Totenkirchls und 90 Meter aus der Hochtor-Nordwand (letztere allerdings von einem Versteigen stammend) ins Tal zu befördern.

Paul Relly im Quergang an der Guglia di Brenta.

Piaz' schwersten Vorwurf habe ich mir zum Schluß aufgehoben: daß ich mit meiner Theorie alle, welche mir folgen wollen, in größere Gefahren bringe! Ist denn überhaupt die Anwendung von künstlichen Hilfsmitteln immer eine so ungefährliche Sache? Wie viele Abstürze erzählen von schlecht eingetriebenen Mauerhaken, wie viele Todesopfer hat schlechtes Abseilen schon gekostet? Dort wo es wirklich nötig wäre, Haken einzutreiben, gehört es gewöhnlich zu den schwersten Stücken der ganzen Tour; wo das Eintreiben leicht ist, ist es in den meisten Fällen bei einem verläßlichen Hintermann überflüssig. Berufsführern aber, welche die Marotten jener Art von Touristen am eigenen Leibe büßen müßten, die den sonderbaren Ehrgeiz haben, gerade die schwersten und allerschwersten Touren am sicheren Führerseil zu machen, sportliche Momente und sportlichen Ehrgeiz aufoktroyieren zu wollen, das fällt mir nicht ein. Diese Opfer ihres Berufes sollen ebenso wie die in derselben Lage befindlichen Amateurführer für ihre Sicherheit alles tun, was ihnen möglich ist. Solchen Touren kommt eben dann auch keine alpine Bedeutung und kein sportlicher Wert zu, man

»Ich gebe rückhaltlos zu, daß der Wert einer ohne jedes ›künstliche Hilfsmittel‹ ausgeführten Bergfahrt größer ist; aber diese Werterhöhung auf Kosten der Sicherheit ist unsinnig, unmenschlich, unverantwortlich.« Tita Piaz

In der Hochtor-Nordwand.

findet in ihnen nur die verzerrten Züge eines erhabenen Vorbildes.
Vergißt Piaz denn ganz jene jungen (und manchmal auch älteren) Kletterer, die man jeden Sonntag auf Fahrten in das Wiener oder Münchener Ausflugsgebiet beobachten kann, die in blindem Vertrauen auf Mauerhaken und Abseilschlingen die schwersten Touren angehen, ohne ihnen auch nur im geringsten gewachsen zu sein und ohne den richtigen Gebrauch jener schönen Dinge zu kennen, mit denen sie ihre Taschen vollgestopft haben? Es gibt eben auch eine wichtige Forderung, welche »die Erziehung zum Bergsteiger« heißt, eine Forderung, deren Erfüllung die wichtigste Pflicht der alpinen Vereine, der Zeitschriften und der Einzelalpinisten ist. Die angehenden Kletterer soll man anweisen, ihren Ehrgeiz in den Grenzen ihrer Fähigkeiten zu halten, in ihrer gedanklichen Ausbildung ebenso hoch zu stehen wie in ihrer technischen, nicht höher und nicht tiefer. »In der Beschränkung zeigt sich erst der Meister!« ...
Alle jene, welche heute zwar hinauf, nicht aber herunter klettern können, werden sich mit bescheideneren Gipfeln begnügen, werden absteigen lernen, wie man abseilen lernt! Die Grenzen des eigenen Könnens sind für die meisten Kletterer heute unbestimmt, weil alle sich mit ihren künstlichen Hilfsmitteln Luftschlösser bauen; eine wirklich vernünftige Anwendung solcher Mittel findet heute nur in den seltensten Fällen statt. Will man aber Mißständen steuern und ein Übel ausrotten, dann, Freund Piaz, muß und darf man es bei der Wurzel fassen, ohne »unsinnig, unmenschlich, unverantwortlich zu werden«!
Ich bin es nicht, der den Klettersport in Schranken zwingen will! Diese Schranken hat er sich selbst gesetzt, sie liegen im Begriff des Sportes, den wir nicht mehr verändern können. Ich für meine Person bin Alpinist, und nur wenn es nicht anders geht, tritt bei mir der Klettersport in seine Rechte. Und da sollte ich nicht den höchsten Grundsatz des Sportes hochhalten und, soweit ich es kann, auch andere dazu verhalten, den Grundsatz, der jedem Sport gemein ist und jeden Sport adelt, den Grundsatz von der Reinheit des Stiles? Schön klettern, in technischer wie ideeller Beziehung, heißt gut klettern, gut klettern sicher klettern! ...

»Deshalb braucht man sie noch immer nicht stets ohne Seil zu gehen!« Paul Preuß

(Deutsche Alpenzeitung, XI, Oktober 1911)

Randglossen – Auszüge

Von Paul Jacobi

____ Ein alpines Problem bestand und besteht doch schließlich immer darin, auf einem vorher ausgedachten Wege den Gipfel eines Berges zu erreichen; die Lösung dieses Problems besteht – heute wie früher – in der mehr oder minder erfolgreichen Geltendmachung menschlicher Intelligenz gegenüber den rohen Naturgewalten, die sich der Erreichung des vorgesetzten Zieles entgegenstellen. Insofern sprechen wir von einem Kampfe des Menschen mit dem Berge und ist diese Personifikation des letzteren ein in der alpinen Literatur allgemein geübter Brauch, dessen sich auch Piaz in seiner Entgegnung mit völliger Berechtigung bedient... Wenn schon Seilsicherung etc. ein künstliches Hilfsmittel ist – und dies ist sie, wengistens in Hinsicht auf die moralische Qualität –, dann sei sie überall oder nirgends erlaubt. Ich gehe aber noch weiter; wenn das Seil, zur Sicherung verwandt, ein Hilfsmittel ist, so sind auch Eispikkel, Kletterschuhe und letzten Endes unsere Nagelschuhe künstliche Hilfsmittel, weil auch sie zur Erleichterung und zur Erhöhung der Sicherheit beitragen... Purtscheller sagte einmal, »es gibt im Hochgebirge nicht nur Dinge, die man nicht machen kann, sondern auch solche, die man nicht machen soll«, und zu den letzteren gehört eben wohl auf fast allen unseren sogenannten sehr schweren Klettertouren mindestens eine Stelle, eben die sehr schwere, vorausgesetzt – daß der sie Erkletternde nicht hinreichend gesichert ist... Das Seil und gegebenenfalls der Mauerhaken sollen eben nur zur Sicherung gegen unvorhergesehene Zufälle dienen – der moralische Koeffizient ist nicht Haupt-, sondern Nebensache –, doch ist eine durchwegs nach den strengsten Vorschriften alpiner Sicherungstechnik angelegte schwere Tour entschieden stilvoller, hat eher Anspruch auf den Titel Kunstwerk...

»Sie wollen als Regel: kein Seil und keine Mauerhaken – haben aber nicht den Freimut, dies offen auszusprechen, teils weil Sie selbst fühlen, daß es absurd und unmoralisch ist, teils weil Sie selbst, wenigstens wenn Sie in Begleitung gehen, dieser nützlichen Dinge nicht entraten können.« Paul Jacobi

(Deutsche Alpenzeitung, XI, November 1911)

»Gewitter« – Auszüge

Von Franz Nieberl

____ Vielleicht bekommen wir bald eine »Los-vom-Alpinismus-Bewegung«, auch wenn dies nicht in der Absicht Preuß' gelegen sein sollte... Ich sehe ganz gut ein, daß viel sportliche Elemente insbesondere im Alpinismus von heute stecken, aber ich möchte in aller Form und in allem Ernste gegen die Kultivierung des Sportsbazillus in Reinzucht auftreten...

»Der unentwegte Sportsmann müßte in Zukunft barfuß gehen, sobald er Fels betritt.« Franz Nieberl

»Piaz hat recht. Ob bildlich genommen oder nicht, muß jeder Wissende zugeben, daß im Fels viel Heimtücke, viele gefährliche Fallgruben und Fußangeln verborgen liegen. Ob das in der Absicht des Berges liegt oder nicht, ändert nichts an dem Faktum ihrer Existenz.« Franz Nieberl

Der neuerstandene Puritaner der Felskletterei meint es auch gewiß ehrlich. Er glaubt an das, was er sagt – bis es vielleicht zu spät für ihn ist, einzusehen, daß der ganz streng sportlich geübte Betrieb des Bergsteigens nicht das unendlich anziehende Idealbild ist, das uns Alpinisten vorschwebt, sondern ein furchtbarer Moloch. Herr Preuß, Sie müßten schon ein kaltherziges Ungeheuer sein, wenn Sie einmal an der zerschellten Leiche Ihres besten Tourengenossen stünden, der da den Todessturz getan, wo ihn ein kleines künstliches Hilfsmittel, ein einziger, elender Mauerhaken dem Leben und den Seinigen erhalten hätte... Herr Preuß mag ein Ideal anstreben, das glaube ich ihm gern, es ist aber ein kaltes, starres, frostiges Ideal. Schon dem Kletterer vom alten, guten Schlag folgt Freund Hein auf Schritt und Tritt und lauert auf den Augenblick, in dem es der Mensch, vielleicht berauscht und freudetrunken von seinen seitherigen Erfolgen, eine Sekunde nur an der gebotenen Vorsicht fehlen läßt. Wie wird sich der Sensenmann erst freuen, wenn er einmal die Anhänger der Schule Preuß scharenweise ausrücken sieht, um »hilfsmittellos« in die Berge zu eilen! Der einzelne, von dergleichen Ideen fanatisch beherrschte Kletterer, der fühlt ja den Todessturz mit seinen Schrecken nicht; dem ist wohl. Aber die Summe von Tränen, von stummverzweifelndem Schmerz, von jäh vernichteten Hoffnungen, die jetzt schon in den Bergen begraben liegen, all das könnte sich unheimlich steigern. Ist da Herrn Preuß nicht bang vor solcher Zentnerlast?...

»Herr Nieberl hat nur ein Zerrbild meiner dort niedergelegten Anschauungen gebracht, das sich natürlich um so leichter bekämpfen ließ, als der ganze logische Zusammenhang der Gedanken und viele der wichtigsten dort aufgestellten Prinzipien bei der Betrachtungsweise Nieberls unter den Tisch gefallen sind.«
Paul Preuß

Die Liebe zur Gefahr ist schön und männlich; das Durchkosten einer Gefahr ist, erst einmal überstanden, ein Hochgenuß, den ich nicht missen möchte; aber sich in eine gar zu augenscheinlich drohende Gefahr zu begeben, ist überspannt, ist ein freventliches Glücksspiel um die besten Güter, die wir haben. Dabei sehe ich sogar ganz und gar ab von dem Urteil der sogenannten Welt. Die Allgemeinheit kann uns bei unserem ja fast immer mißverstandenen Treiben ganz gleichgültig bleiben... Preuß mag nach seiner Fasson selig werden, aber Schüler werben für den nackten, stilreinen Sportsbetrieb darf er nicht. Ich möchte weder unter der Ägide der Lalidererwand-Erkletterer noch unter der von Preuß Touren machen, und zwar aus den bereits angegebenen Gründen und weil mich in beiden Fällen die Art der sportlichen Ausübung der Kletterei nicht freut, im Fall Preuß noch mit dem Unterbewußtsein, daß seine Kletterei soviel Gefahr für Leib und Leben in sich birgt, daß Einsatz und Gewinn bei der Bergfahrt in keinem Verhältnis stehen...

»Das Klettern sei uns nicht höchstgespannter, fast perverser Sinnenkitzel für das verbrauchte Nervensystem, das auf zartere Anregungen nicht mehr reagiert.«
Franz Nieberl

(Mitteilungen des Deutschen und Österreichischen Alpenvereins, Bd. 37, 30. November 1911)

Entgegnung – Auszüge

Von Paul Preuß

»Daß wir Menschen waren, bevor wir Kletterer wurden, ist wahr; wir wollen es dadurch beweisen, daß wir den Gedanken über das Gefühl siegen, den Geist über den Körper herrschen lassen.« *Paul Preuß*

Die Preußschen Grundsätze

1. Bergtouren, die man unternimmt, soll man nicht gewachsen, sondern überlegen sein.
2. Das Maß der Schwierigkeiten, die ein Kletterer im Abstieg mit Sicherheit zu überwinden imstande ist und sich auch mit ruhigem Gewissen zutraut, muß die oberste Grenze dessen darstellen, was er im Aufstieg begeht.
3. Die Berechtigung für den Gebrauch von künstlichen Hilfsmitteln entsteht daher nur im Falle einer unmittelbar drohenden Gefahr.
4. Der Mauerhaken ist eine Notreserve und nicht die Grundlage einer Arbeitsmethode.
5. Das Seil darf ein erleichterndes, niemals aber das alleinseligmachende Mittel sein, das die Besteigung der Berge ermöglicht.
6. Zu den höchsten Prinzipien gehört das Prinzip der Sicherheit. Doch nicht die krampfhafte, durch künstliche Hilfsmittel erreichte Korrektur eigener Unsicherheit, sondern jene primäre Sicherheit, die bei jedem Kletterer in der richtigen Einschätzung seines Könnens zu seinem Wollen beruhen soll.

»Diese Leitsätze bildeten die Grundlage für den Sprechabend.« *Hans Dülfer*

_____ Für den ersten Gedanken braucht es wohl keine längere Begründung. Oder sollte ich es erst beweisen müssen, daß uns meiner Ansicht nach mit dem Hinaufkommen allein nicht gedient ist, daß wir Bergsteiger Reserven haben müssen, wenn wir uns auf schwerer Tour befinden, Reserven, die uns auch bei unmittelbarer Gefahr sicher wieder in das Tal geleiten? Nicht wenn die Kletterstelle uns zu schwer erscheint, sollen wir uns in blindem Vertrauen an Mauerhaken hängen, um sie zu meistern, sondern nur wenn widrige Verhältnisse die planvolle Durchführung unserer Tour verhindern, wenn äußere Umstände unsere Kraft und unser Selbstvertrauen geschwächt haben, dann seien Mauerhaken und Seil unsere Rettung aus der Not... Die eigene Unsicherheit aber dadurch korrigieren, daß man sich bei jeder Gelegenheit an Mauerhaken bindet, und dieses Verfahren dann Pflege der Sicherheit nennen, ist ein grober Irrtum. Ihr Prinzip ist nicht Sicherheit, sondern Sicherung. Mit künstlichen Hilfsmitteln kann man eben fast alles leisten!...

»Andern diese schöne Irrlehre zu predigen, das halte ich für ganz falsch, für furchtbar gefährlich.« *Franz Nieberl*

Ich gebe ja gerne zu, daß das Klettern im Abstieg schwerer ist als umgekehrt, doch nur, weil es die wenigsten Leute gewohnt sind und weil sie es nicht gelernt haben. Allerdings kann man die schwersten Stellen nur dann im Abstieg klettern, wenn man sie vom Aufstieg her kennt. Daß es jedoch eine Kletterstelle gibt, die im Aufstiege mit Sicherheit möglich wäre, im Abstieg aber nicht, das bestreite ich aus eigener Erfahrung...
Wird wirklich keine Macht imstande sein, die Bergsteiger von selbst davon abzuhalten, immer an die letzte, äußerste Grenze ihrer Fähigkeiten vorzudringen und sich dorthin zu begeben, wo Leben und Tod schon in labilem Gleichgewicht stehen? Viele, erschreckend viele Bergsteiger sind in den letzten Jahren gerade bei Bezwingung schwerer Stellen zu Tode gestürzt. Wäre aber von den Toten vergangener Jahre ein einziger gestürzt, wenn das moralische und sportliche Gefühl eines jeden durch und durch von dem Prinzip beseelt gewesen wäre: kein Schritt hinauf, wo du nicht herunter kannst? Ein Moloch ist das bisherige Prinzip, das zeigen leider die Erfahrungen des vergangenen Jahrzehnts, Hunderte sind ihm zum Opfer gefallen...
Die angehenden Kletterer soll man anweisen, ihre Fähigkeiten in den Grenzen ihres Ehrgeizes zu halten, in ihrer gedanklichen Ausbildung ebenso hoch zu stehen wie in ihrer technischen, nicht höher und nicht tiefer. In der Beschränkung zeigt sich erst der Meister! Das moralische Placet für schwere Touren besteht nicht in körperlichen Fähigkeiten oder klettertechnischen Fertigkeiten, sondern in der Ausbildung der geistigen und moralischen Grundlage und im Gedankengang des Bergsteigers...
Jetzt werden die Berge gehaßt, mit allen Mitteln bekämpft – man wird sie wieder fürchten und lieben lernen!

»Daß Nieberl die Gefährlichkeit meiner Theorien so sehr hervorhebt, beweist, wie wenig er in den Geist dessen, was ich eigentlich verlange, eingedrungen ist.«
Paul Preuß

(Mitteilungen des Deutschen und Österreichischen Alpenvereins, Bd. 37, 15. Dezember 1911)

Erwiderung – Auszüge

Von Paul Preuß

—— Die Einhaltung meiner Prinzipien scheint mir ein Zurückgehen von einer erreichten, aber illusorischen Höhe der relativen Leistungsfähigkeit zu verlangen, und mancher würde bei Touren, die er früher nach seiner alten Methode ausgeführt hat, heute etwas wie Gewissensbisse verspüren. Gewiß, das Aufgeben einer gewonnenen Höhe ist schwer, das wissen wir Bergsteiger ganz genau, und auch der Millionär fügt sich schwer in geringere Verhältnisse. Ich will auch nicht den

»Alten« die Wege kreuzen und sie zu Taten zwingen, die sie sich entweder nicht zutrauen dürfen oder die sie demütigen würden. Doch in einer Zeit, wo nicht nur theoretische Argumente, sondern auch Neid und Mißgunst sowie Verkennen der persönlichen Motive das Durchdringen neuer Gedanken zu verhindern suchten, freut es mich doppelt, daß nicht nur einige denkende »Alte«, sondern auch viele denkende »Junge« zu meiner Fahne schwören. Sollte man uns aber vorwerfen, daß wir die nichtdenkenden »Jungen« in Gefahren hetzen, dann sage ich drauf: Wir werden wissen, wie sie zu erziehen sind, damit sie Bergsteiger werden und nicht Handwerker der edlen Bergsteigerkunst, Bergsteiger und nicht Problem- und Rekordmarder.

Wenn der Alpinismus eine Zukunft hat, in der er auch gegen Drahtseilbahnen und Luftschiffahrt bestehen soll, dann wird sie im alpinen Sport liegen, den wir hochhalten, weil wir ihn lieben.

(Deutsche Alpenzeitung, XI, Januar 1912)

»Was Herr Nieberl Liebe zur Gefahr nennt und als solche schön und männlich findet, das sucht er auf, indem er mit absoluter Sicherung möglichst nahe neben der Möglichkeit einer Gefahr vorübergeht; er kultiviert also ein Gefühl, das er seinen eigenen Prinzipien nach nicht haben dürfte, nicht haben könnte.«
Paul Preuß

Zusammenfassung – Auszüge

Von Hans Dülfer

_____ Im allgemeinen erklärte sich also Nieberl mit den sechs Grundsätzen einverstanden; er gab auch zu, daß jeder, der sie genau befolgt, subjektiven Gefahren sich nicht aussetzt. Nicht in den Preußschen Theorien liegt die Gefahr, sondern in deren nicht von jedem richtig durchzuführender Beachtung. Auch müsse man damit rechnen, daß es besonders unter den jungen Bergsteigern viele geben wird, deren Draufgängertum nicht durch theoretische Erwägungen eingedämmt werden kann und deren Intellekt zu ihrem eigenen Schaden den Kern, der in den Ausführungen von Preuß steckt, nicht zu erfassen vermag...

Paul Hübel trat aufs wärmste für die Aufrechterhaltung der sechs von Preuß aufgestellten Thesen ein, deren Berechtigung er an einem praktischen Beispiele erläuterte. Er führte unter anderem aus: Eine Gefahr, die den Gebrauch künstlicher Hilfsmittel rechtfertigt, braucht nicht unmittelbar vorhanden zu sein, sondern kann auch durch Begleitumstände (bevorstehender Wetterumschlag, durch ein zu erwartendes Biwak) gegeben sein, ein Standpunkt, der auch von Preuß in seinem Aufsatz eingenommen und später nochmals als durchaus berechtigt betont wurde. Hübel legt Wert darauf, daß besonders als Erzie-

»Nieberl verwirft die Bezwingung von Wänden mit Mauerhaken, verwirft überflüssiges Abseilen. Kann er aber die Grenze zwischen vernünftigem und sinnreichem Hakengebrauch bestimmen, die Grenze zwischen notwendigem und überflüssigem Abseilen?« *Paul Preuß*

»Das Wort Notbehelf so engherzig zu fassen, wie es scheinbar Preuß tut, das ist ein gefährliches Ding.« *Franz Nieberl*

hungsmittel zum echten Bergsteigertum die Forderung nach Reinheit des Stils fruchtbringend wirkt, und glaubt, daß sie keinesfalls gefährlich sein kann, wundert sich aber doch, gerade in Anbetracht des idealen Ziels, über die von Preuß so scharf betonte Trennung von Alpinismus und Klettersport, da er in einer radikalen Emanzipierung des Klettersports eine gewisse Gefahr erblickt.

Dr. Georg Leuchs erklärte, daß auch er vollkommen auf dem Boden der Preußschen Anschauung stehe, doch sollten gegebene Sicherungsmöglichkeiten nach Tunlichkeit benützt werden. Die Trennung von Alpinismus und Klettersport erscheint ihm sehr gerechtfertigt, weil das tatsächliche Vorhandensein des reinen Klettersports nicht zu leugnen sei. Und es ist daher auch die Aufstellung bestimmter Ausführungsbedingungen dafür erforderlich. Ein unbestimmtes Gefühl hat bei jedem Bergsteiger bereits zwischen fair und unfair entschieden. Wenn man nun diese Unterscheidung festlegen wolle, so werde die natürliche Grenze durch die geforderte Verwerfung der künstlichen Hilfsmittel gezogen. Der Unterschied zwischen Piaz, Nieberl und Preuß scheint nur darin zu liegen, daß Piaz etwa 30, Nieberl etwa drei, Preuß aber überhaupt keinen Mauerhaken gestatten will. Die Aufstellung dieser letzten idealen Forderung sei nur gutzuheißen.

In seinem Schlußwort legte Dr. Preuß seine Anschauung über das Wesen und Verhältnis von Alpinismus und Klettersport dar, wobei er ausführte, daß ihre möglichst harmonische Vereinigung das erstrebenswerteste Ziel sei. In einer nochmaligen eingehenden Besprechung seiner sechs Thesen wies er nachdrücklichst darauf hin, daß die Möglichkeit, schwere Stellen im Abstieg zu gehen, sowohl von der Übung des Kletterers als auch in erster Linie von der richtigen Methode bei der Bewältigung schwieriger Kletterstellen abhängig ist. Die Unterscheidung zwischen künstlichen und natürlichen Hilfsmitteln, zwischen fair und unfair, liegt allerdings, wie es fast alle Redner betonten, im Taktgefühl des Bergsteigers, doch unterscheidet eben dieses Gefühl auch deutlich darin, ob man auch als Vorauskletterer die Seilverbindung nimmt, *um* auf den Berg hinaufzukommen, oder *weil* man gerade den Berg besteigt.

»Logisches Denken, ästhetisches Empfinden und Fühlen, das sind Dinge, die man bei solchen Erwägungen eben trennen muß.« *Paul Preuß*

(Mitteilungen des Deutschen und Österreichischen Alpenvereins, Bd. 38, 15. März 1912)

Frauenalpinismus

Damenkletterei – Auszüge

Von Paul Preuß

——— Das schwache Geschlecht? Man beginnt an der Berechtigung dieses Ausdruckes zu zweifeln, wenn man an der Table d'hôte eines Dolomitenhotels die jungen Damen reden hört. Da wird mit den schwersten Kaminen und Rissen nur so gespielt, werden Traversen und Wände bekrittelt, Vajolettürme, Kleine Zinne und Fünffingerspitze so kunterbunt durcheinandergeworfen, daß, wenn es so weitergeht, die bisherige Einteilung der Ostalpen nur schwer aufrecht zu halten sein wird. Auch der Einfluß neuer Wortbildungen und Begriffsbestimmungen durch die Damen wird in der alpinen Literatur nicht unbemerkt bleiben. »Scheußlich schwer« ist wohl die neueste Steigerung des etwas fadenscheinig gewordenen Schwierigkeitsbegriffes, »blödsinnig weit« ein Maßstab, der die Ableitung eines Normalmaßes vom Erdmeridian überflüssig macht, und mit dem Ausdruck »eine quietschvergnügliche Wand« ist das Problem, objektive und subjektive Darstellung zu verschmelzen, glücklich gelöst. – Die Frau ist der Ruin des Alpinismus. Dieses Schlagwort ist nicht ganz mit Unrecht entstanden, und daß der Klettersport sich von dem, was man unter Alpinismus versteht, emanzipiert hat, weiß jeder, der zwei- oder mehrmals mit Damen Klettertouren gemacht hat.

Ein gütiges Schicksal hat es mir verliehen, mit 17 jungen Damen in feste Verbindung – durch das Seil – zu treten. Leid und Freud, die ich dabei erlebte, will ich zu schildern versuchen, auf die Gefahr hin, mir manche blonde, braune oder schwarze Gunst zu verscherzen: Ausnahmen, meine kletternden Damen, bestätigen alle Regeln, und jede von Ihnen kann die Ausnahme sein!

Die größten Schwierigkeiten beginnen schon im Tale mit tausend diplomatischen Künsten in der Behandlung der stets sorgenvollen Mütter. Alle Überredungskünste müssen spielen, um die Bedenken wegen der Gefährdung des Lebens und der Moral zu überwinden, und meine ganze Kenntnis von Höhenwegen, Aussichtsgipfeln und Paßwanderungen stammt eigentlich nur von den Tourenprogrammen, die ich pro forma entwerfen mußte. Wie oft kommt es vor, daß man der ahnungslosen Mutter, die in alpinis wie ein neugeborenes Kind ist, jeden Berg und jede Wand ruhig als Ziel der Tour nennen kann, nur gerade das eine nicht, das vom Hotel aus sichtbar ist. »Was ich nicht weiß, macht mich nicht heiß«, ist das unbewußte Grundprinzip jener Vogel-Strauß-Politik der Mutterliebe.

Paul Preuß mit Schwester Mina an der Guglia di Brenta.

»Schmunzelnd erzählt er, er habe einmal mit einem Kameraden eine Russin heraufbugsiert, die erst schwerste Angst ausstand und dann erklärte, es sei viel zu leicht gewesen: Preuß wußte Kletterdamen und ihre Art so launig zu schildern.« Paul Gilly

Ein unmittelbar in den Kreislauf der Kletterelektrizität eingeschalteter Widerstand sind hüttenkundige Bergonkel, eine große Gefahr alte, sonst harmlose, aber zeitunglesende Herren, die pflichtschuldig, wenn das Töchterlein auf der Tour ist, jeden alpinen Unfallsbericht laut vorlesen, die nach dem Souper noch schnell beim Hoteleingang fröstelnd einen Blick auf den sternenübersäten Nachthimmel werfen und gerade, wenn die besorgte Mutter die Stiegen hinaufsteigt, die halblaute Bemerkung nicht unterdrücken können: »Die arme Putzi, sie *war* so lieb!« ...

Luftiger Quergang.

Nicht leichter zu überwinden als die Angst vor der Gefahr ist die Angst vor der Gefährdung der Moral; diese spielt allerdings oft keine bestimmende Rolle (NB – der Satz ist ungenau konstruiert!). Bevor man mit Putzi die schwere Klettertour macht, wird man gewöhnlich gefragt: »Kann denn die Tante Agathe nicht mit? Die ist doch so ausdauernd und ist unlängst 4 Stunden allein im Wald spazieren gegangen. Vielleicht geht's wenigstens, daß sie bis zur Hälfte mitgeht, denn so allein ... was werden denn die Leute sagen?« Man muß schon viel Übung haben, um einen Trumpf gegen den anderen auszuspielen: »Gewiß kann Tante Agathe mit, es wäre sogar sehr nett, nur – wenn so viele sind, da kann man nicht genug aufpassen, es ist besser, die Aufmerksamkeit nicht zu zerteilen. Eine alte Bergsteigerregel sagt, man soll mit Damen immer nur allein ins Gebirge gehen, und wenn ich die Verantwortung übernehmen

muß, dann bin ich eben in jeder Beziehung lieber gerne übermäßig vorsichtig. Wenn Tante Agathe die Tour machen will, dann mach' ich sie gerne übermorgen noch einmal, aber beide auf einmal – keinesfalls!«
Allein das Mittel verfängt nicht immer, und da ist es natürlich am besten, wenn man ein zweites Kletterpaar findet. Am beruhigendsten wirkt eine Führerpartie, doch hie und da finden sich auch sonst recht angenehme Begleitwurzen, und zu meinen schönsten Erinnerungen zählt der Tag, als ich entdeckte, daß eine mir noch fremde, mitgenommene Tante (vor denen mir sonst im stillen und auch ganz öffentlich graust) fast jünger als die Nichte war. – Wenn aber alle Stricke reißen und keine Begleitung zu finden ist, dann gibt es nur einen Ausweg, da muß das bekannte Mädchen für alles herhalten, die Freundin Kunigunde, Schulkollegin d. D., jetzt Lehrerin am Kinderhort, natürlich etwas häßlich und sittenstreng, der Mama unbekannt und telephonisch unerreichbar. Sie macht alle Touren, wohnt stets am Ausgangspunkt der Tour und kann fast wie ein Vogel auch an zwei Orten zugleich sein.

Mit Putzi auf Tour.

Wenn also die theoretischen Wege geebnet sind, geht's an die praktische Durchführung: Ob die Kletterschuhe noch in Ordnung sind, ob die – pardon – Hose es noch aushalten wird, ob die Nagelschuhe nicht zu groß, der Rucksack nicht zu klein ist. Ob auch sonst nichts vergessen wurde, Puderpapier, Kaloderma, Lippenpomade, Kölnerwasser, Rosenöl und Maniküre. Damen verfallen immer in die Extreme: Die eine kann nicht glücklich werden, wenn sie nicht sieben weiße Blusen für zwei Tage im Rucksack – des Herrn – hat, die andere nimmt keine einzige mit! Doch ich will nicht ewig schimpfen und erinnere mich darum dankbar daran, daß Damen gewöhnlich auch viel und guten Proviant mitnehmen.
Sodann wird die Tour besprochen: Name und Höhe des Berges, Bedeutung und Größe der Tour nach absoluten Maßstäben sind in den Augen der Damen belanglose Dinge; alpine Geographie und Literatur ein spanisches Dorf. Aber viele wichtige Fragen muß man beantworten: »Ist die Tour schon von einer Dame gemacht worden?« »Wer ist es?« »Wer hat sie hinaufgezogen?« »Wie ist sie gegangen?« »Wie hat er erzählt, daß sie gegangen ist?« »Ist die Tour schwer?« »Ist die Tour schwerer als die von der Freundin gemachte?« »Viel schwerer?« »Sind viele Kamine drin?« »Ist ein Kamin so eng, daß, wenn eine nicht so schlank wie ich ist, sie nicht durchkommt?« »Ist die Tour so schwer, daß ›der‹, mit dem ›die‹ geht, sie nicht mitnehmen kann?« »Ist...?« Das alles ist ja fürchterlich wichtig, denn man geht doch schließlich nicht zum eigenen Vergnügen in die Berge, sondern zum Ärger der anderen.
Der Mangel an Orientierungssinn bei den meisten Damen ist

staunenswert, und mit einer suggestiven Macht übertragen sie diesen Mangel sogar auf alle ihre Begleiter. Nur fünf Minuten braucht eine Dame vorauszugehen, und schon ist der Fahrweg zur Hütte verloren, die Markierungen verkriechen sich unter den durchbohrenden Blicken der Damen hinter die Baumrinden, und selbst Telephonstangen verschwinden im Erdboden. Gewöhnlich, wenn man zur Hütte hinaufgeht, bekommt man alles aufgepackt, was die Dame mitnimmt. Gott- und damenergeben schindet man sich so unter der Trägerlast keuchend den steinigen Weg hinauf, kaum kann man alles schleppen, und der Atem droht zu versagen, doch plötzlich wird man gefragt: »Ja Pauli, warum bist Du denn heut so einsilbig?« Abends in der Hütte muß bis 2 Uhr nachts getanzt werden, sonst ist es ja nicht »zünftig« zugegangen.

»Eine wirklich gute Bergsteigerin war ich nie, nur recht geschickt, nicht ängstlich, sehr leicht im Gewicht und ungemein begeistert, also tauglich zum Mitgenommen-Werden. Daß es die Besten mehrerer Epochen taten, bleibt mein Stolz.«
Emmy Hartwich-Brioschi

Wenn man früh am Morgen die Damen geweckt hat, kann man, bis sie frisiert und angezogen sind, sich stets nochmals schlafen legen, vorausgesetzt, daß sie nicht die ganze Nacht aufgeblieben sind. Das Frühstück nimmt bei Männern mehr Zeit in Anspruch, weil die Damen vor Aufregung gewöhnlich nichts essen können, und nachdem man nach der ersten Viertelstunde Weges nochmals zurückgelaufen ist, weil Kletterschuhe oder Taschenspiegel vergessen worden waren, kann man sich endgültig zum Einstieg begeben. Wehe dem Damenführer, der eine Tour mit Einsteigeschinder ausgesucht hat. Gar dann, wenn man die Felsen über steilen Schnee oder Eis erreichen muß; die Folgen solchen frevelhaften Beginnens hat jeder nur sich selbst zuzuschreiben.
Nun geht es an das Klettern selbst, und schwerer als für das Verhalten der Dame *vor* der Tour lassen sich dafür allgemeine Sätze aufstellen. Eine gewisse körperliche Geschicklichkeit kann man dem weiblichen Geschlecht nicht absprechen. Sie machen ihre Sache gewöhnlich schlecht, aber fast immer graziös. Für das Technische ist ihre Achillesferse – die Mediziner mögen den Vergleich verzeihen – die fehlende Armkraft. Zur völligen Beherrschung des Terrains wird ihnen die selige Ruhe und Überlegung stets abgehen. Ihrer impulsiven Natur nach klettern sie fast ohne zu schauen, vollkommen ohne zu denken, »sie« klettern nicht, sondern »es klettert in ihnen«, und wenn »es« nicht mehr weiter geht, dann wird eben einfach gefragt: »Wie macht man denn die dumme Stelle da?« Wenn man 30 Meter höher oben ist, da soll man immer noch wissen, wo der siebente Griff von unten für die linke Hand zu finden war! Was man bei den Frauen im Tal so oft vermißt, in den Bergen kann man es finden: Sie sind hilflos im Fels, darum werden sie folgsam, bemühen sich manchmal wirklich zu tun, was man ihnen sagt, weshalb Damen oft bessere Tourenbegleiter sind als Herren. Eine ganz fabelhafte Ungeschicklichkeit zeigen sie

Gut gesichert.

dafür aber in der Behandlung des Seiles. Kaum eine unter hundert kann einen Seilknoten machen und wenn man ihn ihnen auch so und so oft gezeigt hat, jedesmal fällt er wieder wie ein Mascherl aus. Wohl keine einzige kann ordentlich sichern, mit einer rührenden Sorglosigkeit schauen sie, während »er« klettert, in die sonnige Landschaft hinaus, halten ein Knäuel Seil in den Händen und geben gewöhnlich das verkehrte Ende nach. Die Benützung lockerer Griffe ist bei Damen ganz besonders beliebt, und von einer weiß ich sogar, die auf einer neuen Tour mit Vorliebe stets die von mir erbauten, mit Markierungsblättern versehenen Steinmänner als Griffe benützte in der Meinung, ich wollte ihr mit den roten Zeichen die besten Griffe bezeichnen. Echt weiblicher Leichtsinn drückt sich in der ganzen weiblichen Gehtechnik aus; mit katzenartigen Bewegungen klettern sie über Wände hinauf, doch wehe, wenn dann im Stemmkamin die Gründlichkeit in ihr Recht treten soll. Da versagen ihre Künste wie ihre Kräfte, und das wenige, was die schlangenartige Biegsamkeit des Körpers erreichen könnte, wird durch die Unruhe und Hastigkeit der Bewegungen verdorben. Die »Mehlsacktechnik« wird hier in Reinkultur gezüchtet. Sie lassen sich zwar gerne, aber nicht widerstandslos ziehen, denn in dem frommen Glauben, den »Auftrieb« unterstützen zu müssen, klammern sie sich mit aller Kraft an vorhandene Griffe an, kriechen unter die tiefsten Überhänge und nützen jeden Reibungswiderstand aus, um »dem Herrn dort oben« die Arbeit

zu erschweren. Wenn man nur hinauf kommt! Wie ist ja schließlich Nebensache.
Ich gehöre nicht zu jenen, welche diese Art, Kletterfahrten zu unternehmen, unbedingt verwerfen. Die Frauenemanzipation ist die Mutter der Damenklettertouren, und die Mutter hat durch das Kind eine vernichtende Niederlage erlitten. Gerade auf Klettertouren zeigt sich so manches vom Wesen der Frau: Die Sehnsucht, besiegt zu werden, die Freude, einer übermächtigen Gewalt zu erliegen, Dinge zu unternehmen, die sie weder leisten noch auch verantworten können. Es liegt gewiß ein eigenartiger Reiz darin, gerade in den Bergen, wo es sich scheinbar und wirklich um Tod und Leben handelt, auf fremde Hilfe angewiesen zu sein. Der Mann sucht die Eindrücke schwerer Bergfahrten gewissermaßen als Kompensation für seine sonstigen Gefühle, als Gegengewicht gegen den Alltag, er braucht sie zur Regulierung seines Lebenslaufes. Die Frau hingegen sucht in den Bergen neue Werte, die verstärkte Empfindungen hervorrufen können. Eindrucksvolle neue, überwältigende Ereignisse, sie will durch Fremdartiges besiegt werden und die stärksten Sensationen erleben. Das Fürchten kennt sie nicht, aber das Gruseln will sie lernen!
Der Führende aber hat auch seine Freude daran, anderen Erlebnisse zu bieten, die sie allein nicht erleben könnten. Die Freude an der Führung gehört zu den schönsten des Bergsteigens, und wenn sich dann unter den lustigen Schülerinnen einmal eine wirklich talentvolle Ausnahme gezeigt hat, dann stehe ich nicht an zu behaupten, daß die Freuden des erfolgreichen Lehrers größer sind, als die des selbstschaffenden Künstlers.

Schwierige Wand.

Sport zu betreiben, gehört heute fast zur allgemeinen Bildung, und Zeiten, die es nicht so gehalten, haben dabei gewiß etwas verloren. Armer Goethe! Du hast Friederiken und Frau von Stein nicht inmitten einer starren Felswildnis deine Huldigungen dargebracht! Um dies zu wissen, braucht man deine Biographie nicht zu kennen, denn aus deinen Werken kann man es lesen. Wie hättest du denn sonst im Faust die kühne Behauptung aufstellen können: »Das ewig Weibliche zieht uns hinan!« Mir wird schwarz vor den Augen. Was hab ich Unglückseliger getan. Meine schönsten Erinnerungen entweiht, meine wertvollsten Erlebnisse profaniert! Zürnend werden sie über mich herfallen, weil ich den Schleier von den Geheimnissen weiblicher Kletterkunst weggezogen habe, weil ich der Allgemeinheit Erfahrungen preisgegeben habe, die ich mir, so wie Liebesbriefe mit verschiedenfarbigen Bändern zusammengebunden, im innersten Winkel meines Schreibtisches aufbewahren sollte. Mein Vergehen könnte die fürchterlichsten Folgen haben; doch, wenn sie klug sind, wird in dem Zerrbild, das ich gezeichnet, keine sich wieder erkennen wollen. Und wenn der Lenz wiederkommt und die – Kletterfreudigkeit wiedererwacht, dann werden auch die Brieferl wiederkommen, in denen nicht viel mehr drinnen steht als »Pauli, wann machen wir wieder die nächste Klettertour? Sie muß aber fürchterlich schwer sein«.

(Deutsche Alpenzeitung, XII/1, 1912)

Putzi als Skiläuferin – Auszüge

Von Paul Preuß

»Diese Artikel gehören sicher zu den besten, die auf dem Gebiet des alpinistischen Humors geschrieben wurden.«
Günther Freiherr von Saar

——— Putzi hat beschlossen, Skiläuferin zu werden! Das heißt, nicht sie hat es beschlossen, sondern wir, ihre Freunde – aber das kann doch auch wieder nicht stimmen, denn die Frauen machen doch immer den Anfang! Also, so war die Sache. Als der böse lange Winter mit Schnee, Nebel und Kälte kam, da bermerkte sie, unsere fröhliche Begleiterin auf sommerlichen und herbstlichen Kletterfahrten, daß sie vernachlässigt wurde. O Jammer! Wir zogen sonntags, oft noch vor Morgengrauen, ja manchmal sogar schon Samstag abend, hinaus in eine ihr verschlossene Welt voll Freude und Fröhlichkeit und ließen sie allein zurück! Keine Frau verträgt die Vernachlässigung... So wurde denn der folgenschwere Entschluß gefaßt und eine Deputation zur Mutter geschickt »– und das Skilaufen ist viel weniger gefährlich als das Klettern, denn bei diesem kann man sich das Genick, bei jenem aber höchstens nur die Beine brechen und überhaupt ist es schrecklich gesund und gehört auch schon zum guten Ton.« Drei Sonntage mit den leider dazu gehörigen Wochen verlaufen fruchtlos, am vierten ist die Mutter mürb gemacht, der Widerstand gebrochen...
Weihnachten ist inzwischen ins Land gezogen, und mit Neuschnee beladen hängen die Zweige der Bäume herab, Putzi soll zum erstenmal hinaus! Doch wir sind klug und weise und ziehen in die entlegensten Berge, um fernab von dem brausenden Trubel, jenseits von sturmverwehten Höhen, in einsamen Alpentälern stille Weihnachten zu feiern...
Acht Tage später! – »Also Putzi, wie war's denn??« »Oh, ganz herrlich, einzig, prachtvoll, ein Gedicht! Schrecklich viel Leute waren draußen, auch der Geschniegelte mit dem Zylinder, weißt du, den du immer am Bummel grüßt und, – ja du! nein diese Norweger, diese richtiggehenden Norweger!!! Wie die hübsch sind! Sind die immer alle so? So groß, schlank und blond! Und die schönen Namen, ich hab sie mir nicht merken können, aber alle hören mit –sen auf, und wie die gelaufen

sind!! Und furchtbar lustig war es, jeden Abend haben wir getanzt.« ... »Und bist du auch Ski gelaufen?« »Aber natürlich, und wie! Entsetzlich viel, jeden Tag drei Stunden mindestens! Weißt du, wir haben immer so weit zum Übungsplatz gehen müssen, und die Mitzi ist mit dem Anziehen nie fertig geworden, und dann hat sie einmal die Skier im Hotel vergessen –«. »Nun, was kannst du denn schon alles?« »Oh, alles, alles, sogar gesprungen bin ich schon – aber lach doch nicht so –, wirklich gesprungen! Weißt du, der eine Norweger, der so komisch war, weil er gar keine Norwegerhose angehabt hat, so daß man ihn immer schon von weitem erkannt hat, – er hat übrigens fast kein Wort Deutsch gekonnt, ich hab ihn aber doch verstanden, wie er gesagt hat, daß ich mehr Talent als die Mitzi hab, er hat so herzig, wie ein halber Engländer gesprochen –, der hat uns über einen kleinen Buckel hupfen lassen, und ich bin einen halben Meter gestanden!« »Kannst du auch schon schwingen und Bogenfahren?« »Oh, tadellos, ich weiß schon, wie man Telemark und Kristiania macht« – und dabei führte sie mit so viel Elan schleiertanzartige Arm- und Beinverrenkungen im Zimmer aus, daß die Blumenvase vom Tisch fiel – »und beim Bremsen gibt man die Beine so weit auseinander, bis man nicht mehr weiß, ob sie einem selbst oder der Nachbarin gehören – es waren überhaupt schauderbar viel Mädeln beim Skikurs, fast mehr als Herren, und beim Tanz sind die anderen immer sitzen geblieben.« ... »Und wie war's denn sonst? Hast du auch schon eine Tour gemacht?« »Selbstverständlich ... Ihr müßt jetzt bald eine schöne Tour mit mir machen, aber nur mit so einem Seehundspelz unter den Füßen, sonst rutsch ich immer nach hinten und falle um.« ...

»Daß man den Zug erreicht oder daß man wenigstens noch vor Einbruch der Nacht ins Tal kommt, ja, daß man überhaupt einmal wieder herunterkommt, das ist doch die Sorge der Herren!« Paul Preuß

Und so geschah es! Eines Tages lud ich die Freunde ein, um uns durch Putzis Teilnahme eine Bahnfahrt verkürzen und eine Abfahrt verlängern zu lassen. Doch da zeigte es sich, wie treulos selbst unter Männern die Männer sind! Hart klangen die Absagen selbst durch das Telephon an mein Ohr: »Was, du willst nicht mit, weil Putzi dabei ist? Kannst du sie dir denn gar nicht skilaufend vorstellen?« »O ja, aber nur auf dem Boden liegend«, war die eine Antwort, »gerade weil ich das kann, will ich nicht mit«, die andere! »Ich treffe euch auf der Rückfahrt im Zug, muß aber selbst eine andere Tour machen«, schrieb der dritte. »Mit Putzi auf den Schneekogel!!?? Nein, so gerne ich sie sonst habe – da wird es ja Frühling, bis man herunterkommt, und es schmilzt einem inzwischen im Tal der Schnee weg.« ... Nur einer der Freunde kam mit – er war Mediziner, also aus beruflichem Pflichtgefühl – und gab sich gerne als Spezialist für Frauenpsychologie (19 Jahre alt) aus, also aus Freude über das neue Studienobjekt. Schon in der Bahn hatte Putzi die Feuerprobe darauf zu bestehen, was sie beim Skikurs gelernt hatte.

»Die Freundin Mitzi war auch schon einmal draußen skilaufen!« *Paul Preuß*

An der Perronsperre trug sie ihre Skier so gut, daß sie nur einer Dame vor ihr in den Rücken, einem »bezwickerten« Herrn hinter ihr ins Gesicht heftige Stöße versetzte (»wie wenn man wissen könnte, daß hinten auch wer ist!«), und beim Einsteigen zertrümmerte sie nur die Glasscheibe der Waggontüre (»zu dumm, warum ist denn die Tür nicht offen?«). Dann legte sie ihre Skistöcke so in das Gepäcknetz, daß sie mit den Spitzen in den Mittelgang vorschauten und jeder sich die Augen daran ausstoßen mußte (»die sollen halt aufpassen!«). Dafür begann sie aber auch sofort ganz laut (»aber es hört's ja kein Mensch!«), Kleidung, Ausrüstung und Aussehen der anderen Fahrgäste zu kritisieren: »Du, der Dicke dort hinten, der kann doch nicht skifahren, wenn der umfällt, braucht er doch einen Kran zum Aufstehen; und dann gib's Fettflecken am Schnee!« ...

Da mein Freund ihre Skier, ich die Stöcke und den Rucksack, ein fremder Herr ein Taschentuch und einen lila Seidenschal aus dem Waggon herausbrachten, als wir ausstiegen, blieb nur Putzis Fahrkarte, die sie, um ihre weibliche Selbständigkeit zu

»Schrecklich, wer heutzutage schon alles skifährt, der soll doch lieber in ein Greisenasyl gehen!« *Paul Preuß*

wahren, selbst abgeben wollte, im Waggon liegen, und wir konnten ernstlich daran gehen, einen Berg zu besteigen. Die arme Putzi! Da tat sie mir nun wirklich leid, als sie so plötzlich den bitteren Ernst des Lebens im allgemeinen, des Skilaufes im besonderen spüren mußte. Zäh und hartnäckig, wie es auch nur eine Frau imstande ist, verbiß sie alle ihre Leiden und mühte sich ganz jämmerlich beim Aufstieg ab. Trotz der Seehundsfelle war ja der Aufstieg noch immer recht steil, besonders wenn man mit den »dummen Hinterfüßen der Skier immer über Kreuz kommt«. Doch mit einer Energie und einem Ehrgeiz, die einer besseren Sache würdig gewesen wären, lief sie hinter uns drein, und wenn wir uns nach den steilsten Hohlwegstellen mitleidsvoll nach ihr umsahen, so hieß es immer mit einem Lächeln um die Mundwinkel, das durch die verbissene Anstrengung zu einem fröhlichen Grinsen entartet war: »Oh, danke, es geht mir großartig!« Eine Stunde später: »Wie hoch wir schon sind! Aber es geht mir vorzüglich!« ¼ Stunde später: »Steil ist das schon, aber es geht mir ausgezeichnet!« ¼ Stunde später: »Wie weit haben wir denn noch? Es geht mir zwar wunderbar –.« ¼ Stunde später: »War da die Mitzi auch schon heroben? – Ja? – Oh, es geht mir ganz herrlich!« ¼ Stunde später: »Sind alle Berge immer so hoch? – Nein, nein, ich bin gar nicht müde! Ich hab nur Hunger! Es geht mir famos!«

Zum Glück standen wir auch schon vor der Hütte, sonst hätte Putzi noch dreimal in regelmäßigen Abständen erklärt, es gehe ihr unvergleichlich großartig, beim drittenmal wäre sie aber vor Erschöpfung liegen geblieben. Putzi trat in die Hütte: »Du, schau ich ordentlich aus? – Kann ich ein bißchen warmes Wasser zum Händewaschen haben? Aber nicht über 30 Grad, sonst werden sie so rot! – Und einen heißen Tee bestell mir – nein, nichts zu essen, ich hab gar keinen Hunger, nur Durst!« Wir blieben 2 Stunden länger als beabsichtigt war oben, weil Putzi, obwohl sie es nie zugegeben hätte, sichtlich müde war... Der Weg war beim Aufstieg schon so lang, »der kann doch beim Abstieg kein Ende haben!« – Wir beginnen mit den Vorbereitungen für die Abfahrt und wachseln unsere Brettel. – »Aber meine bitte nicht, um Gottes Willen! Beim Kurs waren sie nie geschmiert und sind immer entsetzlich gelaufen. Ich bin immer geschossen wie eine Kanone!«

Die Abfahrt beginnt! Wie Putzi gefahren ist??? Ich kann es eigentlich schwer sagen, weil ich sie immer nur liegen gesehen habe... »Ihr braucht aber nicht zu warten, ich komme schon nach – zu dumm, immer wenn du zuschaust, falle ich hin!« Sie wühlt sich aus dem Schnee heraus. – »Hätte ich da einen Telemark oder einen Kristiania machen sollen?«... Der Zug war versäumt und die Nacht hereingebrochen, als wir das Tal erreichten.

»Weißt du, ich mach's wie die Norweger«, erklärte sie dabei, sofern der Schnee im Mund sie nicht am Reden behinderte, »ich fahre immer gerade hinunter, und wenn das Eis schneller wird als das Ich, dann fällt das Ich einfach hin.« *Paul Preuß*

Zwei Tage später am Telephon: »Halloh, halloh, hier Putzi, du, die Mitzi will mir nicht glauben, daß ich fast so gut wie du und der Fritz gefahren und daß ich sehr schnell heruntergekommen bin! Geh, sag du es ihr! Übrigens wollte ich dir nur sagen, daß ich meinen Kamm auf der Hütte vergessen habe und meine Fäustlinge nicht finden kann, dann hast du noch mein Portemonnaie, das ich dir zum Aufheben gegeben habe, ich hab es heute schon 4 Stunden gesucht! Aber Sonntag gehen wir doch wieder, es war zu schön!«
Wir fuhren wieder hinaus, am nächsten Sonntag und an den folgenden, in diesem Jahr und in späteren: Putzi hat inzwischen schon 14 Kämme vergessen, elf Paar Fäustlinge verloren und fünfmal die Skier zu Hause gelassen. Auch Züge versäumt sie noch, aber gewöhnlich in der Früh, bei der Abreise, weil sie noch immer in die falsche Elektrische einsteigt, nicht mehr abends nach der Tour. Denn das Skifahren hat sie erlernt, soweit es ihr aus physischen und psychischen Gründen als Frau möglich war, und weil ihr natürlich auch der Sinn für das Erkennen der Gefahr abgeht, fährt sie auch heute noch mit mehr »Schneid« als Sicherheit die »wildesten Sachen« hinunter. Aber sie hat auch ihre Freude daran gefunden, am Schnee, an den Bergen, an den kalten nebelgrauen Wintermorgen und dem blassen Wintersonnenschein! Dazu hat sie auch noch ihr erstes Ziel (Vivant sequentes!) erreicht, sie fährt jetzt wirklich besser als die Mitzi. Die Mitzi hat dafür aber auch schon inzwischen geheiratet! Heiligt der Zweck die Mittel?
Putzi und der Skisport! Das Ganze kommt mir vor wie eine weise Regierung und ein schlechtes Parlament oder wie ein Krieg, in dem nur mit blinden Patronen geschossen wird. Wer in dem Krieg wohl der Sieger ist?? – Die Besiegten sind jedenfalls – wir!

(Deutsche Alpenzeitung, 1912/13, 12/II, Nr. 23, März 1913)

Die hochalpinen Gefahren des kommenden Winters – Auszüge

»Die Grashalme sind es, welche in großen Teilen unserer Alpen dem ersten Schnee einen festen Halt gewähren und das Abgehen von Lawinen verhindern.«
Paul Preuß

_____ Zahlreiche Gebiete der Mittelzonen unserer Alpen, die im Sommer von den Bergsteigern sorgfältigst gemieden werden, weil es »schäbige Grashügel« sind, bieten gerade im Winter das beliebteste Ziel der Skiläufer. Wenn die Spalten heuer im Frühwinter von einer dünnen Schneeschicht bedeckt sind, deren Tragfähigkeit selbst für den Skifahrer noch zu gering ist, bieten sie die heimtückischste Gefahr für den winterlichen Hochtouristen, dem es unter diesen Umständen ganz unmöglich ist, jede unter dem Schnee verborgene Spalte zu erkennen und zu vermeiden ...

»Auf Spalten- und Lawinengefahr achten!« *Paul Preuß*

Die zweite Gefahr des kommenden Winters, die Lawinengefahr, wird womöglich noch größer sein, und zwar vor allem dadurch, weil eine ungleich größere Zahl von Skiläufern durch sie betroffen wird. In die Gletscherregion wagen sich doch nur mehr oder weniger die geschulten Skifahrer, die auch gewöhnlich Bergsteiger sind. In die niedrigeren Regionen jedoch fährt alles, was einigermaßen auf Bretteln stehen kann und den Telemark nach links sowie den Kristiania nach rechts beherrscht. Die Hitze des vergangenen Sommers hat nun das Gras an allen Grashängen vollkommen ausgedörrt und der herbstliche Regen die kümmerlichen Reste glatt an den Boden gedrückt ... Je früher der Schnee gefallen ist, also je kräftiger die Grashalme noch waren, und je weniger sie sich dem Boden angedrückt hatten, desto geringer ist die Lawinengefahr. Die erschreckend hohe Zahl der sommerlichen Unglücksfälle in den Bergen möge nicht durch eine im Verhältnis ebenso hohe Ziffer im Winter erreicht werden. Bei einiger Vorsicht läßt sich, wenn auch nicht alles, so doch vieles vermeiden.

Paul Preuß

»Es ist angezeigt, von Skitouren in der Gletscherregion wenigstens im Frühwinter abzusehen und erst wenn die größten Schneemengen des Jahres gefallen sind, also etwa im März, solche Gebiete aufzusuchen.« *Paul Preuß*

(Der Winter, VI, 1911/12)

Das Winterhütten-Problem
Auszüge

»Kampf mit der Hüttentür.«
Paul Preuß

____ Zwei Stunden lang schaufeln müssen, manchmal sogar in Ermangelung einer Schaufel mit Pickel oder Skiern, das gehört zu den gewöhnlichen Vergnügungen der Winterbesucher einer hochgelegenen Hütte. Aber auch sonst gibt es am Eingang viele wichtige Punkte, so vor allem das Schloß. Ich habe dieses durch eingedrungene Schneemassen oft so feucht gefunden, daß sich der A. V.-Schlüssel mit bestem Willen darin nicht umdrehen ließ. Ein wirksames Mittel dagegen (nebst gutem Einölen) ist ein Vorraum vor der Hüttentüre, der durch eine gewöhnliche Riegeltür zu öffnen ist. Allerdings darf der Riegel nicht innen und nicht so angebracht sein, daß er von selbst zufällt (wie ich es bei einer Hütte im Stubai vorfand). Auch sonst erfüllt ein solcher Vorraum seinen Zweck vorzüglich: Skier und sonstige nasse Gegenstände kann man draußen lassen und schützt so die Innenräume vor zu großer Feuchtigkeit.
Daß Schlafraum und Küche, wenn schon nicht in ein und demselben Raume, so doch wenigstens in ein und demselben Haus untergebracht sein sollen, erscheint mir klar.
Es genügt in der Küche nicht bloß das Vorhandensein des Ofens: es muß auch dafür gesorgt sein, daß der Rauch aus diesem Ofen freien Abzug hat, was in den wenigsten Hütten der Fall ist. Das beste Mittel dafür scheint mir ein seitlicher Rauchabzug eines nur für Winterbesucher hergerichteten eisernen Ofens zu sein. – Die Wolldecken des Schlafraumes pflegen so schmutzig zu sein, daß selbst der an alles gewöhnte Wintertourist Ekel empfindet, wenn er sich darin einwickeln soll. – Die Kücheneinrichtung ist bisher auch in den meisten Hütten unter jeder Kritik gewesen. Je besser die Einrichtung ist, die man in Winterhütten zurückläßt, desto sorgfältiger wird sie von den Wintertouristen gepflegt und reingehalten werden. Ist es denn wirklich notwendig, den Wintertouristen, die doch schließlich auch bessere Menschen sind, das schlechteste Inventar der Hütte zurückzulassen?

»Wir Wintertouristen wissen alle, daß bei Anlage und Durchführung einer größeren winterlichen Hochtour bislang die Hüttenfrage immer von größter und unangenehmster Bedeutung war.«
Paul Preuß

In den wenigsten Hütten habe ich noch Filzpantoffeln aufgefunden. Ein so angenehmer und fast notwendiger Ausstattungsgegenstand. Und von den armen Wintertouristen, die manchmal 20 Kilogramm schwere Rucksäcke zur Schutzhütte schleppen, zu verlangen, daß sie sich selbst solche mitnehmen, steht nicht im Verhältnis zu der geringfügigen Abnützung, der solche Schuhe ausgesetzt sind. *Paul Preuß*

(Der Winter, V, 1910/11)

Jagd und Skitouristik
Auszüge

»Das Wild fürchtet die Skiläufer weniger als den Jäger, denn der Instinkt sagt ihm, daß der Mann mit den langen Hölzern kein Mordwerkzeug mit sich führt.«
Paul Preuß

—— Wohl gibt es eine große Zahl von undisziplinierten »Mitläufern« im Skisport, die imstande wären, jagdliche Interessen zu schädigen; wehe, wenn sie losgelassen! In die Gegenden, wo sie Unheil anrichten könnten, kommen aber diese Mitläufer zum Glück nie hin, aus physischen wie aus psychischen Gründen. Sie bleiben in den an und für sich schon überlaufenen Gebieten, die jagdlich schon seit ältesten Zeiten von untergeordneter Bedeutung sind. Sie entfernen sich nie weit vom bewirtschafteten Wirtshaus und bleiben immer dort, »wo's a Hetz und a Gaudi gibt«! In abgelegenere Gebiete, in die stillen Reviere naturfreudiger Jäger, die nicht, um mit der Büchse gesehen zu werden, jagen gehen, dort kommen nur die Auserwählten der Skiläufergilde hin, wohldisziplinierte und wohlerzogene Leute, die sich weidgerecht zu benehmen wissen. Der Schaden, den sie der Jagd zufügen, ist überaus geringfügig. Leider ist aber gerade diese Anschauung noch nicht bei allen Jägern durchgedrungen, weshalb ich noch mit einigen Worten die Frage streifen möchte, ob überhaupt die Skitouristik der Jagd wesentlichen Schaden zufügen kann. Ich glaube nicht, weiß sogar, daß es nicht der Fall ist.
Mag sein, daß durch kleine Verschiebungen des Wildstandes das eine oder andere Mal zu einer Treibjagd einige »Opferlämmer« weniger zugetrieben werden konnten, es blieben immer noch genug zur Massenmetzelei, die jeder weidgerechte Jäger verabscheut. Die Pürschjagd bleibt hingegen fast stets ungestört; der Jäger geht dem Wild nach, sucht es in seinen Verstekken, in Wäldern und zwischen Felsen auf; das Wild aber hat sich durch keinen Skiläufer stören lassen, denn keiner, der solche Gegenden besucht, schreckt es und jagt ihm nach, schreit oder schießt mit Pistolen. Wenn je von solchem Verhalten erzählt und geschrieben wurde, dann waren wohl meistens Einheimische die Schuldigen, Holzknechte und halbwüchsige Bauernburschen, die gar nicht skilaufen und den Wilderern oft ziemlich nahe stehen, denen es Vergnügen macht, den verhaßten Jägern und hohen Jagdherren einen bösen Streich zu spielen. Wir Skiläufer und Touristen, wir lieben das Wild nicht weniger als der Jäger, weil wir alles draußen in der Natur lieben, wir freuen uns an seinem Anblick. Und mehr als einmal schon weiß ich mich zu erinnern, daß wir in sausender Fahrt innehielten, wenn Wild vor uns auftauchte, und in stummer Freude und Bewunderung sahen wir den schlanken Tieren nach. Wenige Meter an äsenden Gemsen bin ich vorbeigefah-

»Mit der Behinderung des Skilaufes und gerade des hochalpinen Skilaufes wird mehr Nationalvermögen geschädigt als durch Jagdstörungen: das Nationalvermögen nämlich, das in der Kraft und körperlichen Tüchtigkeit des Volkes liegt.« *Paul Preuß*

ren; bald in tollen Sprüngen, bald langsam und bedächtig entfernten sich die als scheu verschrieenen Tiere – 30 Meter weit, sahen sich dann mit großen Augen neugierig um, und wenige Augenblicke später standen sie wieder am alten Platz...
In strengen Wintern, da hat schon so manche Skipartie den Gemsen gute Dienste geleistet, und wie wir als Bergsteiger auf überwächteten Graten uns seelenruhig der Gemsspur anvertrauen, so folgen auch Gemsen durch tiefen Schnee stundenlang der festgetretenen Skispur, bis sie ins Tal und zu den Futterplätzen gelangen.

Ramseiderscharte mit Breithorn.

Wenn alle Berge und Täler den Touristen und Skiläufern offen sind, wo soll dann das Wild hin? Es kann nicht im Erdboden verschwinden und gewöhnt sich schnell an den harmlosen Verkehr. Mit kleineren Störungen des Wildstandes durch äußere Umstände verschiedenster Natur muß jeder Jäger ohnedies rechnen, auch etwaige Veränderungen durch Skiläufer lassen sich leicht berechnen. In manchen Revieren Obersteiermarks muß man beim Jagdhaus melden, wohin man geht. Man tut es gerne, und der Jäger weiß, wie Störungen eintreten können und richtet sich danach.

Paul Preuß

(Deutsche Alpenzeitung, XII, 1912/13, Februar 1913)

Paul Preuß – seine Wege

»Schon als Bub, bei meinen Touren in der Geisler-Gruppe, hatte ich einen dünnen Gummischlauch dabei, um, wie es Preuß getan hatte, Wasser aus Felsspalten zu saugen. Eine großartige Erfindung. Mein Bruder Günther und ich nannten den Schlauch das Preuß-Röhrl.«
Reinhold Messner

»Seelenruhig zieht Preuß einen dünnen Gummischlauch aus der Tasche, saugt Wasser aus einem Felsspalt.« *Paul Gilly*

Paul Preuß habe ich vor allem durch seine Wege kennengelernt. Ich war gerade 20 Jahre alt, als ich eine Reihe von Preuß-Touren allein wiederholte – die Ostwand der Guglia di Brenta, den Preußriß an der Kleinsten Zinne, die Nordostwand des Crozzon di Brenta. Die Erstbegehungen von Dibona sind großzügiger, einige Dülfer-Touren sind schwieriger, die Preuß-Routen aber sind die elegantesten Kletterwege aus der Zeit knapp vor dem Ersten Weltkrieg. Meine Bewunderung für Paul Preuß summiert sich aus der Klarheit seiner Ansichten, der Konsequenz seiner Lebenshaltung und vor allem aus seinen vielen kühnen Bergtouren.
Paul Preuß könnte heute leben. Seine Ideen und Taten – die Überschreitung der Langkofel-Gruppe, die Linien seiner Erstbegehungen, seine Skitouren – erinnern an die heutige Alpinszene. Er ließ sich bei der Wahl seiner Touren von der Phantasie leiten. Hier sind die Berge mit ihren Hängen, Wänden, Kanten – was kann ich mit meinem Können an ihnen anfangen? Diese Frage hat Paul Preuß mit seinen Taten beantwortet wie kaum ein anderer.
Heute können zehntausend und mehr Bergsteiger die Preuß-Touren souverän wiederholen. Durch die allgemeine Hebung des Kletterkönnens und eine verbesserte Ausrüstung ist es einer breiten Schicht von Bergsteigern möglich, Paul Preuß auf seinen Spuren zu folgen, ihn so kennenzulernen. Für sie vor allem habe ich dieses Buch gemacht. Es soll auch eine Anregung sein, die Preuß-Touren frei nachzuklettern, auf daß sein Geist weiterlebe; in unseren Erlebnissen, in unseren Gesprächen, in unserem Gedächtnis. Das Vermächtnis von Paul Preuß sind seine Touren und seine Ideen. Die Verbindung von beidem – eine Preuß-Route im Preuß-Stil – gibt uns einen Rückblick in eine andere Zeit, einen Einblick in eine der größten Persönlichkeiten des Alpinismus.
Als ganz junger Kletterer beeindruckten mich die Touren Dülfers mehr als die von Preuß. Also war ich ein Bewunderer von Hans Dülfer. Das bin ich heute noch. Später aber, als ich dem Geheimnis auf der Spur war, das mich auf die Berge treibt, begann ich, Angelo Dibona und Paul Preuß zu bewundern. Angelo Dibona hat sich so großartig durch seine Wege ausgedrückt, daß ihn jeder achten muß, der sie wiederholt. Paul Preuß hat mehrere Wege der Selbstäußerung gefunden, und vielleicht ist es dies, was ihn für mich aus der Anzahl der größten Bergsteigerpersönlichkeiten heraushebt. Ich werde – auch wenn ich mich nach und nach vom extremen Bergsteigen zurückziehen möchte – immer wieder Preuß-Wege wiederholen; zum besseren Verständnis der alpinen

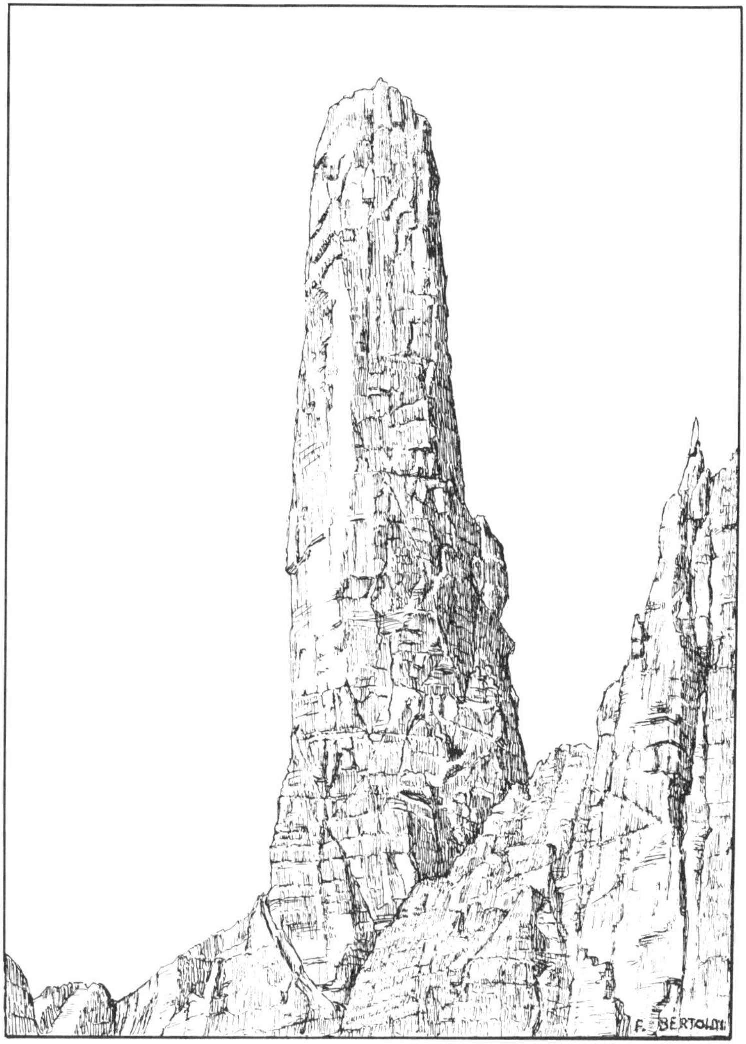

»Wenn dem Abseilen endlich einmal eine Berechtigung nur in Ausnahmefällen und als Notbehelf zugebilligt sein wird, werden Berge wie Guglia, Campanile, Delagoturm etc. wohl seltenere Besuche empfangen, dafür aber um so bessere!« Paul Preuß

Campanile Basso (Guglia di Brenta) von Osten.

Geschichte, zum besseren Verständnis von Paul Preuß, zum besseren Verständnis meiner selbst.

Die nun folgenden Tourenvorschläge sind eine Mischung aus Preußschen Routenbeschreibungen, Preußschen Erlebnisberichten und Kurzangaben von Routenbeschreibungen, die ausreichen müßten, Preuß-Touren nach dem jeweiligen Können zu wählen und zu wiederholen. »Freiklettern mit Paul Preuß« heißt auch, mit möglichst wenig Informationen über einen bestimmten Weg auszukommen. Denn der Geist eines Geheimnisses äußert sich uns nur, wenn wir uns diesem voller Neugierde widmen.

»Wir lieben es, ohne genaue Beschreibung dem eigenen Kopf nach zu gehen und so auch auf oft begangenen Pfaden einen schönen Teil der Erstersteigerfreuden zu genießen.« Paul Preuß

Sommer

Preuß-Routen – Zweitbegehungen – Überschreitungen

Traweng, 1984 m. Mehrgipfeliger Kamm nördlich der Tauplitzalm im Toten Gebirge. Gewaltige Nordwand, durch die zwei Preuß-Routen führen. Sie liegen im mittleren und rechten Teil der Wand.

Nordwand, P. Preuß und P. Relly 1910; MAV 1911; etwa V, 500 m, 3–4 Std. Selten begangen.

Nordverschneidung, 1911. V, 500 m, 4 Std. Die zweite Route, eine Variante zur Nordwand, führt durch die große Verschneidung schräg rechts durch die Wand und steigt rechts des Gipfels aus.

»Niederer Sarstein, 1872 m, 1. Begehung am Nordwestgrat, Obere Nordwestflanke, II., eine Stelle III, 2 St., Felshöhe 480 m, P. Preuß, 5. 10. 1908.«
Reinhold Messner

Neues zum Tourenprogramm der Saarbrücker Hütte – Auszüge

Von Paul Preuß

»Von einer durch Sturm und Nebel stark beeinträchtigten winterlichen Durchquerung der Silvretta war mir nur ein einziges deutliches Bild in der Erinnerung haften geblieben: der Blick vom Eingang zum Cromertal auf die mächtigen, dunklen Felswände seiner südlichen Umrahmung, auf Litzner und Seehorn.«
Paul Preuß

»Mehrere Monate später erfuhr ich erst, daß wir die erste Begehung des Südwestgrats des Kleinen Litzners ausgeführt hatten, worüber mein Vetter jetzt natürlich ungemein stolz ist. Doch Hochmut ist diesmal nach dem Fall gekommen!« *Paul Preuß*

——— Die Saarbrücker Hütte ist der beste Fußpunkt für den kühnsten Gipfelturm der Silvretta-Gruppe, und dieser Vorzug wird ihr stets den Besuch unternehmender Hochtouristen sichern, wiewohl sie auch anderen genußvolle Touren bietet... Obwohl ich es als Hochtourist der fast strafbar modernsten Richtung gewissermaßen als moralische Pflicht betrachte, den Weg zur Hütte nur als einen fürchterlichen »Schinder« zu bezeichnen, möchte ich, auf die Gefahr hin, als Nachempfinder fremder Stilistik zu gelten, ausdrücklich betonen, daß der Weg über die alpenrosengeschmückten Matten, die von wildschäumenden Sturzbächen durchrissen werden, ganz herrliche landschaftliche Bilder bot. Der Blick auf den Talhintergrund ist zwar lange verdeckt, um so mehr lenkt aber ein phantastisch geformter kühner Felskegel, der von dem Haupttal ein kleines westliches Seitentälchen abtrennt (Schweizerfernertal), die Aufmerksamkeit auf sich, der Kleine Litzner (2786). Auf dem tiefsten Vorsprung seines Ostgrats sahen wir auch schon von weitem die Hütte stehen, die wir nach 5stündigem Marsch erreichten... Der nächste Tag sollte in erster Linie meinem Vetter und wiederum dem Kleinen Litzner gewidmet sein... Mein Vetter erhielt seine ersten theoretischen und praktischen Anleitungen in der Kletterkunst. Zu meiner Freude war er bald soweit, daß er Steine von Grasbüscheln und die Knie von den Fußsohlen unterscheiden konnte. Er war zweifellos talentiert, so daß ich mit ruhigem Gewissen daran gehen konnte, vom

Gipfel, auf dem wir in herrlichem Sonnenschein stundenlang gelegen waren, einen anderen Weg zum Abstieg zu wählen. Ein mit zahlreichen kleinen Türmen besetzter Grat führt nach Südwesten zur Scharte zwischen Kleinem Litzner und Cromertalspitze, zu der von der Hütte leicht erreichbaren »Edgar-Bökking-Warte«. Ich weiß nicht, warum ich damals von der fixen Idee befangen war, daß der Grat längst begangen sein müßte; daß wir seine ersten Begeher sein könnten, kam mir überhaupt nicht in den Sinn. Die Einzelheiten der fröhlichen und luftigen Kletterei, die keine größeren Schwierigkeiten bot, sind mir aus dem Gedächtnis geschwunden, die damaligen Eindrücke durch die späteren ungleich gewaltigeren Eindrücke des herrlichen Sommers verwischt worden. Und ich möchte es unbedingt vermeiden, heute, mehrere Monate später, am Schreibtisch gekünstelte Situations- und Stimmungsbilder zu bringen, die zwar der Technik im Schreiben deutscher Schulaufsätze alle Ehre machen, deren Echtheit aber zur Deutlichkeit der Erinnerung oft in einem krassen Mißverhältnis steht. Ich weiß heute nur mehr, daß wir eine Reihe von Türmen und Türmchen überkletterten und nach etwa 2 Stunden vom Gipfel die Scharte erreichten. Unvergeßlich an dieser Tour ist mir, daß ich bei jeder Gelegenheit zum Großen Litzner hinübersah, dessen steil absinkende Nordwand mir es in erster Linie angetan hatte. Diese Wand ist es ja, die dem Litzner seine eigenartige Gestalt verleiht und die Schönheit und die Form des Bergs ausmacht, derentwegen man ihm den Namen »das Matterhorn der Silvretta« gegeben hat. – Gemächlich gingen wir gerade über lockeren Schutt zur Warte, da brachte mein armer Vetter das Kunststück zustande, auf ebenem Boden hinzufallen und sich den Arm auszurenken. Und damit war es mit seiner Hochtouristenherrlichkeit zu Ende …

Klein-Litzner-Nordwand

—— Ein prächtiger, dreimal steil abbrechender Grat vermittelte mir der Anstieg. Ganz eigenartig und ungewohnt kam mir, der ich bisher nur Klettertouren im Kalkgebirge kannte, das feste Urgestein vor, an dem der Nagelschuh noch an Stellen Halt findet, an denen bei derselben Neigung im Kalk selbst der Kletterschuh abgleiten würde. Mag sein, daß mir dieses ungewohnte Terrain noch Schwierigkeiten bereitete oder daß die Kletterei an den steilen, plattigen Abbrüchen, von denen ich nur den ersten durch eine Schneerinne links umging, wirklich schwieriger war, als ich es vermutet hatte. Der Tour ist in meiner Erinnerung ein hoher sportlicher und landschaftlicher Reiz geblieben, der mir die touristische Minderwertigkeit des

Kleiner Litzner von Norden.

»Nachdem wir wenige Minuten aufgestiegen waren, kam uns aus den den Berg umbrandenden Nebeln Herr Paul Preuß entgegen. Er hatte soeben das Groß-Seehorn überschritten und schickte sich nun an, den Litzner zu besuchen. Ich will es zum ewigen Gedächtnisse hier hinterlegen, daß er nach Aussage Meister Comptons – seine eigene Uhr streikte – für die Überschreitung der beiden Gipfel von West nach Ost von Hütte zu Hütte drei Stunden und vierzig Minuten benötigte!«
Karl Blodig

Saarbrücker Hütte gegen den Kleinen Litzner.

»Die Erfüllung eines alten Wunsches, Karl Blodig und E. T. Compton kennenzulernen, hatte mir damals ein Zufall gewährt.«
Paul Preuß

Gipfels an und für sich reichlich aufzuheben schien. – Nach dem dritten Gratturm, an dessen luftiger Kante ich gerade emporgeklettert war, brachte mich ein schmaler Verbindungsgrat zum Gipfel hinüber. Wieder stand ich hier oben und studierte mit Feuereifer die gegenüberliegende Litzner-Nordwand, deren Durchkletterung ich am nächsten Tag unbedingt versuchen wollte. Im unteren Teil schien mir die Wand weniger geneigt, auch ist sie von mehreren Schneerinnen durchzogen, zwischen denen vorspringende Rippen bis zum Litznerferner hinabsinken. Die deutlichste dieser Rippen entspringt an einer kleinen Terrasse unter dem senkrechten, schwarzen Gipfelbau. Bis zu dieser Terrasse schien mir der Weg klar; wie ich aber von dort die aus der Entfernung ganz ungegliedert aussehende Gipfelwand durchklettern sollte, das war mir heute noch ein Rätsel. Erst bei untergehender Sonne konnte ich infolge der schrägen Abendbeleuchtung im obersten Teil dieser Wand einen kurzen Kamin entdecken, der wenigstens einen theoretischen Ausstieg zeigte...

Groß-Litzner-Nordwand

»Äußerst schwierige, aber sehr schöne und interessante Tour. Die von mir gebrauchte Zeit, 3½ Stunden von der Hütte, dürfte nur von einem Alleingeher zu erreichen sein.« Paul Preuß

Am nächsten Morgen verließ ich mit Dr. Blodig und dessen Gesellschaft um 5 Uhr morgens die Hütte; doch nach etwa 20 Minuten trennten wir uns, da Dr. Blodig die Absicht hatte, die Berge östlich vom Glöttersattel (P. 2776 der Siegfriedkarte) zu besuchen. Da meine Uhr in Höhen von über 2500 Metern an der Bergkrankheit zu leiden und stehen zu bleiben pflegt – wahrscheinlich eine Folge tiefgehender organischer Störungen, denen sie bei mir auch schon in den Tälern ausgesetzt ist –, gab mir Herr Compton seine Alpenvereinsuhr mit. Doch leider kann ich nicht mit gutem Gewissen behaupten, daß das schöne Relief auf ihrem Deckel (Purtscheller und Blodig am Mauvais Pas) mich zu besonders kühnen Leistungen angeregt hätte; vielmehr dachte ich eher daran, daß sie als fremdes Eigentum den bei meinen Uhren traditionellen Betriebsstörungen nicht unterworfen wäre.
Mit herzlichem »Berg-Heil!« und nicht ohne noch eine warnende Mahnung zur Vorsicht empfangen zu haben, verließ ich die Gefährten und stieg über harten Firn hinauf, dem Ziel meiner Wünsche entgegen, zur Litzner-Nordwand.
Vieles ist schon über den Wert und die Berechtigung des Alleingehens geschrieben worden, und hier ist weder der Raum noch der Ort, um zu den alten Gedanken neue zu fügen. Nur eines möchte ich hier betonen, nämlich, daß ich überall dort, wo rein objektive Gefahren fehlen, überzeugter Alleingeher bin. Wenn uns auch noch so enge Bande der Freundschaft und Zuneigung zu unserem Begleiter verbinden – die, wie ich ruhig zugebe, für den Alleingeher vielleicht verdoppelte Gefahr wird durch den hundert- und tausendfachen Genuß reichlichst wettgemacht. Und am wertvollsten scheint mir zu sein, daß sowohl die ungeheure Macht der uns umgebenden Natur sowie die feinsten und innersten Regungen unseres Herzens, die verborgensten Spiele unserer Gedanken uns am klarsten dann vor die Augen treten, uns dann die reinsten Freuden und den herrlichsten Genuß bieten, wenn wir allein auf lichtumfluteten Höhen einen sieg- und freudereichen Kampf kämpfen. So paradox es klingen

»Die Litzner-Nordwand geht mir über alles, was ich sonst in diesem glücklichen Winkel Vorarlbergs sah. An Schwierigkeit und sportlichem Reiz hat die Nordwand mehr zu bieten, die wahrscheinlich die schwerste Tour der Gegend ist.« *Paul Preuß*

mag, für mich persönlich wenigstens ist es unumstößliche, herrliche Wahrheit: in demselben Maße, in dem die sportliche Bewertung einer Tour durch Alleingehen nach außenhin steigt, sinkt dieser Wert für unser Innenleben, und der Gefühlswert jener Touren für uns selbst steigt ins Unermeßliche.

Es war noch früh am Morgen, so daß ich es nach Überschreitung der Randkluft ohne Stein- und Lawinengefahr wagen konnte, die steile Rinne emporzusteigen, die links (im Sinne des Aufstiegs) von der früher erwähnten Rippe emporzieht. Diese selbst erscheint hier als wenig vortretender, mit mehreren Abbrüchen absinkender, steiler Grat. Der Schnee war von wechselnder Beschaffenheit, zum größten Teile aber tief und weich. Nur in der Mitte war die Rinne von einer etwa 1 Meter tief eingeschnittenen, 2 Meter breiten Lawinenfurche durchzogen, einem »Marinellicouloir en miniature«, deren Boden aus hartem Firn und Eis bestand. Hier konnte ich mühelos emporsteigen, und ich hatte bald die Höhe des ersten Absatzes am benachbarten Grat erreicht. Während ich nun über steilen Schnee vorsichtig nach rechts gegen diesen Absatz anstieg, fielen die ersten, rotgoldenen Sonnenstrahlen schräg ein, und wie ein Meer von Diamanten glitzerten die Millionen kleiner, des Nachts gefrorener Schneekristalle. Die schräge Beleuchtung ließ mich auch die Struktur der Gipfelwand erkennen, die sonst immer so dunkel und glatt ausgesehen hatte. Doch auch jetzt wurde mir keine Gewißheit über eine Durchstiegsmöglichkeit zuteil, nur neue Hoffnung hatte ich geschöpft an den scharfen, gut sichtbaren Schattenlinien, die sie kreuz und quer durchzogen. Ein kühler Wind trieb brodelnde, weiße Nebel aus den noch in der Dämmerung ruhenden Tälern, verhüllte mir zeitweise die wärmenden Strahlen der Sonne und trieb mich zur Eile an. In abwechslungsreicher Arbeit stieg ich über die Absätze des Grats empor; bald ritzte ich mit dem Pickel in den harten Firn Stufen, bald wieder rieben sich die Nagelschuhe knirschend an dem rauhen Granit... 2 Stunden nach Verlassen der Hütte hatte ich die kleine Terrasse erreicht, die am Fuß des letzten Gipfelaufbaus liegt. Hier ließ ich mich zu kurzer Rast nieder; die Nebel ließen plötzlich einige belebende Sonnenstrahlen durch, und der weiße Vorhang zeigte Risse und Sprünge. Weit drüben wurden einige kühne Gipfel frei, Patteriol, Rockspitze und alle anderen. Wie ein langsam ablaufender Schlitzverschluß einer Kamera wanderte der Riß in den Wolken von Osten nach Westen und ließ immer nur einen kleinen Ausschnitt der unermeßlichen Aussicht frei, die mir tags zuvor vom Gipfel des Seehorns Dr. Blodig mit unerreichter Detailkenntnis erklärt hatte. Und als der Vorhang im Westen zugezogen war, da wandte ich mich notgedrungen wieder meiner näheren Umgebung zu; stand ich doch jetzt vor dem schwersten

Teil meiner Aufgabe, vor der Bezwingung der noch etwa 100 Meter aufragenden Gipfelwand... Ruhig und bedächtig drang ich vor, wie es sich für den vorsichtigen Alleingeher geziemt – kein Widerspruch scheint mir in diesen beiden Begriffen für den zu liegen, der es sich zum Grundsatz gemacht hat, auch zu zweit und am Seil nie mehr zu wagen, als allein. – So kam ich langsam kletternd nach links über ein steiles Band zu einem tiefen, eiserfüllten Spalt, dessen vordere Begrenzung ein ungeheurer, losgesprengter Block bildet. Ein gewaltiges Denkmal der Zerstörungskraft der Elemente ist es, und wohl jahrhundertelang wird es gedauert haben, bis der Spalt entstand. Wann wird die Kraft des winterlichen Eises den Block in die Tiefe schleudern? – Wenige Meter vor dem Spalt wandte ich mich nach rechts. Wohl scheint man nach links weiterkommen zu können, doch da ich tags zuvor den am Westende des Gipfelgrats mündenden kurzen Kamin mir zum Ausstieg ausersehen hatte und in der Wand nur ungern und gezwungen von der vorher ausgedachten Route abweiche, verließ ich das vorderhand anscheinend noch leicht kletterbare Terrain. Rucksack und Eispickel ließ ich zurück und verband mich mit ihnen durch die Reepschnur. Ein heikler Quergang auf kleinen, nach außen geneigten Tritten brachte mich nach rechts, dann konnte ich, im Zickzack stets schwierig emporkletternd, die angestrebte Richtung einhalten. Nach 20 Metern nahm ich die zurückgelassenen Gegenstände wieder zu mir, natürlich blieb mein schwerer Schweizer Pickel an sämtlichen Vorzacken hängen. Die Wand wurde zusehends steiler, doch immer dort, wo ich meinte, daß meinem Vordringen Halt geboten wäre, zeigten sich im letzten Augenblick neue Möglichkeiten. Schwindelerregend muß der Tiefblick auf den Litznerferner sein, zu dem die Wand so steil abbricht; ich kann ihn nicht schildern, weil ich ihn nicht gesehen habe; hatten sich die Nebel doch so verdichtet, daß ich kaum mehr die Terrasse zu meinen Füßen erkennen konnte. Höher oben trat die Wand weiter zurück, und ein unbeschreibliches Gefühl von Freude und Glück bemächtigte sich meiner, als ich fast plötzlich vor dem kurzen Aufstiegskamin stand. Auch er bot keine Schwierigkeiten mehr, und laut jubelnd betrat ich den Gipfel, der von drei Steinmännern geziert wird...

»Um 11 Uhr schüttelten wir, auf dem Grate angelangt, Compton die Hände. Er erzählte uns, daß er Preuß während dessen Aufstieges durch die Nordwand des Groß-Litzners nahezu immer habe verfolgen können; nur ab und zu hatten Nebelballen ihn seinen Blicken entzogen.« *Karl Blodig*

»In Kletterschuhen an der kleingriffigen Wand 6 Meter sehr schwierig hinauf, dann etwas leichter links haltend auf die kleine Terrasse vor dem Gipfelaufbau, die von der Hütte deutlich sichtbar ist und gewöhnlich einen kleinen Schneefleck trägt.«
Paul Preuß

(Mitteilungen des Deutschen und Österreichischen Alpenvereins, 1912, Nr. 9, 15. Mai 1912)

»Silvretta-Gruppe. Die in den Mitteilungen der Deutschen Alpen-Zeitung (2. Augustheft 1911) enthaltene Angabe des Herrn Preuß, daß die im Juli 1911 durchgeführte Ersteigung des Großen Seehorns (3124 m) von Norden die erste über die Nordwand gewesen sei, ist irrig. Nach einer Privatmitteilung, die ich seinerzeit von Herrn Landgerichtsrat Karl Reiff in Mannheim erhielt, hat derselbe schon im Juli oder August 1900 mit Führer Obermüller-Bludenz das Große Seehorn über die Nordseite erstiegen und dabei Spuren früherer Besteigungen gefunden.«

Leserbrief

Groß-Seehorn, 3124 m, erste Besteigung über die Nordostwand

—— Wenn man sich von der Hütte gegen das Groß-Seehorn wendet, so gewahrt man zwei Gletscherbrüche, die für den Zugang zum Fuße des Berges von Bedeutung sind. Der untere, größere Eisbruch wird, im Sinne des Anstiegs genommen, von rechts her, also westlich umgangen; man quert dann den Ferner unter dem kleineren Gletscherbruch, der gegen eine schwarzbraune Felseninsel hereinhängt, umgeht den Eisbruch östlich, links herum, und erricht damit die unterste westliche Schneezunge, die sich gegen das Massiv des Groß-Seehorns hinanzieht. Wir bedienten uns hier der Steigeisen, da die Steilheit und Härte des Firns ohne dieses Hilfsmittel eine tüchtige Stufenarbeit erfordert hätte. Um 4.30 Uhr stand ich an dem Bergschrund, der trotz der frühen Jahreszeit infolge der abnormen Hitze der vorangegangenen Wochen ziemlich weit klaffte. Im selben Augenblicke traf uns das erste Blitzen der aufgehenden Sonne. Der dunkle Schlund und die hellrot beleuchtete Schneehalde, daneben die sich steil auftürmende Felswand boten die malerischsten Farben- und Lichtwirkungen. Bald nach Preuß und mir kamen auch die Genossen an. Vielleicht hätten meine Freunde den Übergang vom Eis auf den Fels ohne Seil bewerkstelligt, ich heischte heute dieses Hilfsmittel sofort, da ich mich auf meine rechte Hand gar nicht verlassen konnte. Bis die Steigeisen abgelegt und versorgt, die Genagelten mit den Kletterschuhen vertauscht und alle Teilnehmer hübsch durch das Seil verbunden waren, dauerte es ½ Stunde; wir durften uns nämlich nur ganz vorsichtig bewegen, da wir auf einer stark unterhöhlten, wenn auch anscheinend noch genügend tragfähigen Schneezunge standen.

Die Erkletterung der Felswand war ziemlich schwierig; die erste große Platte machte mir Einhändigen bei ihrer Grifflosigkeit tüchtig zu schaffen. Noch schlimmer ging es zufolge mündlich eingeholter Nachricht einer Partie, welche die Tour eine Woche nach uns wiederholte: die Schneezunge war gänzlich eingestürzt, und die unteren Teile der nun frei zutage liegenden Platte erwiesen sich als enorm steil und glatt. Nachdem dieser erste und vielleicht schwerste Absatz überwunden war, wandten wir uns etwas nach rechts, stiegen dann über gute Felsen direkt an und hielten hernach wieder eine mehr östliche Richtung ein. Wir trafen hier einen größeren Rasenfleck, wie überhaupt nach jeder Steilstufe sich immer ein gutes Plätzchen zum Auslugen und Rasten darbot. Da die Kletterschuhe der vielen Rasenflecke und Schuttbänder halber sich bald als wenig ersprießlich erwiesen, zog ich meine Bergschuhe wieder an; Preuß hatte diese

»Diese Ersteigung wurde nach mir zugekommenen Mitteilungen über die vom Seehorngipfel nach Nordwesten streichende Rippe, die mit dem Westgrat das steile Firnfeld des gewöhnlichen Anstieges erschließt, ausgeführt. Es wurde dabei zwar anscheinend für kurze Strecken in die Nordostflanke ausgewichen, doch mit der direkten Durchsteigung der Seehorn-Nordostwand – nicht Nordwand, wie im ersten Bericht irrtümlich gesagt wurde – hat die Route nichts gemeinsam.«

Paul Preuß

Groß-Seehorn von Norden.

überhaupt gar nicht abgelegt. Um 6.15 Uhr betraten wir eine große grüne Terrasse, ungefähr in der Höhe des zwischen Groß-Seehorn und Groß-Litzner befindlichen breiten Sattels. Da wir schon hoch oben waren und etwa in einer Stunde auf dem Gipfel zu sein hoffen konnten, blieben wir volle 50 Minuten sitzen und freuten uns des herrlichen Tages sowie der klaren Aussicht. Um 7.20 Uhr setzten wir unsere Reise fort, und zwar packten wir vorerst den Stier bei den Hörnern und stiegen über eine glatte Platte, die rechts im Sinne des Anstieges eine größere Schneekehle zeigte, direkt hinauf. Nur diese Stelle sowie die Platte unmittelbar über dem Bergschrund dünkte uns allen auf der ganzen Tour, die Bezeichnung »mittelschwer« zu verdienen. Über leichteres Felsterrain näherten wir uns nun einer schönen Kletterstelle, die Gunz das »Normalband« taufte. In senkrechter Felswand zieht sich von links unten nach rechts oben etwa 35° geneigt ein im Durchschnitt zwei gute Spannen breites Band hinauf. Stets von genügender Breite und sicher zu begehen, geleitete es uns durch die Wand zu jener großen, teilweise mit Rasen durchsetzten Fläche hinauf, über die sich beim gewöhnlichen Aufstiege vom Seegletscher aus, über den Nordwestgrat, das letzte Stück der Ersteigung abspielt. Große Blöcke wechseln da mit kleinen Absätzen und Bändern, kurzen Rissen und dergleichen. Nach Verlassen des »Normalbandes« stiegen wir in einer Fallinie gegen den Gipfel, den wir kurz vor Eintreffen einer von Vater und Sohn Tschofen geleiteten Partie um 8 Uhr erreichten.

Karl Blodig

(Zeitschrift des Deutschen und Österreichischen Alpenvereins, Bd. 43, 1912).

»Preuß seilte sich daher ab und lief in Gummischuhen zum Schauder der von oben seinem Gebaren zusehenden Führer auf den glatten, ziemlich steilen Platten wie ein – nun sagen wir wie ein Felskletterer, der für sich eine eigene Klasse bildet, auf und ab, bis er den richtigen Durchschlupf gefunden zu haben glaubte.«
Karl Blodig

»Preuß, den es schon wieder in allen Fingern juckte, vollführte natürlich die erste Ersteigung des Felskopfes; ich versuchte es ihm nachzutun, aber dies gelang mir trotz seiner Anweisung nicht. Es erforderte nämlich die Muskeltätigkeit einer indischen Bauchtänzerin, um hinaufzukommen, da von Griffen überhaupt nicht die Spur war.« *Karl Blodig*

Die Königspitze von Norden, nach Paul Preuß »der schönste Eisgipfel der Ostalpen«.

Eine Tour in der Ortler-Gruppe – Auszüge

Trafoier Eiswand (Nordwand) Bäckmanngrat

Von Paul Preuß

――― Die Trafoier Führer hatten von unserer 14 Tage früher unter den ungünstigsten Verhältnissen durchgeführten Marltgratbegehung gehört und wollten uns beweisen und durch uns beweisen lassen, daß von Trafoi aus eine schwerere Tour möglich wäre als von Sulden, nämlich: die Nordwand der Trafoier Eiswand. Kein erlaubtes und unerlaubtes Mittel ließen sie unbenützt, um unseren Ehrgeiz anzustacheln; sie lobten Schönheit, Aussicht und Schwierigkeiten, ergingen sich in geradezu zur Widerlegung herausfordernden, mitleidigen Bemerkungen über unsere kleinen Eispickel, betonten die Unfähigkeit Führerloser, längere Zeit Stufen zu schlagen, und sangen Loblieder auf Lorenz und Wagner aus Wien, welche die Wand führerlos und ohne Stufen vorzufinden überwunden hatten*)... Auch wußten wir, daß die Würde der Menschheit im allgemeinen, die der Wiener Bergsteiger im besonderen in unsere Hand gelegt war – und mit den Worten »Wann's heut wieder nix is, nacha kann die Trafoier Eiswand *uns* den Buckel naufsteign« verließen wir um 2 Uhr nachts die Berglhütte. Müde und verschlafen, denn der fröhliche Abend hatte sich über Gebühr ausgedehnt, mißmutig, denn statt des erwarteten Sternenhimmels wölbte sich über uns eine Decke schwerer, schwarzer Wolken, die, wie mit einem Messer abgeschnitten, bei 2900 Meter aufhörten... Beim kargen Schein unserer Laternen stolperten wir auf schmalem Steiglein zum unteren Ortlerferner hinüber, dessen Zunge wir querten. Über den westlichen Ast dieses Gletschers mußten wir nämlich ansteigen, um zu dem großen Gletscherkessel, Zirkus genannt, zu gelangen, aus dem sich die mauergleiche Nordwand der Trafoier Eiswand erhebt, die Wand, die dem Berg den Namen gab; und es war gut, daß wir sowohl gestern als auch gelegentlich eines früheren Abstieges von der Hochjochhütte, wenn auch nur von weitem, ein Schneeband festgestellt hatten, das den unteren Teil des westlichen unteren Ortlerferners durchzieht. Hier hätte unsere Tour wohl schon ein vorzeitiges Ende nehmen können; so aber fanden wir uns recht gut durch, bald mit weiten Umgehungen breite Spalten überlistend, bald im flackernden Schein der Laterne auf schmalen Eisschneiden über die Klüfte balancie-

*) Die Wand wurde führerlos, wie ich glaube, nur noch einmal ohne Spur im Aufstieg durchstiegen, ein führerloser Abstieg erfolgte in vorhandenen Stufen.

rend, immer schräg rechts hinauf, einer kleinen Gletscherterrasse zu, die wir uns als geeignete Durchstiegsstelle gemerkt hatten. Ein eigenartiger, unheimlicher Nachtmarsch war es, dem die Gefahr den hohen Reiz des Abenteuerlichen nicht nehmen konnte und dessen fragloses Gelingen unsere gedrückte Stimmung wohl zu heben verstand – leider aber nicht das Nebelmeer, das sich in unwandelbarer Einförmigkeit über unseren Häuptern wölbte ... Dunkelheit und Nebel zaubern groteske optische Täuschungen hervor: In weiter Ferne erscheint ein schwarzer Punkt auf dem Schnee, und mit dem nächsten Schritte schon stehe ich an überwölbtem Spaltenrand; ein kleiner Berg erhebt sich im Hintergrund, und gleich darauf stoße ich mit dem Fuß an einen Felsblock! – Der Karte, den Neigungsverhältnissen und unserer Überzeugung nach befinden wir uns im oberen Kessel, und ein weiteres Vordringen im dichten Nebel erscheint uns zwecklos. Was tun als warten, warten bis Sonnenaufgang. – Ob sie wohl aufgehen wird? Bei mir selbst beginnen sich schon Zweifel zu regen! Ein großer Philosoph hat vor 150 Jahren einmal gesagt, daß, wenn die Sonne auch täglich aufgehe, dies noch lang kein Beweis dafür sei, daß sie auch morgen aufgehen werde. Vielleicht war David Hume auch schon Bergsteiger? ... 7 Uhr und noch immer derselbe Nebel und kein Ende! Wie sitzengebliebene Pennäler auf dem Heimweg, so stampfen wir die Gletscher hinunter ... Da verändert sich plötzlich das Bild ... Bewegung ergreift die bisher toten, starr hingegossenen Massen, und schneller als ich es erzählen kann reißen die Nebel auf. Sonnenbeleuchtet tauchen plötzlich die Berge auf! Die Berge? – – Nein, *eine* Wand ist es, die sich in ungeheuerer Steilheit himmelhoch auftürmt, in

»Er kannte weder Ruhe noch Rast und suchte wohl ein Ziel, das er nie finden und nie erreichen konnte.« *Luis Trenker*

Königspitze, Zebrù und Ortler über Sulden.

blendendes, glitzerndes Weiß gekleidet, von tiefen Lawinenrinnen durchfurcht. Die Nordwand der Trafoier Eiswand, der Bäckmanngrat und die Thurwieser Spitze!... 10 Uhr ist es, da sind wir wieder am Fuße der Wand angelangt. Wir haben noch kein Wort gewechselt und wagen es auch nicht. Wir wissen beide ganz genau, daß es für unsere Tour heute zu spät ist, und doch wollen wir es uns nicht eingestehen; nur *ein* Gedanke beherrscht unser ganzes Fühlen und Denken: wir wollen, wir müssen hinauf! Wenn es heute nicht gelingt, gelingt es uns nie mehr. – In fliegender Eile werden Steigeisen und Seil angelegt, dann geht es hinauf zur Randkluft, die wir bei einem kleinen Lawinenkegel leicht überschreiten. Die Wand setzt sofort mit großer Steilheit ein, und kerzengerade steigen wir durch eine wenig ausgeprägte Rinne über guten Firn empor... Mein linker Fuß, der mit einem Eckenstein-Eisen versehen ist, findet genügenden Halt, doch leider hatte das andere Eisen einige Zeit vorher einen selbständigen Abstieg durch die Happrechtrinne im Ortler gemacht, statt mit mir über den Hochjochgrat weiter aufzusteigen. Der Ersatz, den ich dafür in Trafoi gekauft hatte, ein kleines, vierzackiges Steigeisen, tat keine vollwertigen Dienste, und so mußte ich für den rechten Fuß schon Stufen schlagen. Die zunehmende Vereisung bei größerer Steilheit der Wand erforderte es aber bald für beide Füße. Ich habe zwar gehört und gelesen, daß Eckenstein mit seinen Eisen ohne Stufen auch 70 Grad geneigte Eishänge begeht. Sei es nun

Trafoier Eiswand vom Böckmanngrat.

Am Fuße des Thurwieser.

meine eigene Unfähigkeit oder der Umstand, daß die 70grädigen Hänge nie mehr als 2 Meter hoch waren, oder vielleicht, daß sie 70 Grad Fahrenheit sind, ich für meine Person habe das Kunststück selbst bei geringeren Neigungen noch nicht zustande gebracht und schlug daher tapfer Stufen, so weit und so groß mein Eckenstein-Pickel es zuließ. Zum Glück hat alles ein Ende, so auch das Eis. Eine unangenehme Seillänge schräg nach links brachte uns auf den »flachen Rücken«, der immerhin noch etwa 36 Grad geneigt war. Ganz unheimlich wirkt von hier der Tiefblick über die unerhört steile Wand zum Gletscher hinab, der uns bereits ganz flach erscheint. Die grauen Nebel sind verschwunden, und in hellstem Sonnenglanz, aber auch in glühendster Hitze steigen wir bergan und erreichen eine breite Kluft, die wir schon von unten sahen, etwas links von der Fallinie des Gipfels. Die Überschreitung der Kluft, an der in schneearmen Jahren die Tour überhaupt scheitern kann, nimmt unsere ganze Aufmerksamkeit gefangen. Mit Unterstützung von Rellys Pickel ist der 2 Meter hohe Eisüberhang bald überwunden. Eine steile Firnwand trennt uns nunmehr vom Gipfel, die aber in ihrer Länge meine Schätzungen bedeutend übertraf. Zehn Seillängen mußten wir noch, dank der günstigen Firnverhältnisse allerdings wesentlich leichter als in der unteren Hälfte der Wand, steil ansteigen, und wenige Schritte östlich vom Gipfel erreichten wir den Grat. Deutlich hörten wir vom Kirchturm in Trafoi ½ 1 Uhr schlagen, als wir uns auf dem Gipfel (3555 m) niederließen.

»Das waren Rekordleistungen, die schwierigste Bergfahrten mit unglaublich kurzen Ersteigungszeiten in sich begriffen und die Preuß' Ruf, der beste Kletterer der Neuzeit zu sein, in der modernen Hochtouristenwelt fast unumstößlich begründeten.«
Wilhelm Lehner

Ortlertour: Mit schwerem Gepäck.

Von überwältigender Schönheit war die Rundsicht, und die föhndurchzitterte schwüle Luft umzeichnete alle Konturen mit scharfen schwarzen Rändern. Noch stört kein Wölkchen das harmonische Blau des Himmels, nur weit draußen gegen die Bernina-Gruppe liegt wie regungslos eine schwarze Wolkenbank mit goldglänzenden Rändern. Das Wetter wird halten, muß halten, das fühlen wir und wenden unsere Aufmerksamkeit der Thurwieser Spitze zu, unserem nächsten Ziel, sowie dem Grat, der uns mit ihr verbindet, dem Bäckmanngrat. Nur gering scheint die Entfernung, soviel wir wissen ist es 1 Kilometer Luftlinie; gering auch die zu überwindende Höhe. Nur etwa 150 Meter unter uns ist die tiefste Scharte eingeschnitten, und 300 Meter wird sie vom Thurwieser überragt... Längs der Gratschneide gelangen wir ohne größere Schwierigkeiten bis zu einem plötzlichen, steilen Felsabbruch, der an seiner Nordseite überklettert wird. Ein guter Sicherungsplatz ist bald gefunden, und Relly verschwindet in der Tiefe. Langsam gleitet das Seil durch meine Hände. »Wie geht es?« rufe ich hinunter. »Ganz gut, nur etwas viel Schnee ist schon drauf«, kommt in tiefem Baß als Antwort. 25 Meter sind abgelaufen, »nachkommen!« heißt es. Eine steile, felsige Rinne zieht hinab, und das nicht ganz vertrauenerweckende Gestein ist über und über mit Schnee bedeckt. Doch Relly hat alles schön gesäubert, alle nötigen Griffe und Tritte vom Schnee befreit. Haltlos gleitet der Blick rechts über die Nordwand hinab zum spaltendurchfurchten Ortlerferner und auf die Stilfser-Joch-Straße, die sich

Der Marltgrat am Ortler.

schlangenartig zwischen den grünen Wiesen und waldigen Hängen des Trafoier Tales durchwindet. Nach wenigen Minuten stehe ich wieder bei Relly, über einige kurze Stufen müssen wir noch hinunter, und der horizontale Grat ist erreicht. Nahezu alle Wächten hängen nach Norden über, so daß wir auf der südlichen Abdachung bleiben müssen; die Mittagsglut hat aber den Schnee erweicht, und knietief brechen wir bei jedem Schritt ein. Eine heillose Anstrengung ist es, an den steilen Hängen so zu waten, und oft erfordern der trügerische Schnee und seine eisige Unterlage größte Vorsicht. Nach drei Seillängen sind wir mürbe geworden und sehen ein, daß wir so nicht vorwärts kommen können, wo jeder Schritt eine unerhörte Kraftanstrengung erfordert. Wir greifen zu dem letzten, verzweifelten Mittel und nehmen unseren Weg direkt über die Wächtenkante, auf der der Schnee infolge der drüberstreichenden Winde tragfähiger ist. Immer nur einer befindet sich auf dem gefährlichen Gang, indes der andere etwas tiefer in der Südseite einen Sicherungsplatz einnimmt – auf alle Fälle gefaßt. Doch wir haben Glück, die mehrmals meterweit überhängenden Wächten tragen und, wenn auch nicht gerade schneller, so kommen wir doch wenigstens anstrengungsloser vorwärts. Wirbelwinde haben hier die sonderbarsten Wächtenbildungen hervorgebracht, bald hängen sie rechts, bald links über... Die Wolkenwand war vom Bernina bis zur Cristallospitze vorgerückt, und an dem Firngipfel des Ortler war schon mancher Vorposten hängengeblieben... Um 7 Uhr abends war auch der Gipfel des

Ein Gratturm des Ortler.

Unter der Mittagsonne auf dem Wächtengrat des Ortler.

Thurwiesers (3641 m) erreicht... Ein Riß in den Wolken zeigt uns plötzlich den zackigen Hochjochgrat am Ortler, und aus der Hochjochhütte blinkt Lichtschimmer herüber. Und in der letzten Dämmerung können wir zwei kleine schwarze Punkte unterscheiden, die sich vor der Hütte befinden. In banger Erwartung stehen zwei besorgte Bergsteiger dort und halten Ausschau nach uns. Ja, ja, wir kommen schon, habt Dank für eure Spur! Jetzt kann der Sturm losbrechen und der Hagel aus schwarzen Wolken niederprasseln, bald sind wir geborgen! Dunkle Nacht ist's, als wir in weichem Schnee vom Ortlerpaß zur Hochjochhütte wandern, nur selten dringt das fahle Mondlicht durch die sturmgepeitschte Welt. Eine tiefe, fast apathische Ruhe bemächtigt sich unser. Ist es die Müdigkeit, die sich jetzt äußert, jenes Abflauen der Nerven nach der ungeheueren Anspannung des Tages, ist es die stille Ruhe der Glückseligkeit?...

(Deutsche Alpenzeitung, XII, 1912)

Totenkirchl, 2193 m. Im Wilden Kaiser. Teilweise neuer Anstieg in der *Westwand* mit Ausstieg zur dritten Terrasse, von P. Preuß am 22. Juli 1911 allein begangen.
Westwand, Piaz-Führe, G. B. Piaz, J. Klammer, R. Schietzold und F. Schroffenegger am 13. Oktober 1908; V; 4–6 Std. Die Originalführe verläuft mittels mehrerer langer Querungen verwickelt durch den linken (nördlichen) Wandteil. Die Preuß-Variante ist schwieriger und länger (70 m).

Totenkirchl-Westwand.

Guglia di Brenta, 2908 m. Italienisch: Campanile Basso. Felsobelisk im Fulministock der Brenta-Gruppe.
Ostwand, 120 m, IV–V. Die Erstbegehung der Ostwand am 28. Juli 1911 durch P. Preuß ist ein alpines Ereignis. (P. Relly und M. Preuß warten etwa 120 m unterhalb des Gipfels.)

Crozzon di Brenta, 3135 m. Mächtiger Felsaufbau über der Brenteihütte in den Brenta-Dolomiten.
Nordnordostwand, P. Preuß und P. Relly 1911; IV, 800 m, 4–6 Std. Eindrucksvolle Tour in gutem Fels. Im Frühsommer naß. Vom unteren Auslauf der Nord-Eisrinne der Cima Tosa über Wände und Bänder zum Gipfelplateau.

»Der Crozzon ist kein Heimlichkeitskrämer; stolz wie ein Pfau zeigt er gerne seine Schönheit, fast von dem ganzen Weg kann man ihn sehen, und je näher man kommt, desto großartiger wirkt er.« *Paul Preuß*

»Bis zum 28. Juli 1911, dem Tag, an dem Preuß kam, haben 82 Seilschaften mit insgesamt 194 Bergsteigern und Bergführern den Campanile über den Normalweg bestiegen: Otto Ampferer, Karl Berger, Georg Leuchs, Franz Schroffenegger, Rudolf Fehrmann, Angelo Dibona …« *Severino Casara*

Auszug aus dem Gipfelbuch der Guglia di Brenta.

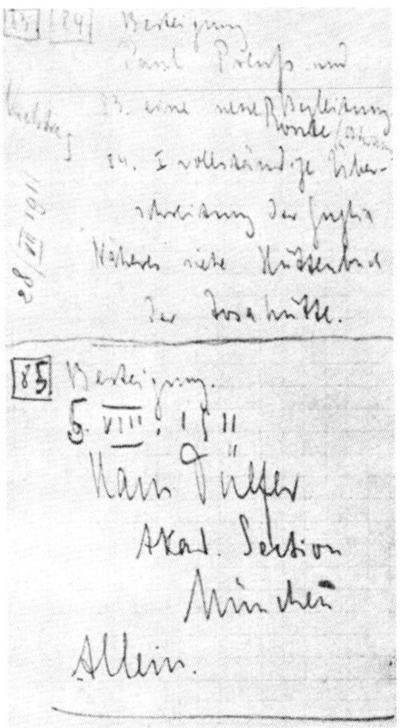

85 Besteigung.
5. VIII. 1911
Hans Dülfer
Akad. Sektion
München
Allein.

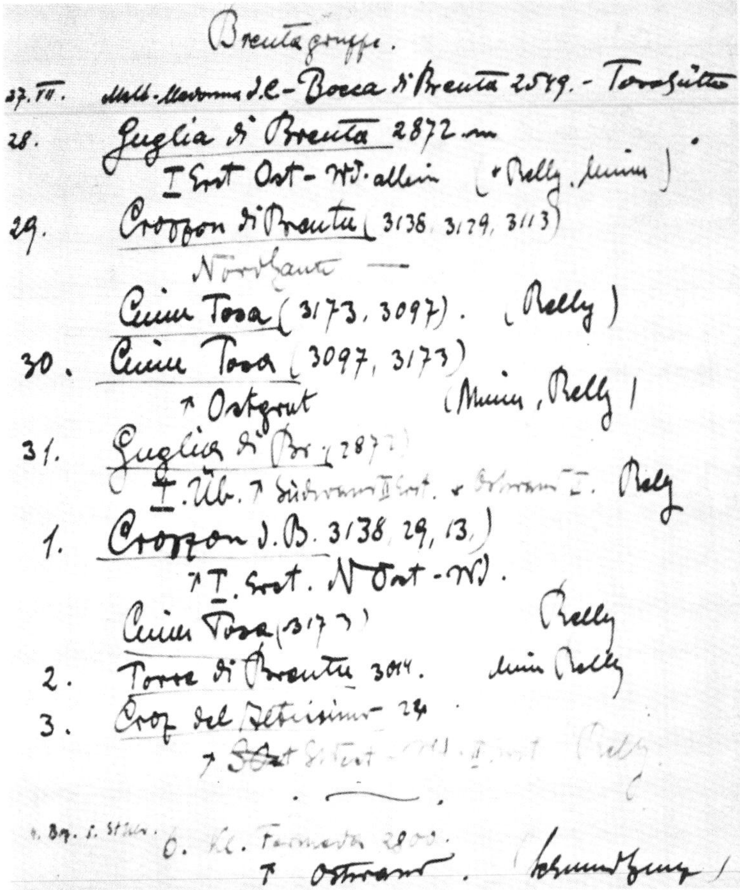

Brentagruppe.
28. Guglia di Brenta 2872 m
29. Crozzon di Brenta (3138, 3129, 3113)
Cima Tosa (3173, 3097). (Relly)
30. Cima Tosa (3097, 3173)
Ostgrat (Minna, Relly)
31. Guglia di Br. (2872)
1. Crozzon d. B. 3138, 29, 13.
Cima Tosa (3173) Relly
2. Torre di Brenta 3014. Minna Relly
3. Croz del Rifugio
6. Kl. Fermeda 2800.
Ostwand. (Schmidkunz)

Guglia di Brenta (Brenta-Gruppe)

Neuer Gipfelanstieg durch die Ostwand

28. Juli 1911, allein. Auf der gewöhnlichen Route bis auf das große Band (auf dem man um den halben Berg herum in die Westseite gelangt). Nach links gegen die Ostkante und wenige Meter rechts von dieser gegen eine gelbe, überhangende Verschneidung hinauf, unter der ich nach rechts in die Wand hinauskletterte. Mit einer rechtslaufenden Schleife in ungemein ausgesetzter Wandkletterei auf eine bandartige Leiste. Nun über steile, zum Teil etwas überhangende Stufen rechtshaltend zu einer gelben Nische (Steinmann mit Karte). Die

darüber liegende Wand weist rechts eine Depression auf, die auf einer schmalen Leiste erreicht wird. 15 Meter gerade hinauf auf ein Band und schräg rechts weiter an die schwachausgeprägte Nordkante. Auf einem Band nach links und dann auf ein höher liegendes Band, das nach links zu einem kurzen schwarzen Kamin führt, durch den der Gipfel erreicht wurde. (Der Kamin kann knapp links an der Ostkante umgangen werden.) Ungemein ausgesetzte, äußerst schwierige Wandkletterei. Wandhöhe ca. 120 Meter, 2 Stunden. Die erste vollkommene Überschreitung der Guglia di Brenta wurde drei Tage später von Paul Relly, Wien, und dem Unterzeichneten ausgeführt. Aufstieg: Südwand (Fehrmann-Route) II. Begehung – Ampfererwand; Abstieg: Ostwand–Bergerwand. *Paul Preuß*

(Mitteilungen des Deutschen und Österreichischen Alpenvereins, Nr. 20, 1911)

Grohmannspitze (Langkofel-Gruppe)

Erste Erstcigung durch die Südostwand (mit Benützung des Johanneskamins)

Mit Walter Schmidkunz – München, 9. August 1911. Vom Sellajoch über den südlichsten Schuttkegel an den Fuß der Wand. Wo die gelben Überhänge unter dem ersten Absatz der Südkante an die graue Plattenwand stoßen, zieht eine Kaminreihe hinauf, die den Anstieg vermittelt. Von links auf einem Band an einem kurzen gelben Kamin vorbei an den Fuß der Kamine, die sämtlich durchklettert wurden. (Der zweite und vierte Kamin lassen sich ohne Vorteil links in der Wand umgehen.) Der fünfte Kamin besteht aus einem ca. 10 Meter langen, glatten, sehr schwierigen Riß, der zu einer kleinen Nische führt. Hier nach rechts 30 Meter horizontal auf einen Vorsprung und weiter, schräg rechts ansteigend, in eine Plattenmulde, die von einem Wasserrinnsal durchzogen wird. Nun entweder links knapp neben dem Wasserlauf oder rechts davon schwierig über Platten hinauf auf das Schrofenband, das bislang den Zugang zum Johanneskamin vermittelte. Durch diese landschaftlich großartige Schlucht, deren Durchkletterung bei günstigen Verhältnissen durch das herabfließende Wasser kaum beeinträchtigt wird, zum Gipfel. Sehr schwieriger, aber sehr zu empfehlender Aufstieg auf die Grohmannspitze; ca. 3 Stunden vom Einstieg. *Paul Preuß*

Grohmannspitze, Fünffingerspitze, Langkofeleck.

(Mitteilungen des Deutschen und Österreichischen Alpenvereins, Nr. 20, 1911)

Crozzon di Brenta von Norden.

Der Crozzon di Brenta – Auszüge

Von Paul Preuß

_____ Die großen Probleme der Ostalpen sind im Aussterben begriffen. Wohl mag noch das eine oder andere abseits von der großen Heerstraße der Alpenwanderer und unerkannt ein beschauliches Dasein fristen bis einmal auch die entlegensten Alpentäler »durchforscht« und »erschlossen« werden, wie man die zu einer Tätigkeit umgesetzte Sensationslüsternheit der sporttreibenden Menge falsch, aber schön bezeichnet. – Was aber am Wege liegt, ist suchenden Augen nicht entgangen, und nur wenige alte Probleme sind noch ungelöst stehengeblieben. Allerdings, auch sie werden allmählich daran glauben müssen, wenn Berufene und Unberufene ihre jämmerlichen Versuche unternehmen, die Gesetze der Natur umzustoßen und mit Hanf und Eisen besseren Ingenieuren ins Handwerk zu pfuschen. Auf diese Art errungene Pyrrhussiege sind nicht jedermanns Sache, und so muß sich denn der arme Alpinist, der auf neuen Pfaden wandeln will, damit zufriedengeben, zu bereits gelösten Problemen neue (sog. bessere) Varianten zu finden, muß großzügige Wandabstürze durch alle vorspringenden Rippen zu neuen »Problemen« differenzieren, und sorgfältiger Kleinkrämerei gelingt es dann, auch heute noch die Zahl der neuen Touren ins Aschgraue zu steigern. So konnte man es in neuerer Zeit erleben, daß vielzackige Grate nicht überschritten, sondern die einzelnen Türme – natürlich mit prächtigen Namen belegt – auf verschiedenen Routen erstiegen wurden, daß manche 15 Meter lange Variante zu langatmigen Artikeln ausgebeutet und manches imposante alte Problem in seine Bestandteile zerlegt und zerzaust wurde ...

Ein sonnig-schwüler Julitag des goldenen Bergsteigersommers 1911 war es, als drei schwer beladene Gestalten eilenden Schrittes sich vor den sengenden Sonnenstrahlen und den ebenso sengenden, neugierigen Blicken des Hotelpublikums von Madonna di Campiglio in den kühlen, schattenreichen Wald retteten, durch den sich der Weg zur Bocca di Brenta schlängelt. Wohl hatte mein alter Freund und Gefährte, Dr. Paul Relly, in neu gelernter Galanterie meiner Schwester Mina ein Paket von ungeheuerlichen Dimensionen, das natürlich Wäsche und Blusen enthielt, abgenommen und in seinem unergründlich großen Rucksack verstaut, wohl hatte auch ich aus brüderlichem Pflichtgefühl ein Paar Schuhe – natürlich mit den Leisten – und einige andere ge- und wichtige Kleinigkeiten übernommen, dennoch hatte die Arme, des Bergsteigens noch wenig gewohnt, die Zentnerlast von 7 Kilogramm an 6 Stunden weit zu schleppen – und all das noch dazu mit ordentlichen Bergschuhen an den Füßen statt der gewohnten Halbschuhe,

»in denen sich's am besten geht", und ein lebensgefährliches Eispickelbaby in der Hand statt des Sonnenschirms! Kein Wunder also, daß sie wie wir mit unseren Kulilasten etwas mißmutig dahinwanderte, die wir zudem auch eine respektable Autoverspätung einzuholen und ein ebenso schlechtes wie teures Mittagessen zu verdauen hatten. – Da traten wir plötzlich aus dunklem Wald auf die schwellenden Wiesen der Brentaalpe

»Von allen Bergen aber, die ich gesehen, von allen Touren, die ich gemacht, werden mir der Crozzon und die zwei Tage, die wir in seinen Wänden verbrachten, zu meinen schönsten Erinnerungen zählen.« *Paul Preuß*

heraus. Vergessen war alles Leid, das wir erlitten, vergessen die Nachtfahrt im überfüllten Zug, die Fliegen im Frühstückskaffee von Trient, der Staub von der Autofahrt, vergessen die Hitze und die Lasten auf dem Rücken, vergessen selbst das schlechte Mittagessen – ein Bild stand vor unseren Augen, wie wir es in gleicher Pracht noch in keiner Gegend der Alpen geschaut: der Crozzon aus dem Brentatal! Soll ich versuchen, mit armen Worten zu schildern, wofür Schneider, Nieberl und Hanns Barth so prächtige Ausdrücke gefunden, was selbst den nüchternen Freshfield in helle Begeisterung versetzte? . . .

Damals, als wir staunend am Fuße dieses Riesenobelisken standen, kam es uns wie eine plötzliche Erleuchtung. Wir hatten die Nordkante betrachtet, als die Worte »schau hier die Wand links davon an« unser Schweigen unterbrachen. Ja, diese Wand, sie ist herrlich! Wo man da wohl hinaufkäme? – Wie immer nach dem ersten Gefühl der erste Gedanke. Verloren ist die Anspruchslosigkeit der ersten Bergsteigerjahre, jene jugendliche Unbefangenheit, die es uns gestattete, uns ohne frevelhaften Gedanken nur dem Eindruck des Großartigen hinzugeben, die das Gefühl allein ohne störende Reflexion ins Unermeßliche steigen ließ. Das Riesenhafte verblüfft nicht mehr, und die einst unbegrenzte Ehrfurcht vor den Bergen wird durch das Verlangen, sie zu überwinden, verdrängt! Wo man da wohl hinaufkäme? »Da, dort«, raunen uns die Gedanken zu, »durch diesen Kamin und über jenes Band, hinter diesen Pfeiler und dort über den Schnee.« Schnell haben die Gedanken alle Schwierigkeiten hinter sich, ein müheloser Sieg ist es, den sie erringen.

Langsam stiegen wir auf schmalem Pfad weiter. Andere Eindrücke, andere Gedanken erfüllten uns. Den glatten Wänden der Fulmini-Gruppe und den eiserfüllten Abstürzen des Cima Tosa waren wir nähergerückt, drohend ragen sie in das schmale, hier oben schnee-erfüllte Tal, dunkel und traurig, so recht ein Gegensatz zu den firnschimmernden Bergen der Adamello-Gruppe, die weit im Westen im rosigen Licht der untergehenden Sonne friedlich dalagen. Die Dämmerung war hereingebrochen, als wir die Bocca di Brenta erreichten. Ein kühler Abendwind strich uns entgegen, und geisterhaft stiegen aus den stillen Tälern Nebelschwaden an den schwarzen Wänden empor. Weit draußen in der Ebene flimmerten kleine Lichtlein auf, fast gleichzeitig mit den Sternen über uns und – war es auch noch so schön an jenem Sommerabend, wir waren doch herzlich froh, als wir müde die Hüttentüre hinter uns schließen konnten.

Campanile Basso (Guglia di Brenta) von Süden.

Dem Campanile Basso und meiner Schwester war der nächste Tag gewidmet. Da sie damals nur für schwere, aber noch nicht für lange Touren geeicht war, war sie von der Erklimmung der schlanken Guglia hinreichend ermüdet, um einen Rasttag zu verdienen. So bekamen Relly und ich gerne Urlaub für einen Besuch auf dem Crozzon, und nachdem die Schwester eindringlichst wegen der großen Eisbären gewarnt worden war, das Areal der Hütte zu verlassen (weil sie nämlich sonst nicht zurückgefunden hätte), verließen wir nach hartem Kampf mit den warmen Decken bei Morgengrauen das gastliche Dach. Einem alten Prinzip getreu, in fremder Gegend nicht gleich mit neuen Touren zu beginnen, ohne vorher die alten klassischen zu kennen, sollte es heute der berühmten Nordkante gelten.

An der Nordkante des Crozzon di Brenta; Blick auf die Cima-Tosa-Nordwand.

Fröstelnd und verschlafen stiegen wir wieder zur Bocca empor und fuhren jenseits über den hart gefrorenen Schnee ab, um, ganz meiner winterlichen Erfahrung entsprechend, unten mit einem sogenannten Bauchtelemark zu enden. Nach der Arbeit kommt das Vergnügen – sagt man –, und deshalb durften wir wohl nach der schneidigen Abfahrt eine Weile über lockeren Moränenschutt laufen, um schließlich unter den Abstürzen »unserer« Nordostwand (denn ganz im stillen hegten wir schon derartige Hoffnungen) die kleine Rasenterrasse am Fuße der Nordkante zu erreichen. – Es war inzwischen heller Tag geworden; neugierig bogen wir um die Ecke, um den günstigsten Einstieg zu suchen; unsere fast kindliche Unkenntnis der alpinen Literatur über die Brenta-Gruppe hatten wir infolge unserer etwas plötzlichen Abreise nicht beheben können, und auch die dürftigen Angaben des Hochtouristen störten unsere Ahnungslosigkeit nicht zu sehr. Und es war gut so!... An mancher großen Wand haben wir die Erfolge dieser Methode erlebt, und wo schon manch andere Partie an Hand detaillierter Beschreibungen durch Suchen nach dem »richtigen« Weg zu stundenlanger Arbeit, ja selbst zu Freilagern gezwungen wurde, sind wir, den Blick nicht durch Details getrübt, sondern aufs Ganze gerichtet, mühelos durchgekommen. Die Route über die Nordkante des Crozzon ist dabei nicht einmal schwer zu finden, wenn man weiß, was wir wußten, daß man sich immer nahe zur Kante halten soll und daß man an griff- und trittlosen Wänden heutzutage noch immer nicht klettern kann.

So wurden die Nagelschuhe in den Rucksäcken verstaut, die Proviantbeutel erleichtert – die Magen beschwert –, der Kodak geladen und das Seil entwirrt; dann stiegen wir über ein kleines

»Die Fingerspitzen waren durchgeklettert, Leukoplast mußte helfen, ›was mir wohl auch der strenge Kritiker nicht als Verstoß gegen meine Theorien über künstliche Hilfsmittel anrechnen wird, da ich das Leukoplast mit der Klebeseite nach innen benützte‹.« *Paul Preuß*

Schneefeld zu einem Kamin an der Westseite, und die Turnerei begann! Das heißt – kann man es Turnen nennen? Dieses Drängen und Schieben zwischen nassen und moosigen Wänden, dieses Konglomerat von sinnwidrigen Arm- und Beinverrenkungen, dieses Hängenbleiben mit den prallen Säcken und Ausgleiten mit den nassen Sohlen? Ist nicht jeder Stemmkamin und jedes ähnliche Ungeheuer ein mehr oder weniger einwandfreier Beweis dafür, daß auf dem Weg vom Affen zum Menschen viel von der eleganten Kletterfähigkeit jener Rasse verlorengegangen ist? Ich habe wenigstens im untersten Kamin des Crozzon unzweifelhaft nachgewiesen, daß meine »Hose Eisenfest« ebenso vergänglich war wie die »unzerreißbaren Bilderbücher« meines sechsjährigen Neffen... Rasch gewannen wir an Höhe, da wir das Seil nur an schwierigeren Stellen benützten, sonst aber, jeder wo es ihm paßte, bald neben-, bald übereinander anstiegen. Mit Rücksicht auf unsere Rucksäcke vermieden wir natürlich sorgfältigst alle nicht unbedingt nötigen Kamine, und jene Vorliebe, die wir beide für Wandkletterei haben und die eine Frucht unserer Lehrjahre in den schönen kaminfreien Ennstaler Bergen ist, sie kam uns hier vorzüglich zustatten. Ohne es zu wissen, vermieden wir so, obwohl wir stets an der Kante blieben, die schwere Kaminarbeit, von der Klammer und Nieberl berichten, und mit mehr Glück als Verstand scheinen wir die leichtesten Varianten an der Nordkante gegangen zu sein... Wir wichen dem letzten Steilaufschwung der Nordkante links aus, und Schlag 12 Uhr, 5 Stunden nachdem wir morgens Hand an die Felsen gelegt hatten, betraten wir den Gipfel des Crozzon...

Zwei Tage vergingen, bis wir abermals an den Crozzon denken konnten. Eine famose, in unverschuldeter Unkenntnis der fünfzehn bisherigen Begehungen ausgeführte »Erstersteigung« der Cima Tosa über den Ostgrat füllte den ersten aus, am zweiten krabbelten wir wie die Ameisen an der lieben Guglia herum, die es sich gefallen lassen mußte, auf zwei völlig getrennten Wegen überschritten zu werden. Unsere Fingerspitzen waren zwar von der langen Tourenserie nicht viel weniger zerfetzt als die Kletterschuhe, doch weil es wieder dem Crozzon gelten sollte, sah man über alle Leiden hinweg. Die Sextener wurden mit starker Schnur geflickt, die Finger mit Leukoplast verklebt... Wir hatten unsere Wand genau studiert, von der Guglia aus wie von der Bocca di Brenta, von der Cima Tosa und der Nordkante – und über die einzuschlagende Route war uns keine Unklarheit und nur eine Ungewißheit geblieben. Der Schlüssel der Ersteigung war uns in einem Winkel hinter einem schwachen Pfeiler verborgen geblieben, der als einziger den obersten glatten Wandgürtel durchbrach. Und jene Ungewißheit bereitete uns auf unserem heutigen Wege helle Freude. Ich habe oft von den

Sorgen der Erstersteiger gelesen, von der Angst, die sie empfanden bei dem bloßen Gedanken, »es könnte nicht gehen«, von dem Zittern vor dem Abstieg als Besiegte! Doch ich muß gestehen: Vielleicht ist mir dadurch manch schönes Gefühl, manch wertvoller Einblick in das eigene Ich verlorengegangen – doch Angst oder Sorgen habe ich dabei nie empfunden, nur Interesse, Spannung sind es, die mich auf neuen Wegen begleiten... Düster und steil stand hinter uns die mächtige Nordwand der Cima Tosa und raubte uns wie eine Kerkermauer das liebe Himmelslicht. Mehr als einmal hörten wir drüben Steine poltern, und mit nicht ganz behaglichen Gefühlen dachten wir daran, daß wenige Tage vorher G. B. Piaz sich einen schwierigen und gefährlichen Weg durch ihre eiserfüllten Schluchten gebahnt hatte... In gleicher Höhe wie unser Rastplatz an der Kante befanden wir uns hier und konnten uns so recht den Eindrücken hingeben, die wir von dem Unterschied der beiden Touren empfingen. Dort eine lustige Kletterei auf luftiger Höhe, dem Himmel nahe und der Erde entrückt, frei nach allen Seiten; ein Sinnbild der Endlichkeit ist uns die Kante. Hier jedoch, in gottverlassener Riesenwand, eine düsterschwere Umgebung; von allen Seiten wölben sich die Wände herein, um sich hinter den Überhängen in der Unendlichkeit zu verlieren. Schwer drückt das Unbegrenzte auf Gemüt und Stimmung: der Kante geben der Himmel und die Sonne das Gepräge, der Wand die Erde und der Schatten.
Lange ließ uns die Spannung vor dem kommenden Teil der Tour nicht rasten, und bald bogen wir neugierig um die Ecke des Wulstes, hinter dem wir den erfolgbringenden Kamin erhofften. Und leichter als wir es erwarteten ging es weiter!...

(Deutsche Alpenzeitung, XII/2, 1912)

»Nur wenig schwerer als die Kante, an Höhe etwas kürzer, der Zeit nach eine Stunde länger, war die heutige Bergfahrt gewesen.« *Paul Preuß*

Croz dell'Altissimo, 2339 m. Der höchste Berg einer kleinen Untergruppe der Brenta-Dolomiten bricht mit einer 1000 m hohen Wand ins Val delle Seghe ab. Von Molveno zu erreichen. Haupt- und Nordwestgipfel bilden einen Pfeiler.
Südwestwand, A. Dibona, L. Rizzi, G. und M. Mayer 1910, III, einige Stellen IV und V+, 1000 m, 5–8 Std. 1911 gelang P. Preuß mit P. Relly die 2. Begehung dieser großartigen Route, die damals zu den schwierigsten Bergfahrten überhaupt zählte. In der unteren Wandhälfte führt die Route in der großen Schlucht zwischen den beiden Gipfeln empor, dann nach rechts an die Kante des Pfeilers des Hauptgipfels.

Croz dell'Altissimo von Süden.

»Eine doppelte Überschreitung der Fünffingerspitze war uns in der kurzen Zeit von sechs Kletterstunden gelungen, ohne daß wir diesen Berg von früher her gekannt hätten. Auch den Nordweg kennenzulernen, was uns nicht allzuviel Zeit gekostet hätte, versagte uns ein neidisches Geschick.« *Paul Relly*

Grohmannspitze mit der Preuß-Route (links der Waldmitte) und Fünffingerspitze.

Grohmannspitze, 3126 m. Mächtige Felspyramide überm Sellapaß, Dolomiten.

Südostwand, Ganzer Wanddurchstieg 600 m, IV–V+, 5–7 Std. P. Preuß und W. Schmidkunz 1911. Der meist wasserdurchronnene Johanniskamin wurde bereits 1890 von J. D. Rogers mit G. und L. Bernard durchklettert, wobei der Zugang zum großen Terrassenband in der Mitte der Wand genommen wurde. Preuß und Schmidkunz stiegen die Doppelwand ungefähr in der Fallinie der Mündung des Johanniskamins. Lange und im unteren Wandteil sehr schwierige Tour.

»Die beiden Mauerhaken, die ich allen Theorien zum Trotz fürsorglich in die Joppentasche gesteckt hatte, klapperten so vorlaut, daß Preuß mit wahrer Unglücksmiene anregte, ich möchte doch die Haken einzeln verstauen, das Klirren der Eisen wäre ein Geräusch wie das Gebimmel des Armesünderglöckleins vor der Hinrichtung.«
Walter Schmidkunz

Innerkoflerturm, 3098 m. Massiger Felsaufbau mit steil nach Süden hin abfallenden Steilwänden.

Rizzikamin, Südwand, V, 5–7 Std., Höhenunterschied 500 m; G. und M. Mayer mit L. Rizzi und G. Davarda 1908. Diese Kaminkletterei ist einzig in ihrer Art und wurde von P. Preuß 1911 zum erstenmal wiederholt. Der Rizzikamin ist der östlichste und längste der drei Kamine, die die Südwand durchreißen. Originale Stemmstellen vom Kamingrund bis an die Außenkante. Der Kamin ist fast durchwegs feucht und von Dohlenmist beschmutzt. Der erste gewaltige Überhang wird links, der zweite rechts umgangen. Die Kletterei im Rizzikamin ist ein großes Erlebnis.

»Als nächste Tour machen wir die Höllentalklamm!« Paul Preuß

Die Überschreitung der Langkofel-Gruppe, vom Sellajoch zum Sellajoch, am 17. August 1911 gehört zu den größten Touren von P. Preuß. Die erste Überschreitung von Langkofel, 3181 m – Aufstieg Nordostpfeiler – Langkofeleck, 3069 m – Abstieg Südostwand – Fünffingerspitze, 2996 m – Aufstieg Variante zur Daumenscharte; Abstieg Südwestgrat – Grohmannspitze, 3126 m – Aufstieg Enzensperger-Weg; Abstieg Südostwand – ist heute noch eine Gewalttour für jeden Dolomitenkenner.

»Wenn uns Jungen auch wirklich der Rekordteufel ein wenig im Blute steckt, ein Gutes hat er doch sicher: Er lehrt uns wieder zur alten Fahne schwören!«
Paul Preuß

Delagoturm, 2790 m. Der Delagoturm, als dritter der südlichen Vajolettürme, erscheint als unwirkliche Gestalt. Vom Laurinspaß wirkt er mit seinem 500 m tiefen Wandabsturz ins Purgametsch kühn und feingliedrig.

Nordwestwand, IV–V, 7 Std., 500 m, F. Schroffenegger und F. Wenter 1910. Von P. Preuß in Begleitung anderer Seilschaften seilfrei begangen, 3. Begehung. Großartige Führe. Von der Hanikker-Schwaige in 1½ Std. zum mauerglatten Nordwestabsturz des Delagoturmes. Die Plattenflucht der unteren Rampe wird schräg nach links aufwärts geklettert. Ein Riß leitet schräg nach links in die Kaminreihe, die von der Delagoscharte herabkommt.

Südwestkante (»Delagokante«), IV-, 2 Std., 120 m, Irma Glaser mit G. B. Piaz und F. Jori 1911. Diese außerordentlich ausgesetzte

Rosengarten; Laurinswand mit Vajolettürmen von Norden.

»Preuß, unangeseilt, stieg einmal vor, einmal hinter der Seilschaft, wobei er mit unglaublicher Geschwindigkeit kletterte, als ob er in einem Münchner Park spazierenginge.« Tita Piaz

Kantenkletterei hat P. Preuß 1911 allein wiederholt, 2. Begehung. Vom Gartl zuerst rechts der eigentlichen Kante, dann über die scharfe Kantenschneide zu einem bequemen Absatz. Gegen den Gipfel zu verbreitert sich die Kante.
Preußkamine, V-, 1 Std., 60 m, P. Preuß, Mina Preuß und P. Relly. Diese Variante zur Normalführe benützt die Kaminreihe in der Fallinie der oberen Delagokamine. Schwieriger und ausgesetzter als die Normalführe.
Die Überschreitung der südlichen Vajolettürme, von Preuß mehrmals bewältigt, gehört zu den klassischen Dolomiten-Touren. IV–V, 3–5 Std. Es ist Geschmackssache, in welcher Richtung die Überschreitung zu bevorzugen ist.

Die drei südlichen Vajolettürme.

»Meinem Empfinden nach bietet gerade der Grasleitenkessel einen wohltuenden Gegensatz zur vielgerühmten Gartlschlucht mit dem Zackenkranz der Vajolettürme. Mir kommt es immer so vor, wie wenn sie keine Berge wären, diese dünnen Nadeln und Spitzen, die durch Feinheit der Einzelheiten und Eigenart der Form das ersetzen müssen, was ihnen die Natur an Großzügigkeit versagte; ein bunt zusammengewürfelter Rest ehemaliger Berge, die uns nur ein Bild für die Vergänglichkeit alles Irdischen, nicht aber für die Ewigkeit der Natur sein können.« Paul Preuß

Stabelerturm, 2805 m. Der höchste der drei südlichen Vajolettürme.
Südwand, Fehrmann-Führe, IV, 2 Std., R. Fehrmann und O. Perry Smith 1908. Diese elegante Kletterei hat P. Preuß als erster wiederholt. Die Führe benützt die Kaminreihe, die von der Gipfelscharte zwischen Haupt- und Vorgipfel durch die ganze Südwand herabzieht.

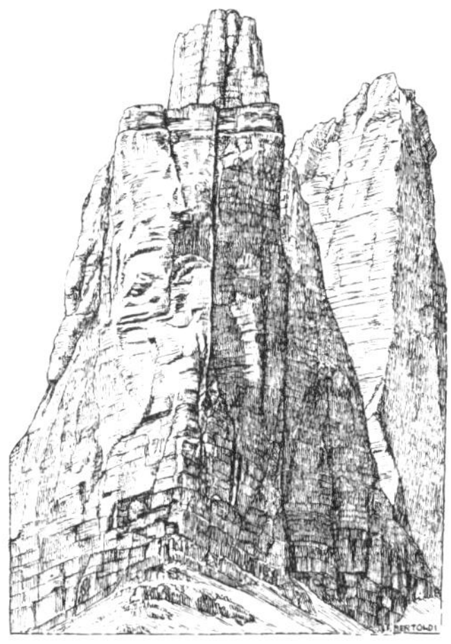

Kleinste Zinne vom Paternsattel mit dem markanten Preußriß.

Kleinste Zinne, 2700 m. Dieser Felszacken lehnt sich an die Punta di Frida. Selbständiger Gipfel. Lohnend ist seine Überschreitung, die P. Preuß 1911 als erster durchführte. Die Kleinste Zinne wird wegen dem berühmten Preußriß oft auch Preußturm genannt.
Preußriß (Nordostwand), IV-V, 2–3 Std., P. Preuß und P. Relly 1911. Der Kleinsten Zinne ist gegen den Paternsattel ein kleiner Felsbau vorgelagert. Über diesen und eine schwierige Wand nach links zur Mündung des eigentlichen Preußrisses. Nach zwei Seillängen zu einem Überhang und nach ihm durch den vertieften Kamin zum Gipfel.
Normalführe (durch die Schlucht, die von der Scharte zwischen Punta di Frida und Kleinster Zinne gegen Süden abfällt), IV, 2 Std. Von P. Preuß und P. Relly 1911 im Abstieg erstmals begangen. Nur als Abstieg bei der Überschreitung von Interesse.

»Wenn ich ein Diplomat wäre, könnte ich jetzt sagen, daß ich weiterkomme, indem ich die Karrieresprossen zweier Staaten benutze, die von Österreich und die von Italien.« Paul Preuß

Kleine Zinne, 2856 m. Kühne Nadel im Stock der Drei Zinnen. Besonders von Norden bietet ihre schlanke Gestalt einen schönen Anblick. Alle Anstiege auf die Kleine Zinne sind schwierig, alle Anstiege sind ausgesetzt. Als klassische Dolomitenkletterei gilt die Überschreitung der Kleinen Zinne. P. Preuß führte 1911 mit P. Relly erstmals eine Doppelüberschreitung aus.
Ostwand, V, 3½ Std., A. Witzenmann mit S. Innerkofler und J. Rieder 1906, mit Seilhilfe von der Schulter aus. Erste freie Erkletterung des großen, oberen Überhanges durch K. und E. Kiene 1909. Als Ostwand bezeichnet man den Absturz von der Schulter, das ist die Verbindung des Gipfelturms der Kleinen Zinne mit dem südlichen Vorgipfel.
Nordwand (Originalführe), IV, 3 Std., H. Helversen mit S. und V. Innerkofler 1890. Außergewöhnlich elegante Kletterei.
Nordwand (Fehrmannkamin), V, 5 Std., R. Fehrmann und O. Perry Smith 1909. Schwieriger als die alte Führe. Sehr steil und ausgesetzt. Diese Führe benützt den in der Nordwand tief eingerissenen Kamin.
Südwestwand, Normalführe, III, 1½–2 Std., M. und J. Innerkofler 1881.

»Totes Gebirge. Trisselwand (1773 m). Erste Ersteigung über den Westpfeiler mit Fräulein Grete Löw und Bergführer Hans Hüdl, Aussee, am 4. Oktober 1911.« *Paul Preuß*

Die Trisselwand (auch Trisselberg, Trisselkogel) mit Neuschnee.

Trisselberg, 1755 m. Steile Wandflucht im Toten Gebirge, die 500–600 m hoch gegen das Becken von Altaussee abbricht. Der markante Westpfeiler (Preußpfeiler) trennt die Südwestwand von der eigentlichen Westwand.

Westpfeiler, IV–V, bis Gipfel etwa 600 m, 4–6 Std., P. Preuß, Grete Löw, H. Hüdl 1911. Teilweise brüchig, Latschen, steiler Rasen. Einstieg am tiefsten Punkt des Pfeilers. Über eine große, zerrissene Platte und rasendurchsetzte Risse hinauf zu einer doppelteiligen Höhle. In einer Schleife nach rechts zu einem Latschenfleck und in verwickelter Linie am stumpfen Pfeiler weiter zum Hauptgipfel.

Die Trisselwand – Auszüge

Von Paul Preuß

_____ Den unheimlichen Reiz, den der tiefschwarze Altausseer See ausübt, darf man wohl in erster Linie jener grauen, düsteren Plattenwand zuschreiben, die drohend auf die grünen Wälder seiner Ufer herabschaut, der Trisselwand. Der See mit der Wand, sie bilden eines der herrlichsten Schaustücke des steirischen Salzkammergutes, und es ist kein Wunder, wenn Volksmund und Sage sich in lebhafter Weise mit der Ersteigung und den Ersteigungsmöglichkeiten der Trisselwand abgeben...

Es lockte mich schon seit mehreren Jahren, den ungeheuren Pfeiler, der vom Gipfel senkrecht absinkt, direkt zu ersteigen und so einen vollkommen geraden Anstieg durch die Wand auszuführen. Doch mein Vorhaben mußte lange aufgeschoben werden, bereitete mir doch das Auffinden eines geeigneten Einstiegs große Sorgen, und da ich diesen endlich entdeckt hatte, da wußte ich ja noch immer nicht, ob nicht eine mauerglatte Wandzone, die man im oberen Teil des Pfeilers bemerkt, alle Angriffe zurückschlagen würde. Als endlich am 2. Oktober dieses Jahres reichlicher Neuschnee die Wand bedeckte und alle Vorsprünge dadurch auch vom Tale aus sichtbar wurden, entdeckte ich zu meiner größten Freude auch einen schmalen Schneestreifen, der von links nach rechts den ganzen glatten Wandteil durchzieht. Nun war mein Entschluß schnell gefaßt, und bereits zwei Tage darauf, nachdem die warme Sonne den Neuschnee hatte veschwinden lassen, saß ich mit Fräulein Dr. Grete Löw und dem Ausseer Führer Hans Hüdl, meinem alten Freund und Tourenbegleiter, frühmorgens am Fuße der Wand, und sehnsüchtig sahen wir über den Pfeiler hinauf; wollten wir doch heute den entscheidenden Versuch wagen, dessen Ausgang man nicht wissen konnte.

Fast am tiefsten Punkt des Pfeilers stiegen wir ein. Die einzig mögliche Stelle ist es, eine graue große, von grasdurchsetzten Rissen durchfurchte Wand, sonst bricht der Pfeiler überall überhängend ab. Leichter als wir es gedacht hatten, erreichten wir schräg nach links kletternd eine doppelteilige Höhle und etwas über ihr eine Krummholzterrasse, die man vom Tal aus als dreieckigen dunklen Fleck sieht. Noch zahlreiche Gemsspuren waren hier zu sehen, ein deutlicher Beweis dafür, daß es noch eine leichtere Aufstiegsmöglichkeit zu der Terrasse geben muß: Dies ist auch tatsächlich der Fall, denn ganz von links können die flüchtigen Tiere über verhältnismäßig leichteres Terrain hier heraufsteigen. Vom oberen Ende dieses Krummholzfleckes schwingt sich der Pfeiler mit einer steilen, glatten Kante in die Höhe. Hier gibt es kein Weiterkommen, doch wir steigen wenige Schritte in die linke Schlucht ab und klettern dort recht schwierig durch plattige Kamine in die Höhe. Ein schriller Pfiff ertönt plötzlich, wir sehen auf und bemerken weit drüben hoch in der Wand unter dem Jägerkreuz ein Rudel Gemsen, und in tollen Sätzen springen die Tiere davon. Bis dort hinauf unter die mauerglatte gelbe Wand können Gemsen und Menschen steigen, weiter auf keinen Fall – ein Beweis dafür, daß die Sage vom Jägerkreuz vielleicht doch einer wirklichen Begebenheit ihre Entstehung verdankt.

Raiffschneider Schwierigkeit V+
Paul Preuß Schwierigkeit IV
Reinl Schwierigkeit III
Stüger Schwierigkeit IV
Hofer Schwierigkeit IV+
Edelbauer-Wach Schwierigkeit V
Haim-Raudaschl Schwierigkeit IV+

»1912 Westpfeiler (Wegänderung), 24. Juli 1912, Rudolf Redlich und Mina Preuß, IV.«
Jahrbuch des OeAV, 1967

Während wir noch staunend die kühne Geschwindigkeit der Gemsen bewundern, tönt ein unheimliches Surren durch die Luft, pfeifend schlagen die Steine neben uns auf und jagen in kühnen Sprüngen weiter über die Wand hinab. Wir haben unter dem Übergang rasch Deckung gesucht, doch mahnt uns der Vorfall zur Eile, denn wie die Sonne den Schnee, der im obersten Teile der Wand noch zwischen den Krummholzästen liegt, auftaut, beginnt auch die Steinschlaggefahr, und alle Steine, die oben losgehen, müssen durch unsere Schlucht. So eilen wir denn so schnell als das schwierige Terrain es erlaubt weiter, und am Ende der Kamine, die sich schraubenförmig um die Kante des Pfeilers winden, erreichen wir bei einem Schartel wieder den vorderen Rücken des Pfeilers und gleichzeitig auch den Fuß jenes glatten Wandgürtels, der mir so bedenklich erschienen war. Doch was ich bei Schneebelag gesehen hatte, war richtig; ein steiles, grasdurchsetztes Band führte durch die

senkrechte Wand hinauf zu einem vorspringenden Kopf, von dem aus wir stets im schwierigsten Terrain, nämlich in brüchigen und grasdurchsetzten Felsen aufwärts klettern konnten. Langsam kamen wir vorwärts, erheischt doch die Gefahr sowie auch das Gehen zu dritt große Vorsicht. Von unvergleichlicher Schönheit ist auch hier der ununterbrochene Tiefblick auf den See, dessen Oberfläche von dem stürmischen Ostwind stark bewegt war; die Brandung konnten wir bis herauf hören und mit freiem Auge die weißen Schaumkronen der Wellen sehen. Das Terrain drängte uns allmählich weiter nach rechts an die östliche Kante des Pfeilers, und dort, wo wir eigentlich keine Schwierigkeiten mehr erwartet hatten, dort zeigte es sich erst, wie falsch menschliche Berechnungen sein können. Wieder galt es, einen steilen Wandabbruch zu erklettern, was ich zuerst etwa 50 Meter von der Kante entfernt, bei einer grauen Nische versuchte. Allein vergeblich; die Wand ließ sich nicht zwingen, einige Meter kam ich hoch, dann konnte ich die nächsten Griffe kaum mit den Augen sehen, geschweige denn erreichen oder benützen. Ich stieg wieder zurück, und wir querten auf brüchigem Band nach rechts an die Kante. Wieder ging es einige Meter gerade hinauf, und nur 3 Meter noch trennten mich von der rechts anscheinend leicht kletterbaren Kante. Allein auch hier war kein Griff und kein verläßlicher Tritt zu sehen; wohl hätte ich weit hinüberlangend rechts einige Griffe erreichen können, doch konnte ich von der Entfernung nicht beurteilen, ob sie mein Gewicht auch tragen würden. So stieg ich abermals zurück, während Hüdl durch einen überhängenden Riß an der Kante, den er für kletterbar hielt, sein Glück versuchte. Allein seine wie auch meine Versuche scheiterten an dieser Stelle. Traurig saß »Greterl« unten und dachte mit Schrecken schon an das bevorstehende Freilager und die Umkehr. Noch einmal stieg ich zu der Traverse empor, wieder mit demselben Resultat. Ja, wenn ich wüßte, ob der Griff, den ich dort drüben erreichen kann, wenn ich mich ganz schief hinüber lehne, auch hält?
»Schlag dir einen Mauerhaken ein«, ruft Hüdl herauf, und so ungern ich zu solchen Mitteln greife, so muß ich mich doch damit abfinden. Gar so leicht war auch diese Tätigkeit nicht, und erst nach längeren Manipulationen, nachdem ich zwei Haken eingetrieben hatte, gelingt der schwere Schritt. Alles atmet auf, »Greterl« ist wieder lustig und fragt nur mehr mit heimlicher Sorge, ob es denn oben auch weitergehe. »Ganz schön«, lautet die Antwort, und umso fröhlicher gehen beide die Reise an. Bald stehen wir wieder vereint, dann klettern wir über ein mit Krummholz besetztes Band nach links und erreichen oben eine Kaminreihe, die uns nunmehr in leichter Kletterei an das obere Ende des Neunerbretts und somit auf die alte Route bringt. Ein Stein ist uns allen vom Herzen gefallen, und

»Während Paul auch zu Zeiten seiner erfolgreichsten Kletterfahrten immer gerne bereit war, auf eine Wald- und Wiesenwanderung zu gehen, war Mina nur interessiert, wenn es sich um eine sportliche Leistung handelte.«
Edi Schaar

»In dieser steilen Passage soll angeblich Preuß die beiden einzigen Haken seines Lebens geschlagen haben. Zwar nur kräftige Bilderrahmenhaken, aber immerhin doch Haken.« Erich Neubauer

mit lautem Jauchzen feiern wir den so schwer errungenen Sieg. Im Laufschritt geht es den Grat hinauf, nur der früher erwähnte Abbruch erfordert noch einige Aufmerksamkeit.
8½ Stunden sind seit unserem Einstieg vergangen, schwere Stunden der Arbeit, und doch können wir uns auf dem Gipfel nicht einmal zu längerer Rast niederlassen. Haben wir doch nur mehr eine Stunde Tageslicht, um zum Sattel zu gelangen, und nicht einmal eine Laterne bei uns, da wir ja die Rucksäcke unten gelassen hatten. In unseren zerfetzten Kletterschuhen eilen wir über das Plateau, das stellenweise ½ Meter hoch mit Schnee bedeckt ist. Hier, wo die Sonne nur mit schiefen Strahlen auffällt, hat sie nicht mehr die Kraft, die großen Schneemengen wegzutauen, und die Nässe dringt uns überall ein; doch was tut's? Der Erfolg hat uns ja Recht gegeben, als wir die Wand versuchten, und ob wir mit nassen oder trockenen Füßen heimkehren, das ist uns gleich...

(Steirische Alpenpost, 27, Nr. 48, 2. 12. 1911)

»Hochwanner-Nordgrat: Sehr schöne, lange Klettertour.«
Paul Preuß

Großer Ödstein, 2355 m. Die Ödsteinkante gehört zu den berühmten Genußklettereien im Gesäuse.
Nordwestkante, IV–V, 800 m, 4–6 Std. Sie galt nach ihrer Erstbegehung am 25. August 1910 als »bedeutendste Tour im Gesäuse«. Nach den Erstersteigern, A. Dibona, L. Rizzi und die Wiener Brüder G. und M. Mayer, war sie an Schwierigkeit in den Ostalpen unübertroffen. P. Preuß führte mit P. Relly 1911 die zweite Begehung durch, wobei er zwei Varianten beging. Heute noch gilt sie als großzügige, ernste Bergfahrt. Originaleinstieg am tiefsten Punkt der Nordwestkante. Preußeinstieg etwa 100 m weiter oben im Ödsteinkar. Zur Kante und entlang der Kante, meist links oder rechts von ihr im leichteren Gelände zum Steilaufschwung (Schlüsselstelle). Die Schwierigkeiten konzentrieren sich auf einen 70 m hohen Steilaufschwung im Mittelteil. Hier mehrere Möglichkeiten. Der Preußquergang ist eine Millimeterarbeit für Tänzer. In einer Reihe von Kaminen und Bändern zum Gipfel.

Hochwanner, 2746 m. Der Hochwanner, Hauptgipfel des westlichen Wettersteinkammes, bietet eine großartige Aussicht. Die 1400 m hohe Nordwand weist schwierige Anstiege auf.
Nordwestgrat, IV-, 7–8 Std., P. Preuß und Th. Wetlesen 1913. Der sich unter dem Gipfel spaltende Grat und dessen nördlicher Ausläufer zwischen Hinterer Gumpe und Partnachfall gibt die Aufstiegsrichtung.

Kleiner Wanner, 2547 m. Zweite Begehung des Nordostgrates durch P. Preuß im Juni 1913.

Die Nordkante des Großen Ödsteins
Auszüge

Von Paul Preuß

»Am 25. August 1910 gelang es der Kletterkunst Angelo Dibonas aus Cortina mit Luigi Rizzi aus Campitello als zweiten Führer und mit Guido und Max Mayer aus Wien, den Ödstein direkt von Norden zu ersteigen.« Paul Preuß

——— Wenn ich nach sommerlichen Bergfahrten in den verschiedensten Gruppen der Ostalpen im Herbst wieder in die engere Heimat zurückkam, hatte ich stets die Empfindung, daß die Ennstaler Berge und besonders das Gesäuse an Schönheit und Großartigkeit der Touren alles andere, was ich gesehen, übertreffen. Mag sein, daß dies eine Art von Lokalpatriotismus ist, sind uns Bergsteigern doch immer die Berge besonders fest ans Herz gewachsen, in denen wir die Schönheiten der Bergwelt zum ersten Male empfunden, in denen wir unsere ersten zaghaften Schritte gemacht, unsere ersten Niederlagen und ersten Erfolge eingeheimst haben ...
Auf dem heute schon wieder »nicht mehr ungewöhnlichen Wege« der Zeitungsnotiz erfuhren damals auch wir, Freund Paul Relly und ich, von jener Tour und wir glaubten auf Grund einer Reihe von schwierigen Dolomitenfahrten, die uns im Sommer 1910 geglückt waren, die moralische Berechtigung zu einem Versuch der damals »schwersten Tour der Alpen« zu haben ... Von kalten, dunklen Herbstnebeln umgeben, stiegen wir damals durch das Haindlkar auf, um in das Ödsteinkar zu gelangen. Doch dies ist leichter gesagt als getan. Da keiner von uns den Weg kannte, Dunkelheit und Nebel zudem jeden Überblick verhinderten, verließen wir das Haindlkar viel zu früh und befanden uns, nachdem wir uns mühselig 4 Stunden in unwegsamen Hochkaren herumgetrieben hatten, um 10 Uhr morgens tief unten im Ödsteinkar, wohl 2 Stunden vom Einstieg entfernt. Wir stiegen natürlich wieder zu Tal, und unsere letzte Hoffnung ward in dem Neuschnee, der tags darauf fiel, für das Jahr 1910 begraben.
Der nächste Sommer wurde nicht müßig verbracht, und die Erfahrungen, die wir bei einer fast systematischen Wiederholung der schwersten Dolomitenfahrten gesammelt hatten, ließen uns mit ungleich größerer Ruhe und mit Selbstvertrauen im Herbst 1911 wieder an die Verwirklichung unseres Planes gehen. Die Tour war noch immer nicht wiederholt worden ...
Ein wütender Nordsturm drang in unser einsames Kar, krachend und ächzend bogen sich die Bäume unter seinen Stößen. – Die alte, leider oft vergessene Regel Hermann von Barths, die beste Querverbindung zweier Täler möglichst hoch zu suchen, wurde diesmal von uns fast zu gut beobachtet. Durch die vom Sturm geschüttelten Krummholzwälder überstiegen wir auf Gemsfährten auf- und absteigend den vom Nordgrat des

Ödstein-Nordkante:
– – – – Mayer-Route;
· · · · · Preuß-Variante;
** * * * Redlich-Variante.*

»Der Große Ödstein, direkt über seine Nordseite, ist an ideellem Wert wohl gleichgestellt dem Problem, das z. B. einst die Marmolada-Südwand darstellte.«
Paul Preuß

Ödsteinkarturms ausgehenden Rücken und erreichten so das Ödsteinkar. Ein nie geschautes, herrliches Bild entrollte sich vor unseren Augen. Ein ungeheurer, plattengepanzerter Riese ist der Große Ödstein, und wie ein mächtiger König von vielen großen Trabanten umgeben ist, so schwingen sich auch mit gewaltigen Wänden mächtige Gipfel und Türme bis fast zur Höhe des Ödsteins auf...
Ohne jedes Gepäck, in Kletterschuhen, mit 30 Meter Seil und 20 Meter Reepschnur, mit großen Erwartungen und wenig Hoffnung, einem Päckchen Schinken und zwei Rippen Schokolade, guter Laune und unterdrückten Sorgen stiegen wir in die Felsen ein. Nur mein kleiner Kletterpickel ward noch mitgenommen, da wir nach den Neuschneefällen der vergangenen Woche Vereisung befürchteten... In Anbetracht der ungünstigen Wetterlage sollte unsere heutige Tour nichts als eine Rekognoszierung werden, die nur unter besonders günstigen Umständen zur Vollendung ausgedehnt werden sollte. Höchste Vorsicht war es heute, sich so einzurichten, daß wir durch nichts

»Man wird uns vielleicht vorwerfen, daß wir das wichtigste Gebot des Alpinisten, nur in guter Ausrüstung zu gehen, diesmal übertreten haben.« *Paul Preuß*

gehindert würden, bei eintretendem Wettersturz die größtmögliche Geschwindigkeit zu entfalten. Wir wußten weiters genau, daß sich uns auf der Tour selbst nur *ein* besonders schweres Hindernis entgegenstellen würde, und hielten darum auch ein mäßiges Klettertempo ein – Kraft sparen war die Losung...

Sogleich der Einstieg, ein etwas brüchiger Riß, muß wohl als schwierig bezeichnet werden. Doch derjenige, dem hier im unteren Teil der Tour schon Schwierigkeiten unliebsam auffallen, tut besser daran, gleich umzukehren; er wird um eine Erfahrung und eine Enttäuschung ärmer bleiben. – Ein breites, gemütliches Band und eine Reihe von Rissen und Kaminen führen dann vollends an die luftige Kante hinauf, deren wirkliches Vorhandensein man nur, wenn man daran steht, erkennen kann oder vom Tal aus bei abendlicher Beleuchtung, wenn die tief im Westen stehende Sonne die düsteren, beschatteten Nordwände scharf von jenen abtrünnigen Teilen des Hochtor-Nordwandzuges trennt... Die Kante vor uns verschärft sich allmählich zu einem brüchigen Grat, den wir gleichzeitig kletternd überwinden. Mit fürchterlich gleichmäßiger Neigung bricht links die berühmte Ödstein-Nordwandplatte ab, glatt und unnahbar. Bald sind wir dort angelangt, wo ihre oberste, westliche Ecke an die Kante stößt und diese jäh in der mauerglatten Wand ihr Ende findet. In einem kleinen Schartel, von dem aus der Abbruch ansetzt, rasten wir einige Zeit. Das Wetter ist unverändert geblieben, und so entschließen wir uns, die Tour vollends durchzuführen.

Wenn ich manchmal gefragt werde, was mir im allgemeinen als die schwersten Kletterstellen vorkämen, so pflege ich zu antworten: »Überhänge in freier Wand und Quergänge.« Eine schöne Vereinigung dieser Bestandteile bot das nun folgende Stück der Tour. Ein aus der Wand vorspringender Wulst muß an seiner niedrigsten Stelle überklettert werden, und um dort hinzugelangen, ist ein heikler Quergang unter stark abdrängenden Überhängen auszuführen. Das Klettern »an mauerglatter Wand ohne Griff und Tritt«, von dem man so oft lesen kann, habe ich trotz vieler Versuche nie lernen können. Es waren also auch hier Griffe und Tritte vorhanden. Das Schwierige lag eben hier wie bei jeder anderen Kletterstelle darin, Stützpunkte für das Eigengewicht des Körpers möglichst in seiner Fallinie zu finden und sodann mit Hilfe der Körperkraft selbst hochzukommen, ohne durch ungünstige Stellungen einen Kraftverlust eintreten zu lassen. Jede schwierige Kletterstelle muß studiert werden, etwa so, wie wenn ein Schüler Schillers »Lied von der Glocke« auswendig lernen will, das er auch nur Schritt für Schritt und nicht auf einmal behalten kann. Und wie ein schlechtlernender Schüler, wenn er eine neue Strophe lernt, immer das ganze Gedicht von Anfang an wiederholt, so *soll*

»Dieser Hang wurde anläßlich der 3. Begehung der Nordkante durch R. Redlich und J. Stefansky im August 1912 ebenfalls überklettert, schräg nach links, dann wieder das begangene Terrain erreicht. Die Schwierigkeiten entsprachen denen des unteren Überhanges.« Paul Preuß

man auch beim Studium einer Kletterstelle immer wieder vom Anfang anfangen, bei mehreren Versuchen immer wieder zum letzten Rastpunkt zurückkehren, die Versuche selbst aber nie so weit ausdehnen, bis man nicht mehr weiter kann und keuchend und pustend zurück *muß*... Ich will den Reiz des Abenteuerlichen, die Liebe zu Schwierigkeiten und Gefahren und meine Freude an körperlich technischen Leistungen nicht mit ästhetischen Gefühlen zu bemänteln suchen, deren Bedeutung bei anderen Gelegenheiten neben und über den sportlichen Gefühlen bei mir und bei den anderen Bergsteigern mir wohl bekannt ist. Wer mir aber erzählen will, daß er bei der Überwindung großer technischer Schwierigkeiten stets und immerdar an das Kunstwerk, das die Natur in seiner Umgebung aufgestellt hat, denkt, den halte ich für ein Wunderkind oder für einen äußerst phantasievollen – Dichter. Ich bin ehrlich genug, zuzugeben, daß ich bei schweren und schwersten Kletterstellen auf meine landschaftliche Umgebung vergessen kann und meine Freude an den rein sportlichen Gefühlen, die jede Höchstleistung erzeugt, finde... Und die Art der Gefühle sucht man heute krampfhaft zu unterdrücken oder mit einer ungesunden Atmosphäre von Heuchelei und gekünstelten Empfindungen zu umgeben. Auch diese Gefühle haben einen Kulturwert, der nur von jenen bestritten wird, die keine Befreiung aus den Fesseln eines doktrinären Kulturbegriffs finden.

Relly kam schnell, aber unter Schmerzen nach: Die übermäßig weichen Sohlen seiner Gummiturnschuhe verfehlten ihre Wirkung auf seine Fußsohlen nicht, zumal, da biegsame Kletterschuhsohlen bei längerem Verweilen auf kleinen Tritten krampf- und schmerzhafte Verdrehungen in der Fußstellung bedingen. Wir sahen uns nach dem Weiterweg um, den die Erstersteiger nach rechts genommen haben, wo sie in schwerster und kompliziertester Arbeit ab- und aufsteigend schließlich einen Ausstieg aus dem Abbruch fanden, den sie als schwerste Stelle der Tour bezeichneten. Allerdings fehlte ihnen vielleicht für die Schwierigkeiten des unteren Überhanges der richtige Maßstab, da sie ihn, wie wir später von ihnen erfuhren, mittels Steigbaums überwunden hatten (was aus ihrem Tourenbericht nicht zu entnehmen war). Wir unternahmen nun den Versuch, durch Querung der obersten Ecke der Riesenplatte zu unserer Linken die leichteren oberen Wandpartien zu erreichen. Ein Versuch, schräg nach links aufwärts durchzukommen, endete unter einem gewaltigen Überhang, ein zweiter Versuch, unmittelbar von der vorerwähnten Nische aus horizontal nach links die Platte zu queren, war dafür von Erfolg begleitet. Dieser ungewöhnlich ausgesetzte, 20 Meter lange Quergang gehört in meiner Erinnerung wohl mit zu den eindruckvollsten Stellen... Die Kante selbst, die man beim großen Abbruch verlassen hat,

»Wie ein lichtblaues Band durch goldenes Mädchenhaar schlängelt sich sonst die Enns durch die grüne Landschaft.« Paul Preuß

wird nicht wieder betreten. Man gewinnt durch eine Reihe von Kaminen, Rissen und Bändern rasch und ohne übermäßige Schwierigkeiten an Höhe... 30 oder 40 Meter westlich vom Gipfel betraten wir den Grat und nach 5 Stunden schweren, aber genußreichen Ringens lag der Ödstein zu unseren Füßen...

(Mitteilungen des Deutschen und Österreichischen Alpenvereins, Nr. 21, 15. November 1912)

»Der intime Reiz der Ennstaler Berge liegt in ihrem gleichbleibenden Charakter bei der stets wechselnden Szenerie.«
Paul Preuß

Öfelekopf, 2490 m. Ostgipfel. Zweite Begehung des Ostgrates durch P. Preuß im Juni 1913.

Mitterkaiser, 1913 m. *Nordgipfel, Nordwand.* Die der Griesner Alm gegenüber aufragende Nordwand des Mitterkaiser ist durch eine mächtige Schlucht (Griesner Kamin oder Preußschlucht) in zwei Hälften geteilt.
Diese *Nordschlucht* ist eine großartige Felstour, stellenweise V, großteils IV und III, Wandhöhe ca. 800 m, Kletterlänge über 1200 m, 6–9 Std., P. Preuß (allein) am 10. Juni 1913. Interessante und anspruchsvolle Freikletterei. Selten wiederholt. Im Spätsommer und Herbst oder nach längerer Trockenperiode bessere Verhältnisse. Die Führe leitet durch den von der Griesner Alm gut sichtbaren, auffallenden Schluchtkamin. Das riesige Höhlendach wird rechts umgangen.
Paul Preuß hat bei der ersten Begehung 1913 die ideale Route gefunden und diese in den Mitteilungen des Deutschen und Österreichischen Alpenvereins (39, 1913) als »Griesener Schlucht« beschrieben. Später wurde das Höhlendach direkt überklettert.

»Mitterkaiser, Griesener Schlucht: Anstrengende und sehr schwierige Klettertour.«
Paul Preuß

Die Preuß-Touren in den Westalpen, großteils in der Montblanc-Gruppe, sind nicht bedeutend, trotzdem von Interesse.

Aiguille Gamba, 3050 m. Erste Begehung durch P. Preuß und U. di Vallepiana im Juli 1913.

»Es war ein Vergnügen zuzuschauen, wie Preuß eine schwierige Wandpartie überwand; wie er rhythmisch weiterging, einen Meter um den anderen, alle Griffe prüfend, umkehrend, wenn er sich müde fühlte und es ihm nicht sicher zu sein schien, und immer im vollkommenen Gleichgewicht seines harmonisch entwickelten Körpers.«
Günther Freiherr von Saar

Aiguille Jos. Croux, 3221 m. Zweite Begehung des Südgrates durch P. Preuß im Juli 1913.

L'Innominata, 3721 m. Erste Begehung des Südostgrates durch P. Preuß im Juli 1913.

Aiguille Savoie, 3628 m. Erste Begehung über den Südostgrat durch P. Preuß im Alleingang am 1. August 1913. Auch 1. Überschreitung.

Pointe des Papillons, 3679 m. Erste Besteigung im Alleingang des Hauptgipfels über den Westgrat durch P. Preuß am 2. August 1913.

Aiguille Roug de Triolet, 4311 m. Erste Begehung des *Südgrates* durch P. Preuß im Alleingang am 3. August 1913. *Linker Gipfel.* Erste Besteigung durch U. di Vallepiana und P. Preuß.

Punta Isabella, 3708 m. Erste Begehung des Südgrates durch U. di Vallepiana, P. Relly und P. Preuß am 5. August 1913.

Paul Preuß am Ende einer schwierigen Anstiegspassage in der Donnerkogel-Gruppe.

Aiguille Blanche de Peuterey, 4108 m. Kühner Gipfel der Montblanc-Gruppe im Süden des Hauptgipfels. Am 27./28. August 1913 Erstbegehung des Südostgrates durch P. Preuß, Bonacossa, Prochovnich.

Dames des Anglais, 3604 m. Erste Begehung des Südostgrates durch P. Preuß im August 1913.

Erste Überschreitung der Donnerkogel-Gruppe im Dachstein durch Paul Preuß

Niederer Strichkogel, 2010 m. Formenschöner, turmartiger Gipfel.

Ostwand, -IV, 1¼ Std. Erste Begehung und erste Überschreitung.
Nordwestlicher Strichkogel, 2026 m. Dem Hauptkamm zwischen Hohem Strichkogel und der Sulzengrießenscharte entragender Gipfel. Erste Besteigung.

Übergang vom Hohen Strichkogel, 2034 m. -III, 20 Min. (ZDÖAV 1914/227), Überschreitung des Haupt- und Nordwestgipfels.

Steinriesenkogel, 2012 m. Im Hauptkamm zwischen Gaißriesenscharte im Osten und Sulzengrießenscharte im Südosten. Überschreitung.

Großer Donnerkogel, 2054 m.
Nordwestgrat, III, 1 Std., Felshöhe 180 m; im Abstieg; (ZDÖAV 1914/225). Alles P. Preuß und G. v. Saar, 15. September 1913.

Scharwandeck, 1964 m. Erste Ersteigung von Norden, erste Begehung zur Scharwandspitze (2170 m). P. Preuß, G. v. Saar, H. Reindl im September 1913. (Mitteil. des D.-Oe. A.-V.)

Wasserkarturm, 2050 m. Eine der wildesten Felsgestalten des Gosaukammes. Er steht gegenüber dem Scharwandturm am Nordeingang zum romantischen Wasserkar.
Ostwand, IV, 1 Std., P. Preuß 17. September 1913 (Jb. SB 1913). Kurzer schwieriger Anstieg. Preuß führte gleichzeitig die erste Überschreitung durch.

Däumling, 2322 m. Kühne Felssäule, die an das Niedere Großwandeck angelehnt und mit diesem durch die schmale Däumlingscharte verbunden ist. Nach drei Seiten stürzt der Däumling mit etwa 450 m hohen, glatten Plattenwänden ab. Der schwierigste Berg des gesamten Dachsteingebirges! Erste Besteigung durch P. Preuß und G. v. Saar am 18. September 1913 über die Nordwand und die Südkante.
Nordwand, IV, 3½ Std., 450 m. Steile und ausgesetzte Kletterei. Aus dem untersten Armkar an der Ostseite des »Daumenballens« zum Beginn der Nordwandkamine und weiter zur Däumlingscharte. Weiter über die *Südkante,* IV, ½ Std. Anstieg aus der Däumlingscharte.

Freyaturm, 1991 m. Dem großen Donnerkogel vorgeschobener Felspfeiler. Nur schwierig erreichbar.
Nordostkante, IV+, 3½ Std., Felshöhe 550 m, P. Preuß und A. Steinmaier am 28. September 1913 (ÖAZ 1914/169, ZDÖAV 1914/226). Ausgesetzte Kletterei. An der Ausmündung des Donnerkogelgrabens zum Fuß des Vorbaues. Über Schrofen und eine 6 m hohe Wand und rasendurchsetzten Fels in ein Schartl. Rasendurchsetzte Schrofen wechseln mit schwierigen Kletterstellen. P. Preuß führte gleichzeitig die erste Überschreitung aus.

Schafkogel, 1967 m. Formschöner Gipfel. Von Norden als dreizackiger Felsturm erkenntlich.
Von *Norden,* -IV, 1 Std., P. Preuß am 29. September 1913 (Fb. HH).

»Däumling: Prachtvoller, wie aus einem Guß geformter Obelisk, nordöstlich des Niederen Großwandecks.« *Paul Preuß*

»Während des erwartungsvollen Aufwärtsstürmens traf mein Blick zufällig auf ein offenes, schon ganz verrostetes Taschenmesser, und bald darauf stießen wir auf einen morschen Rucksack, dessen Inneres eine Menge von Seilschlingen barg. Da sehe ich im Geiste einen einsamen Bergsteiger hoch oben auf schmalem, schwindeligem Grat. Er schneidet eben einen Seilring. Plötzlich entfällt ihm das Messer – er bückt sich danach – gleitet aus – und stürzt in einem Fall bis in die steile Schlucht.« Erwin Hein

Rechter Teil des Gosaukamms.

»Fast durchwegs sehr schwierige, ungemein ausgesetzte Kletterei.«
Paul Preuß

Schartenmandl, 2134 m, auch Gosaumandl genannt. Kühner, 44 m hoher, nadelartiger Felsturm inmitten der tiefen Mandlscharte. Erste Besteigung durch P. Preuß am 29. September 1913 über die Nordwestwand im Aufstieg-Abstieg ohne Abseilen.
Nordwestwand-Südkante, IV+, ¾ Std., P. Preuß am 29. September 1913 (Fb. HH). Vom Klemmblock über drei aufeinanderfolgende Überhänge und Quergang nach rechts in die Südwestwand bis an die Südkante. Durch die Verschneidung empor auf die Nordschulter. Quergang an die Südkante und über diese zum Gipfel.

Hohes Großwandeck, 2402 m. Erste Besteigung über den *Südgrat* durch P. Preuß am 30. September 1913; -IV, 3 Std. Direkt vom Gipfel zieht die Südkante abwärts. Ausgesetzte Kletterei.

Nördlicher Mandlkogel, 2251 m.
Nordkante, IV, 3 Std., Felshöhe 250 m (E. Hein und K. Schreiner, 8. September 1923; Bgst. 1923/155, Bgst. 1924/37). Von P. Preuß am 3. Okt. 1913 im Alleingang versucht, wobei er dann aus ungeklärter Ursache tödlich verunglückt ist. Die scharfgeschnittene, in die Gamsriese abstürzende Nordkante bietet eine elegante Felskletterei. Logische Linie, Ausgesetztheit, gutes Gestein zeichnen sie aus. Die Kante über dem Schrofensockel gliedert sich in zwei markante Teile. Der untere, etwa 150 m hoch, ist lotrecht; der obere, etwa 100 m hoch, ist geneigt. Der erste wird links der Kante, der obere rechts der Kante erklettert.

Frühsommerreise um den Grasleitenkessel
Auszüge

Unveröffentlichte Schilderung aus dem Nachlaß
von Paul Preuß

Am Kesselkogel.

——— Etwas früh im Jahr fuhren Walter Schmidkunz und ich über den Brenner, weil wir es nicht erwarten konnten, Dolomitenfels unter den Fingern zu haben. Als wir des besseren Schlummerns halber die Schlaf-, Hütten- und Kletterpatschen anziehen wollten, da entdeckte ich zu meinem Entsetzen, daß ich die geliebten »Unentbehrlichen« daheim gelassen hatte. In den Dolomiten ohne Kletterschuhe, das ist etwa wie taub im Konzertsaal oder blind im Zirkus. Auch meines Begleiters Freude über den Besitz und das tatsächliche Vorhandensein seiner Kletterschuhe war keine ungetrübte. – Das Gedränge an der Vorverkaufskasse des Münchner Hoftheaters zur Festspielzeit kann nämlich auch nicht größer sein als das Gedränge, in dem sich seine Zehen in der zu engen Bekleidung befanden. Er hatte die Kletterschuhe seiner Frau eingepackt an Stelle seiner eigenen... Auf wohlbekanntem, abwechslungsreichem Weg stiegen wir in den Nachmittagsstunden zur Grasleitenhütte hinan... Der nächste Tag war dem Grasleitenturm gewidmet. Ich hatte einmal gelesen, daß jemand den Delagoturm mit zerschmetterter Schulter und, wie ich glaube, gebrochenem Genick, aber dennoch lebend bestiegen habe. Da war ich für den Grasleitenturm eigentlich noch viel zu gesund und

»Der Grasleitenkessel ist wohl der schönste Teil dieser Dolomitengruppe, jener Teil, in dem man noch den Eindruck von Großartigkeit der Felsformation gewinnen kann, einer Großartigkeit, die ja sonst in König Laurins arg zerzaustem Rosengarten selten zu erschauen ist.« Paul Preuß

Grasleitenturm von Süden mit Masoner- und Mühlsteigerkamin.

bedauere es noch heute lebhaft, daß meine zu geringen Verletzungen die Tour als minderwertig erscheinen lassen müssen. Wie immer bei der ersten Bergfahrt im Jahr packten wir so ziemlich alles von der dümmsten Seite an. In der Hütte beschlossen wir, noch die Überschreitung des Grasleitenkammes auszuführen, und nahmen daher unser Gepäck mit. 20 Minuten später, beim Einstieg, waren wir schon faul geworden, dachten, mit dem Grasleitenturm allein auch genug zu haben, und ließen das Gepäck unten. Natürlich haben wir es dann nach der dennoch ausgeführten Überschreitung wieder holen müssen!

Fröhlich machten wir uns an die Arbeit. Zuerst wurde der Mühlsteigerkamin durchklettert, dann erst der Masonerkamin, weil man nämlich leider bei keinem Berg gleich in halber Höhe mit der »besseren Hälfte« anfangen kann. Ich kletterte im Masonerkamin möglichst weit außen und blieb an einer engen Stelle natürlich auch außen stecken. Der Rucksack mit dem Apparat ahmte mein Beispiel in der Mitte des Kamines nach, während Schmidkunz, der sich ganz nach innen verkrochen hatte, nach mannigfachen anscheinend sehr schmerzhaften Verdrehungen in einem fast Preßsack-ähnlichen Zustand wieder herauskam. Dennoch behauptete jeder von uns, den Kamin an der besten Stelle durchklettert zu haben...

In Wind und Nebel waren wir von der westlichen auf die mittlere Grasleitenspitze gelangt. Vergeblich spähten wir nach dem richtigen Abstieg zur Scharte vor der letzten, nordöstlichen Grasleitenspitze und, da wir auch aus der Beschreibung nicht klug werden konnten, versuchten wir aufs Geratewohl unser Glück an der Stelle, die uns am vorteilhaftesten schien. Die Wand war hier noch reichlich mit Schnee und Eis bedeckt, vielfach von Schmelzwasser überronnen, kurz, kein Vergnügen für unsere kletterschuhbewehrten Füße. Einige Abseilschlingen, die wir wie gewöhnlich an den überflüssigsten Stellen fanden und unserer Sammlung einverleibten, belehrten uns, daß wir uns auf einer »Abstiegs«-Route befänden, deren Begeher allerdings zu jenen zu gehören schienen, die für ihre Faulheit oder Unfähigkeit beim Klettern im Abstieg in der Seiltechnik ein dürftiges Surrogat gefunden haben. Bald hatten wir uns auch überzeugt, weder auf der richtigen noch der besten Route zu sein, die anscheinend den nördlicheren Teil der Wand durchzieht.

Doch da wir nun schon einmal so weit waren, wollten wir den Kelch bis zur Neige leeren. Umkehren war nie unsere Sache. Bis etwa 15 Meter über die Scharte ging es auch recht gut, dann hörte aber anscheinend alles auf. Ich weiß nun nicht, ob ich es Prinzipientreue oder Eigensinn nennen soll, daß ich mich um keinen Preis in die Scharte abseilen wollte. Jedenfalls verbrach-

»Die Kontrastwirkung zwischen den üppigen grünen Wiesen und den grauroten Wänden, die ganz unmotiviert, ohne entsprechenden Untergrund und Aufbau als gewaltige Felskolosse im Grünen stehen. Das Paradoxe in dieser Anordnung, die Widernatürlichkeit der Formation, sie sind es, die uns in den Dolomiten erfreuen, wenn auch die Harmonie des Hochgebirges hier verlorengegangen ist.« *Paul Preuß*

Am Kesselkogel.

ten wir einige Zeit damit, einen kletterbaren Weg zu suchen. Nach einigem Zureden gelang es mir auch, den Freund in ein zweideutiges Loch, unter dem wir einen Kamin vermuteten, hinabzuhetzen. Mit Anwendung von einiger Gewalt zwängte er sich voll Aufopferung durch den engen Schlund und verschwand. Schon schien die Sache zu gelingen, als aus seinem gepreßten Brustkasten röchelnd die Meldung kam, daß seine Beine bereits fröhlich in der frischen Luft strampelten. Dennoch zwängte er sich noch ½ Meter tiefer, dann aber blieb er endgültig mit irgendeinem vorstehenden Körperteil – ich glaube es waren die Backenknochen – in dem Spalt stecken und war weder willig noch mit Gewalt tiefer zu bringen.

Als er glücklich wieder oben war, schien er um einige Zentimeter schmäler und dafür um so länger geworden zu sein. In letzter Stunde fanden wir dann einen Ausweg, und durch einen regelrechten Wasserfall kamen wir ohne größere Schwierigkeiten, zwar vor Nässe triefend, aber in Stolz schwelgend, daß das Seil nicht aus dem Rucksack gekommen war, in die letzte Scharte. Hier waren alle klettertechnischen Schwierigkeiten der Tour hinter uns. Dafür mußten wir aber jetzt mit vollkommen durchweichten Schuhen über brüchige Schrofen, Schutt und schließlich auch noch im Schnee die nordöstliche Grasleitenspitze überschreiten, wobei sich Schmidkunzens zu kleine Kletterschuhe ganz besonders auszeichneten. Meinem Rat, sich die Zehen abzuschneiden, wollte er nicht folgen, und so blieb ihm nichts anderes übrig, als die schönen neuen Schuhe vorne kreuz und quer zu zerschneiden um »seinen gedrängten Gefühlen Luft zu machen«. Das Abfahren vom Molignonpaß ohne Pickel in den zerfetzten Patschen ging schnell, wenn auch nicht immer in einwandfreier Haltung vor sich, und als wir wieder Fels und Geröll unter uns hatten, da glich der Heimweg des Freundes, dessen Zehen hungrig aus den Schuhen guckten, eher einem Eier- oder Schwerttanz als einer Bergtour...

(Deutsche Alpenzeitung; XVI, 1920)

Rosengartenspitze-Ostwand, Schnitzelkamin.

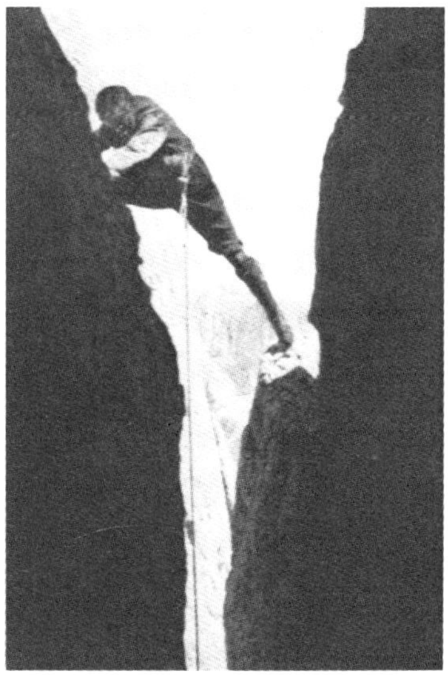

Winter

Skitouren von Paul Preuß – seine Skiüberschreitungen

Dreiherrenspitze, 3499 m. Gipfel der Venediger-Gruppe. Erste Skiersteigung durch P. Preuß und W. Schaarschmidt 1912.

Gran Paradiso, 4068 m. Höchster Gipfel der Grajischen Alpen. Erste Skiersteigung durch W. v. Bermuth und P. Preuß 1913.

Wildlahnertal, im Hintergrund der Fußstein.

»Als erster hat er die heute noch gültige, schönste hochalpine Skiabfahrt vom Gran Paradiso eröffnet.« Luis Trenker

»Das ›Steinerne‹ Meer, ein trostloser, trauriger Name! Er kann nur im Sommer entstanden sein, von Menschen gegeben, die den Winter und seine Freuden nicht kannten und die es nicht sehen konnten, wie der Schnee dieser Landschaft Leben und Fröhlichkeit gibt.« Paul Preuß

Eine Überschreitung des Steinernen Meeres
Auszüge

Von Paul Preuß

——— »Saalfelden«, der heisere Ruf des Schaffners weckt uns, die wir auf den harten Bänken des Wiener Nachtschnellzuges 8 Stunden lang unserem Ziel entgegengefahren waren. Was? Schon Saalfelden? Schnell, aussteigen!! Halb träumend werfen wir unsere gesamte Ausrüstung einzeln bei den Waggonfenstern auf den Bahnsteig heraus: Skier, Stöcke, Rucksäcke, die Gummimäntel, auf denen wir gelegen, die Wäschesäckchen, unsere Kopfkissen, Proviantdosen und alles andere, was kunterbunt auf den Bänken und in den Gepäcknetzen zerstreut lag, dann stürzen wir selbst in höchster Eile noch in Hemdärmeln aus dem überheizten Waggon in die schneidend kalte Nacht hinaus. Schon braust der Zug davon – er kann ja ruhig fahren, ich habe nur ein Taschenmesser und die Schneehaube drinnen

liegengelassen. Von einem mitleidsvollen Stationsdiener unterstützt, klauben wir unsere Habseligkeiten wieder zusammen, dann wandern wir dem Ausgang zu. Daß ich eine alte Eintrittskarte in den Zirkus Schumann statt der Fahrkarte abgegeben habe, hat der verschlafene Portier auch nicht bemerkt.
Eine freudige Überraschung harrte meiner vor der Türe: Paul Relly, mein Freund und Gefährte, hatte in einer Anwandlung von Geldüberfluß, verbunden mit Faulheit einen Schlitten vorausbestellt; ungeduldig scharrten bereits die Pferde, während der Kutscher, um sich zu wärmen, die Arme wie Windmühlenflügel durch die Luft schlug. Wir hüllten uns in die schweren Decken und »dösten« weiter. Klirrend und klingelnd ging es auf der vereisten Straße in Winkelzügen durch die alte Stadt, dann kamen wir ins freie Land hinaus; die Schlittenbahn wird weicher, nur leise knirscht der Schnee unter den Kufen. Weit breiten sich die überschneiten Felder rechts der Straße aus, bläulich schimmern sie im schwachen Licht des letzten Mondviertels; zur Linken aber ragen düster beschattet die schroffen Felswände des Steinernen Meeres grotesk verzerrt in den Himmel.

Steinernes Meer und Watzmann von der Buchauer Scharte.

Nach einer Stunde Fahrt haben wir die kleine Ortschaft Alm erreicht. Aus den angelaufenen Scheiben des Wirtshauses schimmert schon Licht, eine willkommene Mahnung an ein warmes Frühstück.
Als wir frisch durchwärmt und gestärkt wieder vor die Türe traten, da war es, fast plötzlich wie immer im Winter, schon Tag geworden, und das goldene Kreuz auf dem überschlanken grünen Kirchturm von Alm funkelte im blaßblauen Wintermorgen.

»In Worten die Schönheit der Aussicht zu schildern, wäre vergebliche Mühe. All die Hunderte bekannter und unbekannter Gipfel, die wir sahen, aufzuzählen, würde Seiten füllen.« Paul Preuß

Auf ausgefahrenen Ziehwegen wanderten wir durch ein enges Tal in die Buchau hinein. Steil führte dann der Weg in Serpentinen durch den Wald hinan auf die Höhe eines Rückens, der sanft ansteigend an das Massiv des Steinernen Meeres heranführt. Über den sanften, welligen Hängen des Hundsteins war inzwischen die Sonne erschienen und überflutete mit goldenem Licht die mit Neuschnee beladenen Wälder. Tief bogen sich die Zweige unter ihrer schweren glitzernden Last, und langsam zogen wir eine feine gewundene Spur durch die schütteren Wälder. Bei einem Jägerhaus hielten wir Rast; schon sahen wir weit hinein in das Herz der Kitzbüheler Alpen, in jene weißen, sanft geneigten, freien Hänge, bei deren Anblick jedes Skiläufers Herz jubelt... »Der einfachste Weg, eine Versuchung loszuwerden, ist, daß man ihr nachgibt«, schrieb einst Oskar Wilde, ohne Skifahrer zu sein. Nun, wir gaben unserer Versuchung nach, schnallten die »Seehunde« ab, ließen unsere Rucksäcke liegen, und ein fröhliches tolles Jagen durch dick und dünn begann, bis die schönen Hänge, ihrer jungfräulichen Unberührtheit beraubt, von Schwung- und Sturzspuren durchfurcht waren. Dann aber fiel uns mitten im fröhlichen Treiben wieder ein, daß wir auch mit einer anderen Absicht gekommen waren; unwiderstehlich erstand in uns wieder der Wunsch, zu den Höhen hinaufzusteigen, die sonnenglänzend auf uns niedersahen...

Die letzten Steilhänge stiegen wir zu Fuß an, die Schönfeldspitze zu unserer Linken rückte näher und näher, immer enger wurde der Streifen leicht gangbaren Terrains zwischen dieser und den hereindrängenden Wänden der Manndlköpfe: Tief

Aussicht vom Breithorn auf Schönfeldspitze und Hochkönig.

Schönfeldspitze von der Buchauer Scharte.

unter uns lag schon das Tal, und hinter den sanften Linien der Vorberge tauchten mit majestätischer Gewalt die Riesen der Hohen Tauern auf. Ganz plötzlich nimmt die Neigung ab, eine sanfte Welle ist noch zu überschreiten, und dann stehen wir auf der Scharte (2281 m). Ein breites welliges Plateau liegt vor uns, in ein Meer von Licht getaucht, Mulde reiht sich an Mulde, Hügel an Hügel; und alles von den glitzernden Schneemassen bedeckt, nur selten findet das Auge Ruhe an dunklen Felsen oder an einzelnen sturmverkrüppelten Bäumen. Nur weit im Hintergrund bleibt der Blick an einer massigen Berggestalt haften, die wie aus bodenloser Tiefe dem Himmel zustrebt, am Watzmann, dessen von weißen Bändern durchzogene Ostwand abschreckend, aber doch so verlockend herüberschaut. Wir bleiben lange in der Scharte sitzen; wohl wissen wir, daß man das Steinerne Meer in einem Tag überschreiten kann, doch wozu eilen, wenn man Zeit zum Genießen hat...

Ein Spiel mit der »Gefahr der Gefahr« war unser Weg über den Königssee, vielleicht ein Spiel mit der Gefahr selbst, doch möchte ich ihn nie und nimmer in meiner Erinnerung vermissen, den herrlichen Abend, an dem wir beide mit gleichen Gedanken, mit gleicher Besorgnis und gleicher Freude auf schwankender Brücke den schönsten Alpensee überschritten!

(Deutsche Alpenzeitung 1912/13/II, Nr. 21, Februar 1913)

Zwei Skitouren im Gebiet des Spannagelhauses – Auszüge

Von Paul Preuß

——— Der 22. April 1911 begann mit einer kalten, sternenklaren Nacht, mit Ostwind und steigendem Barometer. – Kind, was willst du noch mehr? Damals, als ich mit Freund Walter Bing um 3.30 Uhr früh schlaftrunken in Steinach am Brenner dem Münchner Schnellzug entstieg, hätten wir gewünscht, daß der Weg von Steinach über St. Jodok nach Kasern um 3 Stunden kürzer, unsere Rucksäcke um 10 Kilogramm leichter und die untere Schneegrenze um 500 Meter tiefer wären... Leider konnte ich auf dem langen Weg meine so oft erprobte Kunst, im Gehen zu schlafen, nicht zur Ausführung bringen, da der Weg doch zu viele Unebenheiten und Windungen aufwies... Der Tag hatte gehalten, was der Morgen versprochen hatte, und kein Wölkchen trübte die Fernsicht. Unter den glühenden Strahlen der Sonne ließen wir uns auf einem aperen Plätzchen etwas oberhalb des Joches zur Mittagsrast nieder. Unaufhörlich donnerten von allen Seiten die Lawinen nieder, und insbesondere die gegenüberliegende kühne Hörndlspitze (2647 m) schien ein ganzes Magazin davon auf Lager zu haben. Doch alle meine Versuche, sie im Bilde festzuhalten, sind leider so ziemlich mißlungen.

Ein weiter Weg war es noch bis zum Spannagelhaus. Zuerst eine genußreiche Abfahrt zum Punkt 1985 der Alpenvereinskarte, dann ein ermüdender Anstieg unter der Gletscherzunge der Gefrorenen Wand nach links hinauf, dann über die Moränenhänge, zum Teil dem Sommerweg folgend, in langen Serpentinen zum Unterkunftshaus, das man ja schon lange vorher

Gefrorene Wandspitze vom Aufstieg auf den Riffler.

von unten sieht. Mit einem Jauchzer warfen wir um 2 Uhr vor der Hütte unsere schweren Säcke nieder und machten uns an die Untersuchung des für Wintertouristen bestimmten Raumes, der alten Weryhütte. Nun, für ganz bescheidene Ansprüche genügt sie, und bei schönem Wetter hat ja auch kein echter Bergsteiger unbescheidene...
Nach einer feuchtfröhlichen Nacht – durch alle Fugen der Decke floß nämlich Schmelzwasser aus dem Dachraum der Hütte in Strömen auf uns herab – brachen wir am nächsten Morgen um 7 Uhr auf und stiegen über den noch hart gefrorenen Gletscher gemächlich hinan. Den großen Eisbruch der Gefrorenen Wand ließen wir rechts, einen kleinen Gletscherbruch links liegen und steuerten durch die nicht allzu steilen Gletschermulden dem oberen Teil des Gletschers zu, auf dem uns die ersten Sonnenstrahlen trafen. Immer gewaltiger stieg im Hintergrund der Olperer in die Höhe, immer tiefer sanken hinter uns die Tuxer Voralpen. Wie geblendet von der unendlichen Fülle von Schönheit und Licht blieben wir stehen, als wir vom Riepensattel aus, den wir nun erreichten, hinüber in den Zillertaler Hauptkamm blicken konnten. Heute, da all die Zillertaler Riesen ein rotgoldenes Morgengewand angelegt hatten und kein neidisches Wölkchen uns den Ausblick verdarb, heute konnte ich erst den Jammer jenes Tages ermessen, an dem wir – Freund Relly und ich – vier Monate früher bei Schneesturm und Nebel einen Pyrrhussieg über das Mösele (3480 m) erzwungen und mit halb erfrorenen Gliedern wieder zur Berliner Hütte gelangt waren. Heute war es so frühjahrsmäßig warm, und die ungeduldige Erwartung einer herrlichen Gipfelrast im Sonnenschein ließ uns auf dem Riepensattel nicht lange verweilen.
Ein breiter Firnrücken zieht von dem Sattel gegen den Gipfel der Gefrorenen Wand. Die ungeheuren »Windgangerln« ließen es uns ratsam erscheinen, hier nun abzuschnallen. An einigen abenteuerlichen Felstürmen vorüber stiegen wir gegen den weit nach Norden vorgeschobenen Gipfel an, ein kurzes Stück leichter, wächtenbesetzter Grat, eine kleine Steilstufe und wenige Schritte über Schutt, da standen wir auch schon beim Steinmann (3289 m).
Um 11 Uhr verließen wir den Gipfel und hatten bald unsere Brettel beim Riepensattel wieder erreicht. In sausender Fahrt ging es dann über den nun hindernislosen Gletscher hinunter, ein idealer Genuß, der mit einem langen, um die halbe Hütte herum gezogenen Telemark endigte. Um den Schnee an dem vorerwähnten steilen, nach Westen geneigten Hang nicht allzu weich werden zu lassen, brachen wir nach etwas über ½ Stunde Rast um 12 Uhr wieder von der Hütte auf und querten etwas absteigend die unter den Nordabstürzen der Gefrorenen Wand

Der Gipfel der Gefrorenen Wandspitze.

liegende Gletschermulde, von der aus wir nach links sanft ansteigend die Friesenbergscharte erreichten. Etwa 10 Meter unter ihr querten wir wieder nach links auf das Schwarzbrunnerkees, dessen Mulde wir in großem Bogen nach rechts ausgingen, ohne uns aber zu hoch an die Felsabstürze des Riffler zu halten, von denen Steinschlag und kleine Lawinen drohten. Dank der günstigen Schneebeschaffenheit – die Sonne hatte den Harsch nur ganz oberflächlich aufgeweicht – konnten wir gefahrlos über den steilen Hang zum Federbettkees ansteigen, wobei wir sogar einmal zwischen den aus dem Schnee herausschauenden Felsen eine kleine Serpentine einlegen konnten. Auf dem Federbettkees, das seiner Sanftheit wegen seinen Namen wohl mit Recht führt, angelangt, führten wir eine Schwenkung nach Süden aus, und nach 2stündiger, genußvoller Wanderung von der Hütte aus hatten wir unser zweites Tagesziel, den Gipfel des Riffler (3239 m), erreicht. Zwar ist er 50 Meter niedriger als die Gefrorene Wand, doch steht er etwas freier da, so daß hier die Aussicht mir noch schöner und umfassender erschien...

Zehn Tage lang hat es aus allen Schleusen des Himmels geregnet und, wie wir aus den Wetterberichten wußten, im Gebirge auch reichlich geschneit, als uns ein schwaches Ansteigen des Barometers veranlaßte, am 2. Mai 1911 wieder mit dem Nachtschnellzug München zu verlassen. Dank der Sommerfahrordnung langten wir ¼ Stunde früher, 3.15 Uhr nachts, in Steinach am Brenner an, und wie vor zehn Tagen versprach uns auch diesmal eine sternenklare Nacht schönes Wetter. In St. Jodok war der Morgen bereits angebrochen, und als wir in Schmirn einzogen, strahlten schon alle Berge im rosigsten Morgenlicht.

Unser Plan war diesmal, durch das Wildlahnertal zur Geraer Hütte anzusteigen und von dort am nächsten Tag über Wildlahnerscharte und Nordgrat den Olperer zu erreichen. Nachdem wir von Schmirn an die Skier noch etwa 20 Minuten getragen hatten, konnten wir anschnallen, und über harten Firn stiegen wir durch das romantische Tal aufwärts. Auf meiner aus dem Jahre 1882 stammenden Zillertaler Karte waren zwei Wege durch dieses Tal eingezeichnet; wir hielten uns an der orographisch linken Seite und erreichten, über eine Steilstufe stark ansteigend, die Innerschmirner Alpe. Ungeheure Grundlawinen bedeckten von hier bis zum Gletscher hinauf den ganzen Talboden, und es gab des öftern ein fröhliches, für die Brettel aber recht gefährliches Balancieren über die hartgefrorenen mächtigen Blöcke. Der Aufstieg über die nun folgenden steigenden Moränenhänge war recht anstrengend, weil der Schnee so hart war, daß die Kanten der Skier einfach nicht fassen wollten, andererseits aber die Tragfähigkeit der Firndecke noch zu gering war, um uns das Gehen zu Fuß zu gestatten.
Dank meiner alten Karte hatten wir natürlich auch keine Ahnung, wo die Geraer Hütte eigentlich zu finden wäre. Wir wußten nur, daß wir den mit 2527 Meter bezeichneten Sattel zwischen dem Kahlen Wandkopf (2541 m) und dem Wildlahnerkees überschreiten und von dort in südlicher Richtung zur Hütte gelangen würden. Als wir aber von dem erreichten Sattel aus nichts von der Hütte sahen, beschlossen wir, vorderhand über den Gletscher höher anzusteigen, um einen besseren Überblick zu gewinnen. Als wir aber nach etwa ½ Stunde weiteren Ansteigens noch immer nichts von der Hütte sahen, da ließen wir uns, hungrig, müde und verschlafen, unweit des Punktes 2743 zu einer längeren Rast nieder, und bald lagen wir beide in süßem Schlummer.

Olperer und Schrammacher von der Gefrorenen Wandspitze.

Mein unbarmherziger Taschenwecker riß uns eine Stunde später aus den schönsten Träumen. Wir waren nicht sonderlich erbaut, als wir aufwachten. Zwar stand die Sonne noch immer am Himmel und versendete ihre sengende Hitze, aber Wolken über Wolken trieb ein bösartiger Südwind über das Dreigestirn des Tuxer Kammes – Olperer, Fußstein und Schrammacher – und ließ uns leider das Schlimmste, einen Wettersturz, befürchten. Was war da anzufangen? Sollten wir wirklich jetzt, wo es noch so früh am Nachmittag war, zur Hütte hinunterfahren (die ja zweifellos bereits tief unter uns lag) und den Nachmittag dort untätig verbringen? Oder sollten wir nicht lieber so schnell als möglich den Versuch machen, noch gleich heute den Gipfel zu erreichen, solange das Wetter noch aushielte; denn daß es morgen schlecht würde, das war uns beiden nur allzu klar.
Kaum hatten wir diesen Gedanken ausgesprochen, so machten wir uns schon voll Begeisterung an die Ausführung. Alles Entbehrliche aus unseren Rucksäcken wurde zurückgelassen, und mit leichtem Gepäck stiegen wir eilends über den Wildlahnergletscher aufwärts. Dieser stürzt vom Olperer mit zwei gewaltigen Gletscherbrüchen ab, zwischen denen ein sanft geneigter, terrassenartiger Gletschergürtel zur Wildlahnerscharte hinaufführt. Diesen Gletschergürtel mußten wir erreichen, was dank dem nunmehr erweichten Schnee über die außerordentlich steilen Hänge der oberen Gletschermulde verhältnismäßig leicht gelang. Der großen Spaltengefahr dieser Mulde entgingen wir dadurch, daß wir bestrebt waren, in kleinen Serpentinen immer möglichst nahe an dem Felsrücken zu bleiben, der, bei der Wildlahnerscharte beginnend, beim Punkt 2850 der Alpenvereinskarte endet. Auf der Gletscherterrasse angelangt, von der man einen herrlichen Einblick in die wildzerrissenen Eisbrüche des Wildlahnerkeeses hat, hatten wir einen harten Kampf mit dem klebrigen Pulverschnee, der hier lag, zu kämpfen; ein Kampf, der sein für uns siegreiches Ende bei der endlich erreichten Scharte fand (3200 m, 2.45 Uhr nachmittags). Als alte Bekannte begrüßten wir hier Gefrorene Wand und Riffler, an deren zackigen Graten bereits warnende Nebelfetzen hingen. Wir hielten uns auf der Scharte nicht lange auf und sahen uns nach dem Weiterwege um.
Ungewöhnlich steil zieht von hier der Gletscher noch etwa 100 Meter bis an die Plattenabstürze des Olperer an dessen Nordflanke hinauf. Der Neuschnee lag hier in bester Verfassung etwa 40 Zentimeter hoch, und dadurch, daß er wahrscheinlich bei Föhn gefallen war, an die feste Unterlage gut angefroren. Nur diesen ganz besonders günstigen Verhältnissen hatten wir es zu danken, daß wir ohne Schneebrettgefahr, allerdings ziemlich mühsam, bis zum oberen Rande des Gletschers auf Skiern ansteigen konnten. In etwa 3300 Meter Höhe über-

schritten wir mit vorsichtiger Seilsicherung noch auf Bretteln die Randkluft, dann mußten wir aber abschnallen.
In mühsamster Arbeit strebten wir nun nach links dem Grat zu. Die 20 Meter, die uns von ihm trennten, waren das Schwierigste an der ganzen Tour. Zuerst mußte ich den hier locker aufliegenden Neuschnee abräumen und dann in das zutage tretende spröde Eis, das manchmal nur dünn auf Felsen auflag, schräg nach links hinauf Stufen schlagen. Auch der nun folgende Nordgrat, der durch eiserne Klammern versichert ist, bot mannigfache Schwierigkeiten. Die Versicherungen waren größtenteils in Schnee und Eis begraben, und in angestrengter Arbeit plagten wir uns über verschiedene mehr oder weniger vereiste und daher mehr oder weniger schwierige Kletterstellen hinweg. Ein gewaltiger, drohend aussehender Überhang, der mir von unten recht bedenklich erschienen war, erwies sich als ganz harmlos; er war schneefrei, und die gut angebrachten Eisenklammern erlaubten ein gemütliches Emporturnen à la Feuerwehrleiter. Das Wetter hatte sich inzwischen zusehends verschlechtert. Drüben im Zillertal, bei Schwarzenstein und Mösele, herrschte schon Nebel und Schneetreiben, als wir, bis über die Hüften im Schnee, die letzte, etwas weniger geneigte Gratstrecke überschritten. Und als wir um 4.30 Uhr nachmittags auf dem schwer errungenen Gipfel standen (3480 m), da zogen schon die ersten verräterischen Nebel über die Wildlahnerscharte auf die bisher noch nebelfreie Nordseite herüber. Auf die Nördlichen Kalkalpen war der Blick vom Gipfel aus noch frei, und in einer unvergeßlich schönen, tiefblauen Föhnstimmung konnten wir deutlich in dem abenteuerlichen Zakkengewirr jenseits des Inn jeden einzelnen Karwendelgipfel erkennen...

(Österreichische Touristen-Zeitung, XXXI., 1911)

Eine Winterfahrt auf die Dreiherrenspitze – Auszüge

Von Paul Preuß

»Die Dreiherrenspitze aber, sie war, sie ist und bleibt unsere schönste Wintertour. Wir zürnen ihr nicht, daß sie uns so lange hingehalten, im Gegenteil, wir danken es ihr!« Paul Preuß

_____ Das Wiesbachhorn mit seinen Trabanten und der Großglockner, sie lagen bezwungen hinter uns, als wir an einem schönen Märztag des Sturmjahres 1912 von Windisch-Matrei durch das sonnige Virgental gegen Prägraten zogen. In ein winterlich-jungfräuliches Gebiet rückten wir hier vor! Nicht allzuweit von diesen einsamen Bergen und Tälern rauscht der lärmende Strom modernen Wintersportes vorbei, doch von der großen Menge, die auf seiner Nordseite den Großvenediger zu einem überlaufenen Skimugel degradiert hat, haben ganz wenige und diese wenigen nur für kurze Stunden den Hauptkamm der Hohen Tauern überschritten, der wie eine Chinesische Mauer den Wintersport des Nordens von dem Bergfrieden des Südens trennt.

Wir hatten die Hauptgipfel der Hohen Tauern auf unser Wintertourenprogramm gesetzt, und auf dem Wege zur Dreiherrenspitze betraten wir nun diese winterliche »terra incognita«. Unser Einmarsch in Prägraten erregte bei den biederen Dorfbewohnern Staunen und Kopfschütteln. Daß man den Venediger mit Hilfe der Skier ersteigen könne, das leuchtete ihnen ein, denn schon ein alter Führer des Tales war mit den Wunderbretteln einmal bis zur Defreggerhütte vorgedrungen und nur durch schlechtes Wetter zur Umkehr gezwungen worden, die Dreiherrenspitze aber...

Nach kurzer Mittagsrast in Prägraten zogen wir taleinwärts, vier fröhliche Gefährten von der Sektion Bayerland des Alpenvereines: W. v. Bernuth, B. v. François, W. Schaarschmidt und meine Wenigkeit. Der Föhn der letzten Tage hatte gar arge Lücken in die ohnedies so spärliche Schneedecke dieses »danebengelungenen« Winters gerissen, doch als wir bei Hinterbichl an der Mündung des Dorfertales vorbeigekommen waren, da konnten wir die Last von unseren Rücken uns als Flügel an die Füße schnallen.

Auf ausgefahrenen Ziehwegen ging es zunächst noch an einigen Bauernhöfen vorbei, deren Güte wir auf Bergsteigerart nach den »Kletterblöcken«, die auf den Wiesen verstreut lagen, beurteilten. Eine kurze Abfahrt brachte uns dann zum letzten Bauerngut – Streden –, das an der Abzweigung des Maurertales liegt. Hier sahen wir zum erstenmal vom Tal aus tief in das Herz der westlichen Hohen Tauern hinein, hinauf zum Maurertörl, dem Geiger und den Simonyspitzen, deren feingeschwungener Firnkamm sich klar von der azurblauen Luft abhob. Doch eilig zogen schon vom Föhn getrieben streifenförmige, lange weiße Wolken über die Höhen dahin, ein böses Zeichen für den kommenden Tag. Wir standen an der Schwelle unserer Entdeckungsfahrten, wir gingen deshalb auch weiter, um auf alle Fälle einen Versuch zu machen.

Gleich der Anfang des Umbaltales war »zünftig«! Eine gewaltige Steilstufe, dichter, felsdurchsetzter Wald, ein tosender Wildbach zur Linken! Doch bald war die Stufe überwunden, sanft ansteigend führte unser Weg zur letzten, in einem kleinen Kessel gelegenen Alm. Einige Übergänge aus den Defregger Bergen münden hier, und mit geheimem Grauen besahen sich unsere Skiläuferaugen die unheimlich steilen Talhänge unserer Umgebung. Das Umbaltal biegt hier nach Nordwesten um, und nur mit dem Unterschied, daß der Bach jetzt zu unserer Rechten tobte, kam eine zweite, vermehrte und verbesserte Auflage der ersten Steilstufe, die mit scharfen Kurven, Felsblöcken und schmalen Brücken verziert uns schon beim Aufstieg die herrlichsten Abfahrtsfreuden versprach... Steil, hoch und eng zieht sich die Schlucht hinauf, von Wasserfällen und Felsblöcken durchsetzt. Nur wenig »fahrbarer« Raum ist zwischen dem Bach und den Seitenwänden geblieben. Bald rechts, bald links vom Bach heißt es an steilen Hängen queren, auf schmalen Schneebrücken, links tosende Kaskaden, rechts abgrundtiefe Löcher, in denen es gurgelt und brodelt, den Bach überschreiten, dann wieder im Treppenschritt über harte großblockige Lawinenzüge ansteigen, dann wieder kurze Serpentinen in knietiefem Schnee spuren; während über den Köpfen wie Damoklesschwerter gewaltige Eiszapfen drohend herabhängen. Schweigend haben wir mit allerlei Winkelzügen die Schlucht überlistet. Das Tal bleibt zwar weiter eng und schluchtartig, doch nimmt die Neigung ab. Recht abenteuerlich bleibt es aber dennoch, und in unheimlicher Erinnerung stehen bei mir noch die Wasserlöcher, über denen wir auf hartem Schnee queren mußten, manchmal zu Fuß, manchmal mit Skiern, doch immer mit größter Vorsicht aus Angst vor einem unfreiwilligen Bad.

Fast 2 Stunden liefen wir dann in abwechslungsreichem Langlauf ununterbrochen über alte und neue Lawinenzüge taleinwärts und wären an der Klarahütte fast vorbeigelaufen, wenn wir nicht durch Zufall aus dem Schnee herausschauende Teile des Daches und Rauchfanges bemerkt hätten. Ein »Kampf mit der Hüttentür« folgte, ein mühsames Graben und Schaufeln, das um eine Stunde länger dauerte als nötig, weil ich erst zu spät darauf kam, daß die Türe leicht nach innen aufging! Eine niedliche, gemütliche Hütte mit blinkendem Geschirr und guter Einrichtung empfing uns, und erst bei einigem Verweilen zeigte es sich, daß nicht alles Gold ist was glänzt. Die Küche war gegen den Dachraum nicht abgeschlossen, und so konnten wir einheizen soviel wir mochten, ohne es warm zu bekommen; und der Boden bestand aus Stein, auf dem das bei der Türe hereinrinnende Wasser zu einem prächtigen Eislaufplatz gefror. Wir richteten uns ein so gut es ging und sahen wohl ein, daß die Klarahütte, ein »vorsintflutlicher Bau«, wie Schaarschmidt sie bezeichnete, nicht für den Winterbesuch gebaut und geeignet ist. In schneereichen Wintern ist sie ja auch vollkommen im Schnee begraben...

Der Winter ging bereits seinem Ende entgegen, als wir, um von München nach Prägraten zu gelangen, Mitte April den Venediger überschritten; es hätte aber nicht viel gefehlt, und wir wären schon dabei abgeschlagen worden, so heftig brauste uns der Sturm an der Venedigerscharte entgegen. Als wir im Tal mit Jubel begrüßt einzogen, da regnete es warm und frühlingsmäßig auf die ausgeaperten Wiesen.

Die Ersteigung: Wenige Tage später waren wir wieder auf dem Weg zur Klarahütte. Durch Abschmelzen des Schnees war er noch etwas beschwerlicher geworden. Bei der Hütte kam diesmal der Abend wie wir ihn wünschten, kalt und klar, und abenteuerlich erhob sich die Röthspitze in den sternenübersäten Himmel. Ganz früh am Morgen brachen wir auf. Vom goldensten Sonnenglanz umflossen stand frei und klar die Dreiherrenspitze vor uns, als wir aus den dunklen Schatten des Tales zum Umbalgletscher aufstiegen. Steil und eisumgürtet erhebt sie sich mit massigem Aufbau über ihre wildzerrissene Umgebung. Ganz herrliche Berggestalten sind es, die das Umbaltal begrenzen. Ein oder das andere Mal tauchten verdächtige Wolkenfetzen hinter den Graten und Scharten auf, wie um uns zu erinnern, daß wir es nur der Gnade und Barmherzigkeit des Wettergottes zu verdanken hatten, wenn unser Plan heute gelingen sollte. Bis zur Höhe von 3100 Meter konnten wir die Skier benützen; die nun folgenden Steilhänge boten so unsichere Schneeverhältnisse, teils beinhart gefrorenen, teils locker zusammengewehten Schnee, daß wir es vorzogen, in gerader Linie zu Fuß anzusteigen. Höher oben betraten wir wieder eine flachere Mulde und sanken dort oft bis über die Hüften im tiefen Schnee ein. Nach mühsamer Arbeit kamen wir an den Gipfelbau. Ein steiler, schneebedeckter Grat führt hinan, langsam kommen wir vorwärts. Die Flanken dürfen wir nicht betreten, denn manches heimtückische Schneebrett lauert daran; der Grat selbst ist zwar mit Schnee bedeckt, doch ist hartes, glattes Eis seine Unterlage. In Licht und Sonne aber werden alle Mühen überwunden, nahe ist uns der Gipfel, und bald ist er erreicht...

(Der Winter, VII. Jhg. Heft XVI, 27. Februar 1913)

Eine Frühlingsfahrt in das Zillertal – Auszüge

Von Paul Preuß

»Was sind wir doch für sonderbare Menschen, mußte ich denken, die wir zur Zeit, wo der Frühling ins Land zieht, noch hinaufgehen in die Berge und den Winter suchen. Sind wir nicht wie die Kinder oder – Narren, die immer gerade das wünschen, was am schwersten zu erreichen ist? Aber ist es denn wirklich Narretei, sich im Winter nach dem Sommer zu sehnen und im Sommer nach dem Winter? Es beweist doch die Liebe zu beiden!« Paul Preuß

_____ Als ich als Gymnasiast noch die Schulbänke drückte, bekamen wir einmal als Aufsatzthema: »Wann sind die Berge am schönsten?« – Natürlich im Sommer, schrieb ich damals, erstens, weil man da Ferien hat, und zweitens, weil da die Sonne so schön warm durch bläulichen Dunst auf die Matten scheint, weil die Wiesen so hoch stehen und die Alpenrosen blühen, weil die Almen bezogen sind und die Nächte so sind, daß man im Freien schlafen kann!

Später erst ward mir der Herbst die liebste Jahreszeit, mit seinen farbenprächtigen Wäldern, seiner unermeßlichen Fernsicht durch die kristallklare Luft, mit den kalten, rauhfrostreichen Nächten und den weißen Bodennebeln, die alle Täler bedecken.

Dann führten mich die Skier ins winterliche Hochland. Gleichmäßig deckt die glitzernde Masse Berg und Tal, läßt alle Details verschwinden, nur Licht und Linie wirken. Eine stilisierte Natur! Kann es etwas Schöneres geben? – Ich habe es lange bezweifelt, so lange, bis Frühjahrsfahrten ins Hochgebirge mich eines Besseren belehrten. Von einer der schönsten will ich erzählen! ...

Trüb und regnerisch brach der 29. Mai 1912 an. Munter sprudelten kleinere und größere Bächlein rechts, links und auf dem

Aufstieg zur Greizer Hütte.

»Von den in moderner Zeit schwindenden Mühen und Gefahren des Bergsteigens, von der Ruhe der Alpentäler, von der Einsamkeit ihrer Gipfel, von der verlorengegangenen Romantik alter Zeit – hier hatten wir ein Stück gefunden, das uns für alle Zukunft wertvoll bleiben wird.« Paul Preuß

»Kein ›ideales Skiterrain‹, das wußten wir, wohl aber eine Gegend, in der der nordische Ski eine neue Feuerprobe auf seine Verwendbarkeit – nein! – Unentbehrlichkeit auf winterlichen Hochtouren bestehen sollte.«
Paul Preuß

Weg, als wir durch die Dornauberger Klamm gegen Ginzling wanderten. Wild tobte der von Schmelzwassern überreich genährte Bach zu unserer Linken, und in seinem Tosen verhallte so mancher Seufzer über unser Gepäck. Allerdings – Hochtouren- und Skiausrüstung, Proviant für eine Reihe von Tagen, 36 photographische Platten und was sonst drum und dran hängt, das war für drei Leute genug; die Skier hatten wir uns an die Rucksäcke gebunden, um wenigstens im Gleichgewicht beim Gehen nicht gestört zu werden. Kreuzträgern gleich zogen wir so schweigend vorwärts. In die nordseitigen Täler, die wir durchwanderten, hatte der Sommer erst seine ersten Vorboten geschickt; nur schüchtern wagte sich hier und dort an südseitigen Hängen das junge Grün hervor. Schwere, regenschwangere Wolken zogen vom Westwind getrieben über das Tal. Langsam nähern wir uns Ginzling, unserer letzten Talstation. Ein kurzer Imbiß wird genommen, und nur die Milchpreise erinnerten daran, daß durch den sommerlichen Massenverkehr das Zillertal zu den von der »Kultur« am ärgsten mitgenommenen Bergtälern gehört. Gleich hinter dem Gasthaus verließen wir die Heerstraße, die zur Berliner Hütte führt, und bogen auf schmalem Pfad in das Floitental ein.
Mit 40 Pfund und einem Paar Skier auf dem Rücken scheint jeder Weg eintönig. Durch Wald ging es zuerst steil hinauf, dann sanfter über Alpenmatten, deren zarte Rasenknospen von dem vorzeitig aufgetriebenen Vieh schon zerbissen wurden; über Schutt und Moränenboden – von Erlen und Weidengebüsch bestanden – rückten wir dem Talhintergrund näher. Steil und kahl stürzten die Bergflanken in das Tal, nach jeweils 200 Meter von engen Lawinenrinnen durchrissen, an deren Enden noch hohe schutzig-gelbe Schneekegel lagen. Nur langsam kamen wir vorwärts, nach jeder Stunde Marsch schoben wir ¼ Stunde Rast ein, um die unter unserer Last schwer arbeitenden Herzen zu schonen. Das letzte Grün bleibt hinter uns zurück, nur braune, vermoderte Blätter und dürres Gestrüpp bedeckt da und dort den Boden, ein Zeichen, daß wir der Schneegrenze näherkamen. Doch erst unter der blau-grün schillernden Zunge des Floitenkeeses konnten wir anschnallen. Mit doppeltem Eifer zogen wir weiter; mit jedem Schritt tauchten mehr und gewaltigere Berge, scharf umrissene schwarze Massen, aus den sie umbrandenden Wolken auf, um wenige Augenblicke später im Grau zu versinken. Steile Firnfelder führten zur Höhe der Greizer Hütte hinan, und erst 12 Stunden nach unserem Aufbruch konnten wir die Last von unseren Schultern wälzen. So gemütlich und gut eingerichtet war der Winterraum der Hütte, daß jede Versuchung, sich um die anderen Räume des großen Hauses zu kümmern, erstarb. Bald saßen wir drei, Fried Henning, Walter Bing und ich selbst, in

fröhlichster Laune bei brodelnder Suppe und besprachen den kommenden Tag...
Wieder brach der Morgen trüb an. Nach Karte, Kompaß und Aneroid fanden wir unseren Weg durch die grau-weißen Nebel, die uns umhüllten; wesenlos und uncharakteristisch schien uns der Berg, den wir besteigen wollten; das zerstreute Licht und die vollkommene Unsichtigkeit, die Licht und Schatten tötet, Farben vernichtet und Formen verschwinden läßt, ließ uns wie im Schlaf dahinwandeln. Doch plötzlich wurden die Hänge steiler, und die dunklere Färbung der Nebel vor uns ließ uns erkennen, daß wir in die Nähe von Felsen gekommen waren.

»Auf den Skiern war er immer vorne, und bei den schwersten Anstiegen ließ er alle hinter sich zurück«   Werner Schaarschmidt

Am Eisbrucksee.

Auch einige Spalten traten auf; ohne Zweifel, wir waren an das Massiv des Großen Löfflers gelangt. Wir ließen daher unser überflüssiges Gepäck zurück und stiegen in kurzen Serpentinen über ein steiles, von Felsgraten eingeschlossenes Firnfeld hinan. Hoch oben blieben auch die Skier fest in den Boden gerammt zurück, und über eine felsige Rinne stiegen wir zu der Firnterrasse empor, die zum Gipfel leitet. Mühsam stampften wir im knietiefen Schnee empor, doch lichter und dünner wurde das Nebelmeer über uns; immer stärker wurde in uns die Hoffnung, daß der Gipfel in den blauen Himmel ragen würde, wenn auch sonst der ganze Berg in Wolken blieb. Dringt auch schon ab und zu ein halbverschleierter Sonnenstrahl zu uns, und ein schmaler blauer Streifen schimmert bisweilen durch die Nebel. Einer überwächteten Schneide entlang steigen wir hinan, vorwärts! – vorwärts! – zum Licht! – Da hört über uns plötzlich alles auf, grundlos versinken unter uns dunkle Wände und rauhreifgezierte Grate in den Wolken, die sich eng und

schmeichlerisch an den Leib des Berges schmiegen, gespensterhaft weiß schwankt über uns der Äther! – Der Gipfel!
Lang bleiben wir oben; immer wieder täuscht uns ein Durchblick, immer wieder narrt ein verirrter Sonnenstrahl unsere Hoffnung. Goldig flimmernd zittern, Sonnenstäubchen gleich, kleine Schneekristalle durch die Luft; ein kühler Wind bringt sie aus den Tälern herauf. Doch alle Hoffnung ist eitel; ein tolles Spiel treiben die Nebel mit uns, nur für wenige Sekunden hat sich der Schleier gelüftet, um uns in weiter, dunstiger Ferne den Venediger sehen zu lassen. Vergeblich war der Kampf der Sonne, vergeblich unser 2stündiges Warten; nur tausendfacher Glanz, nur schimmernde Pracht in nächster Umgebung ward uns vergönnt.
Nur zu schnell versanken wir beim Abstieg wieder im düsteren Grau. Bei unseren Skiern hielten wir Kriegsrat; schlechter schien das Wetter nicht zu werden, und so beschlossen wir, über den Trippachsattel zur Schwarzensteinhütte zu fahren. Heimtückisch lauerten die halbverschneiten Firnspalten des wildzerrissenen Floitenkeeses; doch wir brachten ihnen kein Opfer dar und bahnten uns mit fürsorglicher List am Seil unseren Weg. Als wir in den Nachmittagsstunden langsam dem Sattel zustrebten, zogen auch die Nebel allmählich in die Höhe. Glühend heiß brannten die Sonnenstrahlen auf den weißen Schnee, wenige Augenblicke später wurden sie stets von dichtem kalten Graupelregen abgelöst. Halbverbrannt und geblendet, halbdurchnäßt und erfroren erreichten wir so die Schwarzensteinhütte...

Kirche von Luttach.

Ich habe monatelang im Salzkammergut gelebt, habe das Isonzotal durchwandert und die dalmatinische Küste bereist, ein Segelboot gefahren und habe an Übungen von freiwilligen Feuerwehren teilgenommen, bin im Eis eingebrochen und in Bäche gefallen, Stunden und Stunden im Regen gelaufen – so naß aber bin ich nie geworden wie damals beim Abstieg nach Luttach. Das war kein Regen mehr, es waren Wasserfälle, die vom Himmel kamen; da halfen unsere Gummimäntel ebensowenig wie unsere Flüche, und wenn uns ein Zoologe damals gesehen hätte, von diesem Tage an würde er die Species *Homo sapiens var. skituristicus* zu den Amphibien zählen.
Walters Zeit und Geduld waren zu Ende. Er wanderte (oder schwamm) noch an demselben Abend nach Sand in Taufers und fuhr der Heimat und dem Examen zu; wir anderen vertauschten in Luttach die nassen Kleider mit den trockenen Betten und träumten einer schönen Zukunft entgegen.
Fast schneller als wir es träumten kam sie: Am nächsten Morgen schon stieg sie mit der Sonne über den frisch beschneiten Bergen auf, leuchtete fröhlich auf die üppig blühenden Wiesen, auf die feuchten Dächer von Luttach, von denen blaßblauer

Dunst gegen den Himmel stieg, und übermütig schien sie, von Milliarden Sonnenstäubchen belebt, in unser Zimmer. Da konnten uns auch die schönen warmen Decken nicht mehr länger halten; wir stürmten hinaus in den herrlichen Frühlingstag, freuten uns an der lang entbehrten Sonne, an den Blumen, am Licht und an den Farben. Fried ließ seine Kamera spielen, Bild auf Bild mußte festgehalten werden. Dann stöberten wir alle Krämerladen des kleinen Ortes auf und kauften frischen Proviant, wie wenn es zu einer Nordpolexpedition ginge.
Schon am frühen Nachmittag bogen wir unter unseren Lasten schwer atmend ins Weißenbachtal ein. In der gleichnamigen Ortschaft wurde mit Milch und Schmarrn wieder für einige Tage von den Genüssen der Zivilisation Abschied genommen; noch einmal verließen wir die im üppigsten Grün prangenden Täler, um den Winter in seinen verborgensten und höchsten Schlupfwinkeln aufzusuchen, bevor ihn die Sonnenwärme aus unseren Ländern vertreibt. Reges Leben herrschte schon unten im Tale: die Felder wurden bestellt und die Häuser für den Sommer gerichtet, das Jungvieh auf die Wiesen und niedrig gelegenen Almen getrieben; hinter manchem Fenster lugten rote Geranienblüten hervor, und fröhlich spielte die Dorfjugend auf der Straße. Das gab ein verwundertes Schauen und Staunen, als wir da vorüberzogen, dem Winter entgegen. Wir haben ihn liebgewonnen in den letzten Jahren und wollen ihn festhalten, mit all seinen Stürmen und Gefahren, mit seiner Kälte und Schönheit, mit seiner Totenstille und Einsamkeit! Bald hinter den letzten Häusern ließen wir den Sommer zurück; alte Schneefelder und harte Lawinenreste bedeckten wieder die Hänge, auf steilem, felsigem Pfad rückten wir der Schneegrenze näher. Achtlos tritt der Fuß auf die Krokuswiesen, die Sehnsucht nach Winterschönheit und Winterfreuden treibt ihn vorwärts. Und in den Mulden unter dem Reveser Joch fanden wir wieder den erwünschten Schnee, der uns lautlos gleitend zur Höhe brachte. In abenteuerlicher Abendbeleuchtung zogen düstere Wolken wieder über das Joch, auf dem sich mit scharfen Umrissen die dunkle Silhouette der Chemnitzer Hütte abhob. Die Dämmerung war angebrochen als wir sie erreichten.
Ein launischer Herr war der Wettergott im Frühjahr 1912. Sonne und Wärme gab er den Tälern, doch auf die Höhen, da trieb er die kalten, feuchten Nebel hinauf, die Fels und Firn in eintönigem Grau versinken lassen. Wohl war's noch klar, als wir am nächsten Morgen unsere Skispitzen zum Mösele lenkten, doch bald tanzten wieder die grauen Kobolde ihren Geistertanz um uns, neckten und lockten, nährten schwache Hoffnungen groß, um sie dann derb zu zerstören. Bald riß der Wolkenschleier auf, wo zwischen Mösele und Weißzint als fein-

geschwungene Linie der Nevessattel den Blick auf die düsteren Wolkenbänke des Nordens freiließ. Dann legte sich der Schleier wieder vor die Augen, um sich fern im Osten zu lüften. Dort aber ließ er ein Bild sehen, das eine alte Sehnsucht mit aller Macht aufs neue entflammte, einen Berg, der oft und schon lange das Ziel meiner Wünsche war: den Turnerkamp. Vielleicht morgen! – Hoffentlich morgen – nein unbedingt morgen, so fühlten wir. Heute sollte es dem Mösele gelten.
Ungnädig hatte es mich drei Jahre früher in den Weihnachtstagen empfangen, mit Schneesturm und grimmiger Kälte seine Bezwingung gerächt; ungnädig empfing es uns diesmal, wenn auch nicht bösartig. Im Nebel erreichten wir den Gipfel, im Nebel fuhren wir wieder ab. Im Nebel zogen wir windungsreiche Linien durch den idealen Schnee, im Nebel gab es manchen Schwung und Sturz, im Nebel kamen wir wieder zur Hütte. Aber das Mösele wird mürb werden, das haben wir uns geschworen, so lange werde ich es mit den langen Hölzern belagern, bis ich einmal im Sonnenglanz auf seinem Scheitel stehe.
Langsam strebten wir am nächsten Morgen dem Turnerkamp zu. Hart war der Schnee über Nacht gefroren, und Henning ohne Harsteisen auf Skiern mit rundgelaufenen Kanten mußte sich ganz jämmerlich plagen. Doch diesmal gab uns berechtigte Hoffnung die Freude an der Arbeit. Ein Nebelmeer war es zwar, in dem wir aufwärts stiegen, ein Nebelmeer aber, das aufhören mußte, wenn wir höher kamen. Noch hatten wir den Fuß des Berges nicht erreicht, da ward es licht und lichter über uns. Die Freude und Sehnsucht nach der Sonne beschleunigte unsere Schritte, und kaum hatten wir die Dreitausendergrenze überschritten, da hatten wir nach so viel Tagen zum erstenmal nur mehr den Himmel über uns... Ein langer Tag lag ja vor uns, mit Seil und Pickel waren wir versehen und die günstige Beschaffenheit des Schnees ließ keinen Zweifel darüber aufkommen, daß wir keine objektiven Gefahren zu befürchten hatten. So ließen wir die Skier zurück und gingen an die Arbeit. Daß es noch Winter war hier oben, wir haben es am Südgrat des Turnerkamp gesehen. Schnee und Eis deckte alle Felsen, weit hingen die Wächten bald nach rechts, bald nach links über. Mühsam mußten wir Tritte und Griffe vom kalten Element säubern, mühsam Meter für Meter erobern. Mit der Sonne waren auch die Nebel wieder gestiegen; wohl wußten wir, daß der Grat kurz sei und die Höhendifferenz nur gering; doch Stunden und Stunden waren wir schon an unserer schweren Arbeit, ohne zu wissen, wie weit wir noch vom Ziele wären. Gratturm reihte sich an Gratturm, und wo man im Sommer flüchtigen Schrittes über ebene Gratstücke eilt, da kamen wir nur schrittweise vorwärts. Sechs volle Stunden hatten wir in

»Was immer er tat, er tat es mit ganzer Hingabe; was immer es war, es war wohlüberlegt und sorgfältig durchdacht. So schritt er von Tat zu Tat, von Erfolg zu Erfolg. Eigendünkel und Selbstzufriedenheit waren ihm fremd. Sein solides Wissen, sein wacher Verstand und sein überschwenglicher Humor machten ihn zu einem charmanten Gefährten.«
Günther Freiherr von Saar

blendenden Nebeln an den Felsen des Grates verbracht, als wir den Gipfel erreichten. Manch längerer, manch schwererer Kletterfahrt kann ich mich entsinnen, doch nur wenige gibt es, die ich so liebe, die so den Stempel des Abenteuerlichen tragen, wie die Wintertour im Sommer, wie dieser für Sommertouren gedachte und geschaffene Grat im Winter. Im knietiefen Schnee stiegen wir vom Turnerkamp ab und stampften zu unseren Bretteln. In prächtiger langer Fahrt bergauf-bergab strebten wir dann dem Eisbruckjoch zu, zur trauten Hütte der Sektion Edelraute, die nach 14stündiger Tour unser Nachtquartier wurde.

Zuckerhütl, Wilder Pfaff und Pfaffennieder.

Von den weißen Nebeln und dem Sonnenschein der vergangenen Tage waren unsere Augen ermüdet; blinzelnd traten wir am nächsten Morgen vor die Hütte. Warm und sengend fielen die Sonnenstrahlen auf uns, polternd donnerten ringsum die Lawinen ins Tal; der Föhn war über das Land gezogen, und heiße, drückende Glut legte sich über die Schneefelder. War es gestern noch Winter gewesen, über Nacht war es Sommer geworden, trügerisch und widersinnig erschien uns der Schnee, wie ein unzeitgemäßer Irrtum der Natur. »Das Gestern lügt und nur das Heut' ist wahr«. Das Gestern hat uns Winter vorgetäuscht, wo alles sich nach dem Sommer sehnt, wo selbst die gewaltigen Berge, ihres Winterkleides überdrüssig, den Schnee verderbenbringend in die Täler senden. Wie ein Verbrechen kommt uns unsere Freude an dem Winter vor, sehnsüchtig suchen die geblendeten Augen Rastpunkte in der überhell strahlenden Umgebung, und stärker denn je werden in uns Liebe und Sehnsucht nach der grünen Natur.

Am Eisbrucksee fahren wir vorüber; auch er ahnt schon den Sommer, dunkel tritt an den Rändern schon das Wasser über die blendende Schneedecke; dunkle sommerliche Haufenwolken dringen über den Horizont, köstlichen, kühlen Schatten spenden sie. Und in eilender Fahrt fliegen wir dem Tale zu. Kaum nehmen wir uns Zeit, an der Schneegrenze unsere Bretteln zu säubern, wir laufen mehr als wir gehen, denn verführerisch nahe sind schon grüne Wälder und Wiesen.
Sorglich achten wir heute der zarten Krokusblüten, keinen Frühlingsboten wollen wir jetzt mit unvorsichtigen Schritten zertreten. Das Tal biegt nach Süden um, und unerwartet schnell stehen wir mitten im Sommer. Enzian und Himmelschlüssel bevölkern die im üppigsten Grün prangenden Wiesen; Laubwald und Buschwerk sind schon in Blätterschmuck gekleidet, und selbst an den dunklen Ästen von Fichten und Tannen sprossen lichtgrüne, junge Triebe der Sonne entgegen. Ein Sonntag war's, als wir durch das freundliche Pfunderstal hinauswanderten; nicht nur Kalendersonntag, nicht nur Sonntag für das Land und die Leute, die uns in kleidsamer Tiroler Tracht sommerlich fröhlich vom Kirchgang entgegenkamen, sondern ein Sonntag für die ganze Natur, die ihr prächtiges, buntes Festgewand angelegt hatte! Ein Sonntag aber war es auch für uns, die wir in wenigen Frühlingstagen Winter und Sommer erlebten.

(Deutsche Alpenzeitung, XIII/1, 1913)

Paul Preuß – seine Zeitgenossen

Mit diesem Buch will ich auch der alpinen Legendenbildung entgegenwirken. Das ist der Grund, weshalb ich mich in erster Linie auf die Originalaufsätze von Paul Preuß stütze und weniger darauf achte, was in den 70 Jahren nach seinem Tod über ihn geschrieben worden ist. Im Laufe der Zeit verschwimmen Tatsachen, sogar unsere eigene Erinnerung narrt uns. Wieviele Bergsteiger müßten sich an den Ohren nehmen, wenn sie ihre späteren Erzählungen über eine bestimmte alpine Tat mit ihrer eigenen Erstveröffentlichung darüber vergleichen würden. Sind nicht gerade wir Bergsteiger geneigt, nach dem Absturz eines unserer Zeitgenossen einen Helden aus ihm zu machen? Wie oft ist ein zu Lebzeiten befehdeter »Konkurrent« im Nachruf zum Freund hochstilisiert worden?

In diesem Kapitel will ich kurz auf die herausragenden Kletterer knapp vor dem Ersten Weltkrieg eingehen. Dabei möchte ich mich auf 20 Namen beschränken und jene vier Persönlichkeiten näher beleuchten, die neben Paul Preuß einen längerfristigen Einfluß auf die Geschichte des Bergsteigens haben: Angelo Dibona, George L. Mallory, Rudolf Fehrmann und Hans Dülfer.

(Fortsetzung Seite 133)

»Tita Piaz, der alle wagemutigen Kletterer gekannt hat, nannte ihn den ›Herrn über dem Abgrund‹.«
Severino Casara

»Dülfer, dem Äußeren nach ein großer und schlanker junger Mann, fast schwächlich anzusehen wie auch Paul Preuß.«
Wilhelm Lehner

Die Grohmannspitze.

»Begleiter: W. v. Bernuth, K. Blodig, A. Bonacossa, E. Brioschi, E. T. Compton, A. Deye, A. Dibona, P. Hübel, G. Leuchs, G. L. Mallory, G. B. Piaz, P. Relly, G. v. Saar, W. Schaarschmidt, W. Schmidkunz, U. di Vallepiana.«
Österreichisches Biographisches Lexikon 1815–1950, Wien 1983

Die Schriftsteller (von links) Jakob Wassermann, Hugo von Hofmannsthal, Raoul Auernheimer und Arthur Schnitzler holen sich ihre Inspirationen aus dem Altausseer See.

Altaussee – »Seelenlandschaft« und Heimat von Paul Preuß

———— »Ich liebe diese Landschaft so sehr, je älter ich werde, desto reicher wird sie mir, bin ich einmal ganz alt, so steigen mir wohl aus den Bächen, den Seen und den Wäldern die Kinderjahre wieder hervor – so schließt sich dann der Kreis.« Ein Brief, im Sommer 1912 geschrieben.

Paul Preuß hatte noch ein Jahr zu leben, dann würde der Tod den Kreis schließen, die Erinnerung an die Bäche und Wälder der Kindheit rund um den dunklen See löschen...

Der Brief stammt nicht aus der Feder von Preuß. Der Dichter Hugo von Hofmannsthal schrieb ihn an Helene von Nostitz, die Nichte des Feldmarschalls Hindenburg. Im Juli jenes Jahres, in dem Preuß im Montblancgebiet kletterte, Hofmannsthal war einer der vielen, die dem Zauber der Landschaft rund um den Geburtsort von Preuß erlegen waren.

Anders als die anderen, schon früh dem Tagestourismus geopferten »Perlen« des Salzkammergutes ist Altaussee keine Durchgangsstation. Hier bildet die Natur gewissermaßen eine Sackgasse. Wer nach Altaussee kommt, will nirgends hin als nach Altaussee und wollte er's, so könnte er's nicht. Ins Tal gelangt man nur durch enge Schluchten oder über Pässe, am

Ende des Tales liegt still, tief und beinahe schwarz der See. Das Ufer kaum verbaut, nur wenige Häuser. Seenahe Straßen und Parkplätze für die Badegäste sind dem Wanderer, der den See nur auf einem Fußweg umrunden kann, bis jetzt erspart geblieben. Die Berge Loser und Trisselwand »liegen« nicht einfach am See, sie umfassen ihn und umhegen ihn, »sie bilden beinahe eine Art Festung, in der man sich wohlig geborgen fühlt«, schreibt Friedrich Torberg. Er war der letzte in der langen Reihe derer, die noch in einer versunkenen Welt geboren waren, in Altaussee gelebt und es geliebt haben und meist in der Emigration gestorben sind.
Das Ausseer Land liegt außerhalb der österreichischen Bundesländer Steiermark und Oberösterreich, wird aber von ihnen wie ein wertvoller Stein im Ring von beiden Seiten umfaßt. Berge riegeln das Land nach allen Seiten hin ab.
Bereits zur Zeit des Biedermeier kamen die ersten Poeten in den abgelegenen Landstrich: Franz Grillparzer, Nikolaus Lenau, Adalbert Stifter. Wenige Jahrzehnte später wurde die Landschaft dann zum geliebten sommerlichen Refugium von Dichtern und Musikern, Gelehrten und Politikern, zur Sommerfrische des Hochadels und des Großbürgertums. Man floh die sommerliche Hitze der Städte, verließ sie Ende Juni mit Sack und Pack, mit Familie und natürlich auch dem Personal, Köchin, Dienerschaft, mit Gouvernante und Hauslehrer und kehrte erst Anfang September wieder in die Stadt zurück.
Auch der Klavierlehrer aus Wien folgte den Herrschaften in die Sommerfrische. Schon 1878 vermerkt der Ausseer Bäderführer: »Herr Eduard Preuß, Pianist und bewährter Clavierlehrer, ertheilt Unterricht, auf Verlangen auch nur Cultivierung des vierhändigen und à vista-Spieles, zu welchem Zweck er eventuell sein eigenes Clavier zur Verfügung stellt...«

22. Musikunterricht, Claviere, Clavierstimmer.

Herr Eduard Preuss, Pianist und bewährter Clavierlehrer aus Wien, bringt die ganze Saison in Aussee zu — ertheilt Unterricht im Markte Aussee, sowie in Grundlsee und Altaussee, auf Verlangen auch nur Cultivirung des vierhändigen und à Vista-Spieles, zu welchem Zwecke er eventuell sein eigenes Clavier zur Verfügung stellt.

Es ist anzunehmen, daß die Familie – bedingt durch den Beruf des Vaters – in dem kleinen Ort zur Sommerzeit enge Beziehungen zu anderen Sommerfrischler-Familien unterhielt. Es würde sich lohnen, nachzuforschen, welche Kontakte Paul

»Er war sehr belesen, hatte ein bemerkenswert gutes Gedächtnis und große rhetorische Fähigkeiten.«
Günther Freiherr von Saar

»Mein liebstes Ennstal! Ich bin gewöhnt, es im Spätherbst von den Gesäusebergen im lieblichsten Sonnenlicht zu sehen; grüne, schwellende Wiesen, zum Teil von weißen, wogenden Morgennebeln bedeckt, und dunklen Tannenwald, der von herbstlich bunten Laubbäumen durchsetzt ist.« *Paul Preuß*

Preuß, den sein Münchner Kletterfreund Paul Jacobi als »die verkörperte Lebensfreude« beschrieb, zu den musischen Menschen ringsum wohl gehabt haben mag. War doch das Ausseer Land, vor allem aber Altaussee, während der Sommermonate eine Dependance des »Wiener Kreises«, der auch als »Jung Wien« bekannt geworden ist. Hermann Bahr gehörte ihm an, Richard Beer-Hofmann, Felix Braun, Arthur Schnitzler, Leopold von Andrian, Stefan Zweig und Raoul Auernheimer, der den Altausseer See zur Sommerzeit mit einem riesigen Tintenfaß verglich, »in das die im Kreise herumsitzenden Dichter ihre Federkiele tauchten«. Vor allen anderen aber ist hier Hugo von Hofmannsthal zu nennen. Bereits 1896 hatte Jakob Wassermann, der spätere Freund und Sommergefährte, im Münchner »Simplicissimus« Hofmannsthals »Das Dorf im Gebirge« abgedruckt.

Die Erzählung spiegelt die Anfänge des Fremdenverkehrs in Altaussee wider, als während der Sommermonate in den Bauernhäusern die guten Stuben geräumt und an die Stadtleute vermietet wurden. Die Hausleute zogen sich in Sommerhäuschen und Dachkammern zurück.

In Altaussee hat Hofmannsthal zwischen 1900 und 1910 an den Libretti zum »Rosenkavalier«, zu »Ariadne auf Naxos« gearbeitet, in Altaussee ist auch Richard Strauss oft zu Besuch gewesen.

Denn auch die Musiker fanden hier ihre »Seelenlandschaft«: Johannes Brahms, Karl Goldmark, Hugo Wolf, Richard Heuberger, Wilhelm Kienzl vor allem, der seit 1894 regelmäßig nach Altaussee kam und hier an seinen Opern »Evangelimann«, »Kuhreigen« und »Testament« sowie an der Niederschrift seines Buches über Richard Wagner arbeitete, dem wiederum gerade Gustav Mahler in der Wiener Staatsoper neuen Glanz verlieh. 1902 hat Mahler in Altaussee seine 5. Symphonie komponiert. In Altaussee ist auch nach seinem Tod 1911 zum erstenmal »Das Lied von der Erde« erklungen – im Hause des Industriellen-Ehepaares Hellmann, das nicht weit von dem Haus Puchen Nr. 53 entfernt liegt. Eduard Preuß hatte es im Juli 1886, einen Monat vor Pauls Geburt, erworben. Es ist noch immer in Familienbesitz, gehört Eduard Schaar, dem Neffen von Paul Preuß. Ein typisches Altausseer Haus, gemauert das Erdgeschoß, das Obergeschoß mit langen Brettern verschalt, vom Regen ausgelaugt und von der Sonne gebleicht. Im Sommer versinkt es unter Blumen, wird es von dichten Baumkronen überschattet. Ein Haus, das längst ein Stück Landschaft geworden ist.

Ein Teil jener »Seelenlandschaft«, an die so viele ihr Herz verloren haben.

Lutz Maurer

Albert F. Mummery

Eingegliedert in seine Zeitgenossen können wir auch Paul Preuß klarer sehen. **Albert Frederic Mummery** hat nach **Emil Zsigmondys** Eintreten für das führerlose Bergsteigen mit seiner Forderung nach »fair means« dem Alpinismus eine sportliche Richtung gegeben.

In diesem Geist kletterte die junge Bergsteiger-Generation am Beginn dieses Jahrhunderts vor allem in den Ostalpen. Da war **Dr. Günther Freiherr von Saar,** einer der besten Felskletterer in Österreich, dem zahlreiche schwierige Erstbegehungen geglückt sind. Nur mit Paul Preuß soll er als Seilzweiter geklettert sein.

Da waren die Brüder **Walter und Willi von Bernuth,** häufige Begleiter von Hans Dülfer. Walter überschritt mit Dülfer das dreigipfelige Massiv der Kleinen Zinne, wobei sie den Preußriß wiederholten. Auch bei der Erstbegehung der schnurgeraden Westwandverschneidung an der Großen Zinne war er Dülfers Seilgefährte.

Eine besondere Figur war **Hans Fiechtl.** 1884 in Münster im Inntal geboren, war er Bergführer, Hüttenwirt und Tüftler; vor allem aber ein begeisterter Kletterer. Hans Dülfer soll einiges von ihm gelernt haben, mit Paul Preuß diskutierte er über die künstlichen Hilfsmittel. Sein »Fiechtl-Haken«, aus einem Stück geschmiedet, hat nicht nur den schweren Ringhaken abgelöst, er hat Haken- und Seiltechnik erleichtert. Hans Fiechtl gelangen viele Erstbegehungen, mit und ohne Gast, also gegen und auch ohne Bezahlung. Er trank gern einen über den Durst und war doch Dülfers Freund, der Antialkoholiker gewesen sein soll. Nach dem Krieg durchstieg Fiechtl das »Ypsilon« an der Seekarspitze im Rofan und wies damit in die neue Zeit. 1925 ist er am Totenkirchl im Wilden Kaiser abgestürzt. Er war erst 41 Jahre alt.

»Man muß nahezu bis Emil Zsigmondy zurückgehen, um einen gleichermaßen bedeutenden Namen zu finden, den Paul Preuß sich in solch jungen Jahren erworben hatte, und zwar aufgrund seiner enormen Fähigkeiten als Bergsteiger wie auch seiner klaren und lebendigen Beschreibungen einiger seiner großartigen Besteigungen.«
G. Winthrop Young

Hans Fiechtl

Tita Piaz

»Ich rede wenig, das weißt Du, laß mich aber meine Ergriffenheit zum Ausdruck bringen, indem ich den größten und saubersten Kletterer aller Zeiten umarme.« *Tita Piaz*

Franz Wenter

Ein ihm verwandter Charakter war wohl **Tita Piaz.** Der Ladiner aus Pera im Fassatal, 1879 geboren, führt ein wildes Leben. Er hätte Volksschullehrer werden sollen, flog aber aus der Schule und kletterte bald an der Südseite im Rosengarten in den Dolomiten herum, führte Gäste auf die Gipfel, reiste. Allein gelang ihm 1900 jene Erstbegehung an der Punta Emma, die berühmt wurde, weil sie kühner war als alle Touren jener Zeit. Dieser katzenhaft kletternde Piaz war ein Hitzkopf, ein Anarchist, oft ein Schreihals. »Piazen« sagen wir für das Gegendruckklettern, »dülfern« ist historisch falsch. Piaz war mit Dülfer und Preuß eng befreundet. Er mochte sie beide.

Werner Schaarschmidt, ein sicherer Bergsteiger und alpiner Tourenläufer, wurde *der* Seilpartner von Hans Dülfer. 1887 in Limbach/Chemnitz geboren, studierte Schaarschmidt in München Medizin. Mit Dülfer, den er im Winter 1911/1912 bei einem Vortragsabend kennenlernte, bildete er eine der stärksten Seilschaften im Fels.

Willi von Redwitz, mit Dülfer Erstbegeher der Totenkirchl-Westwand, war nicht nur der glänzende Zweite bei Hans Dülfer wie Werner Schaarschmidt. Auch er, 1888 in Bamberg geboren, studierte in München Medizin. Dem willensstarken und sportlich durchtrainierten Bergsteiger gelangen im Kaiser, in den Dolomiten, im Wettersteingebirge und im Allgäu schwierige Erstbegehungen.

Franz Nieberl gehörte dank seiner Erfahrung zum Kreis der »Auserwählten«. 1875 in Würzburg zur Welt gekommen, lebte er als Zollbeamter in Kufstein. Er war älter als Preuß und Dülfer, sah deren Tun an den Kaiserfelsen anfänglich mit Skepsis, bewunderte dann beide. Mit Hans Dülfer gelang Nieberl die Erstbegehung der Nordwand der Kleinen Halt, mit Paul Preuß legte er sich im Mauerhakenstreit an, um ihm dann in der Münchner Aussprache mehr oder weniger zuzustimmen. Der »Kaiser-Papst«, wie sich Nieberl später nennen ließ, stieg bis ins hohe Alter auf die Berge; er wurde zu einer Art lebendem Denkmal.

Neben all diesen Berühmtheiten müssen die Dolomiten-Führer Schroffenegger und Wenter erwähnt werden. Auch sie führten Erstbegehungen ohne Klienten durch, nur so zum Spaß oder aus sportlichem Antrieb. So gelang ihnen 1910 die Delagoturm-Nordwestwand, die Preuß wiederholte. **Franz Wenter** wurde 1886, also im gleichen Jahr wie Paul Preuß, geboren. Er lebte in St. Zyprian im Tierser Tal und kam in den gesamten Alpen herum, mit Merzbacher sogar in den Himalaya. Noch mit 73 Jahren führte Wenter die Überschreitung der Vajolettürme durch; es war seine 120. Wiederholung dieser Tour, die auch Paul Preuß immer wieder mit großer Begeisterung gemacht hatte. Seine Erstbegehun-

»Wenter war Spezialist für Risse und Kamine, Schroffenegger für Wandkletterei.« Karl Mägdefrau

Walter Schmidkunz und Paul Preuß auf dem Gipfel des Predigtstuhls.

gen an der Laurinswand, an den Mugonispitzen, an der Rotwand im Rosengartengebiet sind ernste und schwierige Routen. Mit **Franz Schroffenegger,** seinem gleichwertigen Kollegen aus dem Tierser Tal, führte er die erste Führerpartie durch die Fleischbank-Ostwand. Es war 1912, die vierte Begehung. Mit Schroffenegger habe Wenter viel gestritten, überliefert Dr. Karl Mägdefrau, sie haben aber kühne Touren miteinander gemacht. Schroffenegger soll ein temperamentvoller Mann gewesen sein. 1920 ist er am Grasleitenturm mit einem ausbrechenden Block abgestürzt.

Georg Sixt, am gleichen Tag geboren wie Hans Dülfer (23. Mai 1892), stammte aus einer Münchner Bergsteiger-Familie. Er hat sich später wohl selbst eingeredet, in Dülfers Schatten gestanden zu haben. In der Tat war er ein exzellenter Kletterer – zweite Begehung der Fleischbank-Ostwand, zweite Begehung der Totenkirchl-Westwand –, es fehlten ihm aber die Genialität, die Durchschlagskraft seines gleichaltrigen Rivalen.

Älter als Georg Sixt war **Otto Herzog.** 1888 in Fürth geboren, kam er schon als Schulbub nach München. Er wurde Handwerker, turnte und stieg auf die Berge, mit Vorliebe ging er ins Karwendelgebirge, wo ihm 1911 die Erstbegehung der Nordkante der Lalidererspitze gelang. Otto Herzog ist einer jener Bergsteiger, der über Generationen aktiv blieb. Obwohl aus dem Krieg mit einer verkrüppelten Hand zurückgekehrt, durchstieg er mit Gustav Haber 1921 die berüchtigte Ha-He-Verschneidung an der Dreizinkenspitze im Karwendel, deren Schlüsselstelle mit VI zu bewerten ist.

Ein Zeitgenosse Herzogs und Sixts war **Adolf Deye.** Dieser hatte mit »Rambo«, wie man Otto Herzog in Bergsteigerkreisen nannte, bereits 1910 einen Versuch an der Fleischbank-Ostwand gewagt,

»Am Abend auf Strips, nach der Führungstour durch die Fleischbank-Ostwand, bei der die beiden Führer der Frau B. viele tatkräftige Hilfe leisten mußten, gab Frau B. furchtbar an und sagte, die Tour sei eigentlich recht leicht gewesen. Diese Äußerung brachte Schroffenegger derart in Wut, daß er ihr über den Tisch hinüber eine ›geschmiert‹ hat.«
Georg Guggelberger

Otto Herzog

»Ich bin nur ein Schlußlicht im Vergleich zu Redlich, Dülfer und den vielen anderen, die besser sind als ich.« *Paul Preuß*

Angelo Dibona

»Nie habe ich mich so gefreut wie in einem Gespräch mit ihm über Berge. In der Hakenfrage waren wir uns einig.« *Angelo Dibona*

wobei sie erstmals einen Feuerwehr-Karabiner als Verbindungsstück von Seil und Haken benützten. Ohne natürlich darüber zu plaudern. Damals also ist der Karabiner als Hilfsmittel aufgekommen.

Auch einer der ganz Jungen, **Rudi Redlich,** die Kletterhoffnung der Wiener Schule, war zu jener Zeit hauptsächlich im Kaiser aktiv.

Angelo Dibona war nicht nur der bedeutendste Dolomiten-Führer seiner Zeit, er war nach meinem Dafürhalten neben Paul Preuß der bedeutendste Bergsteiger knapp vor dem Ersten Weltkrieg. Bettega, Dimai, Rizzi – diese hochgeachteten Bergführer bewunderten ihn ebenso, wie Paul Preuß ihn schätzte. Niemand hat damals so viele, so großartige Erstbegehungen durchführen können wie Angelo Dibona.

»Von den etwa 60 Erstbegehungen, die seinen Namen tragen, seien nur einige der bedeutendsten genannt. 1908: Westwand der Rotwand im Rosengarten; 1909: Nordostkante der Großen Zinne; 1910: Einser-Nordwand, Pordoi-Westwand, Croz-dell'Altissimo-Südwestwand, Ödstein-Nordwestkante; 1911: Langkofel-Nordwand, Laliderer-Nordwand; 1912: Meije-Südwand. Fast sämtliche ›Dibona-Wege‹ sind Bergfahrten ganz großen Stiles und stellen hohe Anforderungen nicht nur an die technische Fertigkeit, sondern auch an die Ausdauer des Kletterers. Die Wegführung ist immer so gut den naturgegebenen Verhältnissen angepaßt, daß nachträgliche Änderungen fast nirgends notwendig waren. Dibona wurde 1879 in Cortina geboren. Er hat demnach seine großen Neufahrten in einem Lebensalter durchgeführt, in dem viele Kletterer ihre Höchstleistungen schon überschritten haben. Im Weltkrieg kämpfte er zunächst in der Presanella- und Adamello-Gruppe, wo er die große silberne, die kleine silberne und die bronzene Tapferkeitsmedaille sowie das Verdienstkreuz mit der Krone, das Karl-Truppenkreuz und andere Auszeichnungen erhielt (nach freundlicher Mitteilung von Bergführer Franz Wenter in Tiers). Später kam er (zusammen mit Pichl, Jahn, Barth, Wenter u. a.) zur ›Bergführer Ersatz- und Instruktionsabteilung‹; in diesen Ausbildungskursen wurden zum Teil ganz hervorragende Leistungen erzielt, wie die Ersteigung sämtlicher Langkofelgipfel auf fast allen Wegen in Patrouille-Ausrüstung, d. h. mit Gewehr usw. und in Nagelschuhen! Nach dem Krieg nahm Dibona seinen Bergführerberuf wieder auf. Beispielsweise wiederholte er 1932 seine Ödsteinkante, die ihm durch die Preuß-Variante und die vielen Haken wesentlich leichter vorkam als 1910, und 1933 seinen Weg durch die Einser-Nordwand.«

Dies schrieb Professor Dr. Karl Mägdefrau in der Österreichischen Alpenzeitung zum 60. Geburtstag von Angelo Dibona. Mägdefrau kannte Dibona von vier Begegnungen her und führte 1935 die vierte Begehung des Dibona-Weges am Croz dell'Altissimo in der Brenta-Gruppe durch.

Auch Luis Trenker, der Dibona 1911 in dessen Route an der Grohmannspitze-Südwand getroffen hatte, 1912 auf der Tofana di Rozes und während des Ersten Weltkrieges auf der Regensburger Hütte, war mit ihm befreundet gewesen. Trenker bezeichnet Dibona in einem Nachruf zum 20. Todestag (Der Bergsteiger, Dezember 1976) als »eine in der Geschichte des Alpinismus einmalige Erscheinung«. Vor und nach dem Krieg gelangen ihm große Wege. »Nach 1918 war die große Zeit vorbei. Es fehlte an Touristen und damit auch am Verdienst. Trotzdem machte Dibona noch verschiedene Erstbegehungen, darunter die Fanisturm-Nordkante, die Tofana-di-Rozes-Südwand und einige in den Julischen Alpen. Oft lauschte ich seinen Erzählungen. Er hatte Paul Preuß gekannt, war mit dem jungen Dülfer in den Cadinspitzen, als dieser die Torre del Diavolo und er die Torre Leo und den kühnen Campanile Dibona im Alleingang erstieg, oft beisammen. Mit Nieberl, Tita Piaz, Appolonio, Verzi, Fiechtl, Innerkofler, Julius Kugy und Adolf Witzenmann war er gut Freund, spielte gern Gitarre und Klarinette, war ein gläubiger Katholik, hatte sieben Kinder, vier Töchter und drei Söhne, von denen Ignazio, der sein Nachfolger werden sollte, im Jahre 1942 als Skilehrer im Gran-Sasso-Gebiet durch eine Lawine umkam.«

Wer Dibona unterstellt, er sei ein Nagler gewesen, verfälscht die alpine Geschichte. Nach eigenen Angaben hat er in seinem ganzen Leben nur 15 Haken geschlagen, davon sechs in der Laliderwand, drei an der Ödsteinkante, zwei am Croz dell'Altissimo,

»Dibona ist der beste Dolomiten-Führer, nicht nur als Kletterer, auch als Mensch.« Franz Wenter

»Im Sommer 1911 begegnete ich Paul Preuß auf dem Gipfel des Langkofels. Er kam, während ich mit einem Freunde bei schönstem Wetter die Aussicht genoß, über die Nordostwand herauf, trug sich in das Gipfelbuch ein und eilte, ohne sich zur Rast zu setzen, gleich über den Grat zum Langkofeleck weiter, sein Begleiter Walter Schmidkunz hatte dabei sichtlich Schwierigkeiten, ihm zu folgen.« Luis Trenker

Paul Preuß mit Emmy Eisenberg (Mitte) am Gipfel der Grohmannspitze.

»Dibona selbst sagte mir einmal, er habe immer bloß wenige Haken mitgenommen, da es damals nur sehr schwere gab und er sich damit nicht abschleppen wollte.«
Karl Mägdefrau

einen am Einser. Als seine schwierigsten Erstbegehungen bezeichnete er die Südwand der Meije, an der vor ihm Emil Zsigmondy und nach ihm Emil Solleder abgestürzt sind. Dann die Nordostkante des Dent de Réquin und die Nordwand des Ailefroide, alle drei im Dauphiné, sowie die Einser-Nordwand in den Sextener Dolomiten. 100 Silberkronen soll ihm der berühmte Bergführer Sepp Innerkofler versprochen haben, wenn Dibona die Seilschlinge vom Umkehrpunkt Innerkoflers herunterbrächte. Innerkofler hielt diese Riesenwand für unmöglich. Dibona brachte die Seilschlinge herunter und führte die Erstbegehung der Einser-Nordwand zu Ende.

Er führte erst relativ spät Erstbegehungen durch. Dabei besaß er jenen Instinkt, den nur Menschen entwickeln können, die in den Bergen aufgewachsen sind. Er las die logische Routenführung aus der Struktur der Wände und brauchte keine Beschreibung. Die alpine Literatur interessierte ihn wenig, er verließ sich auf die Natur und seinen Instinkt. Sein Gespür für Gefahren – Steinschlag, Lawinen, Unwetter – ließ ihn viele kritische Situationen überleben. Trotz seiner Erfolge hat Angelo Dibona seine bäuerliche Herkunft nie verleugnet. Er war ein Bergführer, der meist still seiner Wege ging. Er bleibt eine *der* Figuren in der 200jährigen alpinen Geschichte.

»Ich bewunderte die Objektivität, mit der er die Erfolge der anderen beurteilte und mit der er sich als Verteidiger jener einsetzte, deren Leistung aus kleinlichem Neid herabgesetzt wurde.« Tita Piaz

»Angelo Dibona und Luigi Rizzi haben großartige Klettertouren durchgeführt. Ihre Gäste Guido und Max Mayer aber haben Berichte verfaßt, die es an Zurückhaltung fehlen ließen, so als ob die übrigen Kletterer allesamt nur mehr als ›unter ferner liefen‹ einzuordnen wären. Es versteht sich, daß sie sich mit einer solchen Werbung zahlreiche Feinde geschaffen haben, denen es nicht recht schien, sich bei jeder Gelegenheit geistreich zu gebärden und Klatsch zu verbreiten. Ich gebe zu, daß auch ich eifersüchtig auf Dibona war, der meine Lorbeeren zu entblättern drohte, und ich verkniff es mir nicht, mich über die tönenden Berichte seiner Kunden ironisch auszulassen. Preuß war da anderer Meinung. Obwohl er das Reklamehafte ablehnte, verteidigte er Dibona und Rizzi (er empfand eine besondere Bewunderung für Angelo Dibona), da sie für das, was die Mayers geschrieben haben, nicht verantwortlich sein konnten und es sich zweifelsohne um sehr wichtige Kletterpartien handelte; er behauptete jedenfalls, daß niemand das Recht hätte, sie abzuwerten, ohne deren Wege zu kennen. Er selbst wollte sie wiederholen. Ein Jahr später sagte er zu mir: ›Siehst Du, Piaz, diese Burschen hatten recht, und ihr, die ihr gelacht habt, hattet unrecht.‹«

Tita Piaz – »A tu per tu con le crode«

»Ist eine solche Wand, wie z. B. die altehrwürdige Laliderer-wand, die in jüngster Zeit zur schwersten Tour der Alpen aufgestiegen ist (sie wird ja nächstes Jahr sicher wieder abgesetzt), wirklich nur mittels einer solchen Masse von Eisen und Hanfgeflecht zu erobern, dann lasse man die Hand davon.«
Franz Nieberl

George L. Mallory war knapp zwei Monate älter als Paul Preuß. Am 18. Juni 1886 kam in Nobberley in der Grafschaft Cheshire jener britische Alpinist zur Welt, der 38 Jahre später knapp unter dem Gipfel des Mount Everest verschollen bleiben sollte und heute noch viele Bewunderer hat. Preuß war Mallory in vielem ähnlich. Es ist denkbar, daß Paul Preuß eine ähnliche Laufbahn als Expeditionsbergsteiger wie George Mallory genommen hätte, wäre er nicht 1913 schon abgestürzt. Ähnlich wie der Tod von Mallory ist auch jener von Preuß geheimnisumwittert. Um beide Bergsteiger haben sich nach ihrem Tod Legenden gebildet, die es schwer machen, ihr Leben sachlich zu sehen.

Mallorys Vater war Pastor. George war der älteste Sohn und besuchte Eliteschulen, wo er sich vor allem in Mathematik und Turnen hervortat. Mit einem seiner Lehrer, R. L. G. Irving, kam Mallory 1904 erstmals in die Alpen, wo sie mehrere Hochtouren unternahmen. Den Höhepunkt und Abschluß dieses Aufenthalts in der Schweiz und in Frankreich bildete die Besteigung des Montblanc.

In diesen Wochen war in Mallory wohl die Entscheidung gereift, Bergsteiger zu werden. Er kletterte nun überall und immer, wenn er konnte. Im Internat bestieg er sogar einen 18 Meter hohen Spalt zwischen einem Kamin und einer Mauer.

Als er mit 19 Jahren nach Cambridge kam, begeisterte sich Mallory auch fürs Rudern, das Bergsteigen aber blieb seine erste Leidenschaft. Er bereiste jedes Jahr die Alpen, kletterte aber auch in Schottland und an den Felsen von Wales. Mallory gehörte bald zu jenem elitären Kreis von englischen Bergsteigern, die, von den Universitäten Oxford, Eton oder Cambridge kommend, Sommer für Sommer kühne Bergbesteigungen in den Alpen durchführten. Gemessen an den vielen Professoren war er noch sehr jung, trotzdem aber einer der talentiertesten britischen Kletterer.

1909, Mallory war 23 Jahre alt, erkletterte er den Moinegrat der Aiguille Verte, stürzte zweimal und saß Ende August in Zermatt fest, wo er viel las. Cottie Sanders beschreibt ihn in ihrem Buch »Hohe Berge« so: »Ende August 1909 saß ein junger Mann auf einem Eisenstuhl vor einem runden, eisernen Tischchen auf der Terrasse des Hotels Monte Rosa in Zermatt. Er las ›Das Landhaus‹ von John Galsworthy in einer Tauchnitz-Ausgabe. Um ihn herum brodelte ›das Leben‹. Führer und Bergsteiger kamen und gingen, es wurde geratscht und getratscht, wie es eben zur Sommerszeit in Zermatt üblich ist. Der junge Mann saß ganz in sein Buch vertieft, schaute nie auf; von Zeit zu Zeit wischte er mit der rechten Hand eine üppige Strähne braunen Haares zurück, die immer wieder über die Stirn in die Augen rutschte und herabfiel. Es war ein malerischer Anblick.«

George L. Mallory

»Nach dieser Tour waren wir uns alle darin einig, daß wir den schönsten Tag unseres Lebens verbracht hatten.«
George L. Mallory

»Mallory war groß für sein Alter, hatte lange Beine, lange Hände, war schlank und nicht übermuskulös, obwohl das oft bei Turnern der Fall ist. Er war ein hübscher Junge, sah sehr gut aus, geradezu graziös. Wer ihn nicht kannte, konnte den Verdacht haben, er sei verweichlicht.«
R. L. G. Irving

1911, nach einer Serie von Montblanc-Besteigungen, schrieb Mallory einen jener zündenden Aufsätze, die seine Lebenseinstellung klar werden lassen: »Was ist der Sinn des Bergsteigens? ... Das ist es: zu wissen, wie es ausgegangen ist. Die Überzeugung zu haben, daß es bis zum Ende ausgestanden werden kann – dann wissen wir auch, daß es keine Träume gibt, die nicht wert sind, geträumt zu werden ... Haben wir einen Feind besiegt? Nein, uns selber. Haben wir einen Erfolg erzielt? Dieses Wort hat hier keine Bedeutung. Haben wir ein Königreich erobert? Nein – und ja. Wir haben eine absolute Genugtuung erreicht ... Ein Fatum hat sich erfüllt ... Kämpfen und verstehen – das eine ist ohne das andere nicht möglich; so ist das Leben. Tun wir also, wenn wir Berge besteigen, nichts anderes, als daß wir Lebensgrundsätzen folgen? Ja! Aber das ist *der* Grundsatz des Lebens – Und danach – verstehen wir doch etwas mehr.«

»Mallory, die Seele des Unternehmens, war der einzige, der in der Verfassung gewesen wäre, noch ein paar hundert Meter unter sich zu bringen.«
G. O. Dyhrenfurth

Mallory selbst war inzwischen Lehrer. Beliebt bei seinen Schülern, erzählte er ihnen oft von den Bergen und lud sie gerne zu den Treffen mit seinen Cambridge-Bergfreunden ein. Mallory vertrat die Ansicht, daß kein Sport mit dem Bergsteigen zu vergleichen sei. Die Erlebnisintensität in den Bergen sei mit keiner anderen sportlichen Aktivität zu erreichen.

1914, als der Erste Weltkrieg ausbrach, wurde Mallory als unabkömmlicher Lehrer zurückgestellt. 1915 brachte er eine pädagogische Schrift zum Verhalten von Jugendlichen im Krieg heraus, worin er für Toleranz anderen Nationen gegenüber plädiert. Auch warnt er vor hochgespielten Emotionen und einer Überflutung von Propaganda zu Kriegszeiten.

1921, 1922, 1924 – Mallory war an allen drei ersten Everest-Expeditionen dabei. Er war der treibende Geist bei dieser Pionierarbeit. Von der dritten Expedition kam er nicht mehr zurück. Am Gipfelgrat ist er zuletzt gesehen worden. Ob er mit A. Irvine im Auf- oder beim Abstieg umkam, bleibt ungeklärt.

»Denn als du auf den Gipfelsturm aus warst, hast du vielleicht nicht daran gedacht, daß der Abstieg lang und ermüdend sein könnte und auch gefährlich.« *George L. Mallory*

Ob Mallory Paul Preuß gekannt hat, ist schwer herauszufinden. Jedenfalls wird dies oft behauptet. Die beiden waren sich in einem gleich: in ihrer bedingungslosen Begeisterung für die großen Berge. Ihre Kraft schöpften beide aus diesem Geist.

Im gleichen Jahr wie Paul Preuß ist auch **Rudolf Fehrmann** geboren, der Begründer des modernen Sächsischen Bergsteigens. Auf einem Schiff, zwischen Europa und Amerika, erblickte er am 22. Juni 1886 das Licht der Welt. Wenige Jahre später – die Eltern waren früh verstorben – kam er mit drei Geschwistern nach Deutschland zurück, wo die Kinder getrennt bei Verwandten erzogen wurden. Rudolf Fehrmann wuchs bei seinem Onkel in Dresden auf, wo er eine unbeschwerte und sorglose Kindheit erlebt haben dürfte. Natürlich litt er unter dem Verlust seiner Eltern, er konnte diesen Mangel scheinbar aber früh kompensieren, als er sich – es war in der Sommerfrische in der Sächsischen Schweiz – fürs Klettern begeisterte.

Wie er in einem später verfaßten Rückblick auf sein Bergsteigerleben schreibt, bedeutete ihm das Klettern »eine kaum vorstellbare Verdichtung des Lebensgefühls . . .dem Zauber der Berge und des Kampfes mit ihnen war ich nun ein für allemal verfallen. Ich lebte fortan zwei Leben: wie andere . . . das Leben des Alltags, das sich ohne viel innere Anteilnahme von selbst vor mir abrollte; darüber aber lag ein Leben im Reiche der Phantasie, in dem der Geist ganz erfüllt war von dem Gedanken an die Bergwelt und die Seele sich vor Sehnsucht nach ihr verzehrte. Welches war nun das wirkliche, das eigentliche Leben? Es war wie ein Taumel, wie eine Besessenheit über mich gekommen, die schon hart an der Grenze des Gesunden hinging.«

Rudolf Fehrmann behauptet zwar, daß ihm die Vorliebe für die »dritte Dimension« im Blute gelegen habe, in Wirklichkeit hat ihn wohl seine Kletterleidenschaft schnell zum Könner heranreifen lassen. Er war nicht das, was man heute einen Sportkletterer nennen würde, er war ein Naturliebhaber und in die »Sächsische Schweiz« buchstäblich verliebt: »Einmalig also ist die Wesensart

»Das Empfinden der Gefahr, gebändigt durch das Bewußtsein, ihr überlegen zu sein . . . ist geeignet, das Lebens- und Ich-Gefühl zu steigern und ist damit lustbetont.« *Rudolf Fehrmann*

dieses Felsenlandes, und Melancholie ist sein Temperament, so mystisch-dunkel und jenseitig wie auf Dürers altem Stich. Und das wohl vor allem war es, was das Herz so nah verwandt berührte und dem Saitenspiel in der Brust seinen Widerhall erweckte: diese dunkle Schwermut, diese erdenferne Einsamkeit, diese trauernde Verlassenheit.«

Hier führte er auch seine erste Erstbegehung durch, die Südwand des Meurerturms. Fehrmann hatte inzwischen seinen Spitznamen gewechselt. Aus dem »Oceanos«, wegen seiner maritimen Geburt, wurde ein »Petrus«, was Fels bedeutet.

Von 1904 bis 1908 gelang Rudolf Fehrmann eine Reihe von Erstbesteigungen und Erstbegehungen in seiner sächsischen Felsenheimat, darunter die unbezwingbar wirkende Barbarine. 1908 brachte er den ersten Kletterführer über die »Sächsische Schweiz« heraus, der übrigens der erste Mittelgebirgskletterführer auf dem europäischen Festland war. Seine Fähigkeit, die Türme naturgetreu nachzuzeichnen, kam ihm dabei zugute. Er konnte seinen Führer mit eigenen Skizzen bebildern.

1908 und 1909 gelangen Fehrmann mit Oliver Perry-Smith in den Dolomiten drei Erstbegehungen von Format, die zu den schwierigsten Routen jener Zeit gehören: 1908 die Fehrmannverschneidung an der Guglia di Brenta und jene in der Südwand des Stabelerturms sowie 1909 die Fehrmann-Route durch die Nordwand der Kleinen Zinne. Paul Preuß hat diese drei Fehrmann-Wege wiederholt. Getroffen haben sich Fehrmann und Preuß nicht, es ist aber anzunehmen, daß Fehrmann den »Mauerhakenstreit« von 1911 mitverfolgte und einige Ideen für die Aufstellung seiner »Kletterregeln« daraus entlehnte.

In einem Kletterführer-Nachtrag von 1913 finden wir eindeutig formulierte Grundsätze für das Klettern im Sächsischen Sandstein, die heute noch Geltung haben. Die konsequente Ablehnung jeder Art von künstlichen Hilfsmitteln, die das Steigen erleichtern, ist der Inhalt dieser Regeln. Gerade diesen Gedanken finden wir auch bei Paul Preuß, nur ist er dort früher und klarer formuliert als bei Fehrmann. Würde man seine Regeln nicht beachten, wären die Felsen bald kaputt, meinte Fehrmann: »In einem Sommer würden Dutzende neuer Wege, die nur so von Eisen starrten, durchgeführt werden; aber dem ernsten Bergsteiger, der die Natur und insbesondere seine Felsen rein und unverdorben haben will, nicht geschändet von Menschenhand, wäre die Freude am Klettern in unserem Gebirge für immer genommen ... Es kann hier, sobald künstliche Hilfsmittel benützt werden, von einem Siege über dem Fels ebensowenig gesprochen werden, als wenn z. B ein Wettläufer dem andern ein Bein stellt.«

»In Dresden angekommen, lebte ich eigentlich nur mit dem Körper in der Stadt, alle meine Gedanken waren in den Bergen geblieben.« *Rudolf Fehrmann*

Im Elbsandsteingebirge.

»Ich selbst werde bei meiner Aufgabe getragen von dem tiefinneren Glauben an die beglückende, sieghafte Kraft des alpinen Geistes und der alpinen Tat, die hinausführen über die Unzulänglichkeiten des Tages.«
Rudolf Fehrmann

Fehrmann hat mit seiner Autorität und weisen Voraussicht für den Mittelgebirgsbereich des Elbsandsteingebirges eine »Schule« gegründet, die heute weltweit Vorbildcharakter hat: das Sächsische Bergsteigen. Darin liegt sein Verdienst im Bereich des Alpinismus.

Falkenstein-Westpfeiler, Elbsandsteingebirge.

Vielleicht hängt die Tatsache, daß die Ideen von Paul Preuß das Alpenbergsteigen nicht so nachhaltig beeinflußt haben wie jene von Fehrmann das Sächsische Bergsteigen auch damit zusammen, daß der früh abgestürzte Preuß nicht jenen autoritären Einfluß erreichen konnte, wie ihn Rudolf Fehrmann nach dem Ersten Weltkrieg hatte.

Mit 33 Jahren war Fehrmann 1919 aus dem Ersten Weltkrieg heimgekehrt, wenig später ließ er sich in Dresden als Rechtsanwalt nieder. Seine sportlichen Leistungen liegen vor dem Krieg, auch hat ihm diese Zeit sein Gepräge gegeben. In den Jahren zwischen den beiden Weltkriegen hat sich Fehrmann zuerst vereinspolitisch engagiert, dann – 1932 trat er der NSDAP bei – auch mehr und mehr großdeutsch.

Wenn man Fehrmanns Schriften liest – auch die Rückbesinnung im abgeklärten Alter – erscheint es nicht verwunderlich, daß er für die Ideen der NSDAP zu begeistern war und daß er im Zweiten Weltkrieg offensichtlich freiwillig als Wehrmachtsrichter fungierte. Trotzdem wäre es falsch, ihm seine bahnbrechenden Verdienste für den Klettersport abzusprechen. Als Rudolf Fehrmann im Februar 1947 im Internierungslager in Neubrandenburg an Tuberkulose starb, sollte in seiner Felsenheimat das Vergessen um ihn beginnen, so wie in der Zeit seiner AV-Tätigkeit Paul Preuß vergessen werden sollte.

Trotzdem hat die Ausstrahlung des Preußschen und des Fehrmannschen Geistes im sportlichen Bergsteigen viele Jahrzehnte überdauert. Sie reicht heute weit über das europäische Bergsteigen hinaus.

Um die Anzahl der Jahre, die Angelo Dibona älter war als Paul Preuß, war **Hans Dülfer** jünger. Preuß verkörpert also genau die Generation zwischen dem Höhepunkt des klassischen Bergsteigens, in dem sportliche Elemente kaum vorhanden waren, und dem modernen Alpinismus, den Hans Dülfer durch seine Taten vertrat wie kein anderer.

»Was bisher als unmöglich betrachtet wurde, muß mit Hilfsmitteln möglich gemacht werden!« *Hans Dülfer*

Hans Dülfer wurde am 23. Mai 1892 in Barmen geboren. Sein Vater war selbständiger Kaufmann und begleitete seinen Sohn später auf vielen Klettertouren. Schon seine erste Reise in die Alpen, 1907 ins Allgäu, hatte Hans Dülfer – er war gerade fünfzehn – mit seinem Vater Emil unternommen. 1910 war er, wieder mit dem Vater, in der Silvretta. 1911 kam der junge Dülfer von Dortmund nach München, wo er mit einer Reihe namhafter Bergsteiger zusammentraf. Dem Wunsch des Vaters entsprechend studierte er zuerst Medizin, später schrieb er sich in die juristische und dann in die philosophische Fakultät ein. Seine ganze Begeisterung aber galt der Musik und dem Felsklettern. Dülfer war ein guter Pianist und wohl der beste Felskletterer seiner Zeit. Innerhalb von nur vier Jahren – 1911 bis 1914 – gelangen ihm im Kaisergebirge, im Rofan und in den Dolomiten 50 Erstbegehungen. Dülfer gilt als der Erfinder des Seilquergangs durch schiefes Abseilen und einer Abseilmethode, den »Dülfersitz«.

»Dülfer ging hochmodern, in Hemdsärmeln, ohne Rucksack; bloß seine Kletterweste barg einige Kleinigkeiten: eine Anzahl Mauerhaken, ein paar Karabiner und sein Hämmerlein aus Nikkelstahl, das er so verliebt anguckte wie ein neugebackener Verlobter seine Braut.«
Franz Nieberl

Nach der ersten Durchsteigung des nach ihm benannten Kamins am Totenkirchl 1911 und der Fleischbank-Ostwand 1912 galt Dülfer als neuer Stern am Kletterhimmel. 1913 verbuchte er seine größten Erfolge: erste Begehung der Direkten Totenkirchl-Westwand – eine Tour, die erst nach dem Krieg wiederholt werden konnte –, erste freie Erkletterung des Torre del Diavolo und erste Begehung der Westwand der Großen Zinne. Seine Glanzleistung überhaupt dürfte wohl die erste Begehung des Dülferrisses im Wilden Kaiser im Alleingang sein. 1914 führte er mit der Begehung der Südwand der Odla di Cisles seine letzte Erstbegehung durch. Dülfer verdanken wir die Erschließung der Larsec-Gruppe im Rosengarten in den Dolomiten, über die er eine Monographie für das Jahrbuch des DAV und ÖAV schreiben sollte.

»Hier hat der Meister wahrlich seine Visitenkarte hinterlassen. Bewunderung für das Genie Dülfer und seine Verwegenheit erfaßt mich.« Hias Rebitsch

Hans Dülfer war »Bayerländer«, hielt Vorträge und verfaßte leider nur einige wenige Aufsätze. Zwei von ihnen – »Auf den Predigtstuhl im Kaisergebirge« und »Die Bezeichnung der Kletterschwierigkeiten« – will ich in dieses Preuß-Buch aufnehmen, weil sie für die Preuß-Biographie wichtig sind und weil sie als authentische Arbeiten Dülfer am ehesten gerecht werden.

»Als Alpinist war Paul Preuß der ungleich größere. Aber als Freund der Felsen, der Bergheimat seiner Wahl, war Hans Dülfer nicht zu übertreffen.« Kurt Maix

Wie ist es möglich, daß ein alpenferner Bergsteiger in so kurzer Zeit zu einem solchen Könner heranreifte? Da gab es einmal eine sachliche Begeisterung in Hans Dülfer für das Klettern. Er war ein Mathematiker der Felsen. Dazu kamen einige anregende Begegnungen. 1911 lernte Dülfer Hans Fiechtl kennen, von dem er einiges im Umgang mit Seil und Haken lernte, mit dem zusammen er später sogar an neuen Hakenformen herumbastelte. Dülfer kannte und bewunderte den um sechs Jahre älteren Paul Preuß. Er beobachtete den temperamentvollen Tita Piaz und die anderen »Konkurrenten« aus jenen Tagen: Otto Herzog, Georg Sixt, Rudi Redlich. Er war der jüngste jener Starkletterer, vielleicht auch der verschlossenste. Er haßte Angeber. Dülfer war aktiv wie der unermüdliche Paul Preuß, allein 1912 bestieg er 155 Gipfel. 1913 waren es dann sogar 172, darunter 23 Neutouren.

»Als Mensch war Dülfer nicht einfach zu nehmen, und ich glaube, er hat sein Inneres nur wenigen erschlossen.« Franz Nieberl

Dülfer war ein Intellektueller, ein kopfbetonter Kletterer. Er konnte sich konzentrieren und er konnte wollen. Er war kühl und überlegt. Langaufgeschossen wie er war, wirkte er eher schwächlich. Schnell aber entfaltete er seine Talente und seine Kräfte. Er blieb auch nach seinen großen Erfolgen schlicht, sachlich.

Dülfer war sicher nicht *der* Allroundbergsteiger wie Paul Preuß. Sein skiläuferisches Können war bescheiden, er hatte Erfahrung im Eis, aber vorerst keinen Ehrgeiz, seine Aktivitäten auf die Westalpen auszudehnen. Hans Dülfer war, wie in seinem Alter von 20 Jahren nicht anders zu erwarten, so vom Felsklettern gepackt, daß er sich vorerst nur darauf konzentrierte, in Kalk und Dolomit absoluter Meister zu werden. Die Fleischbank-Ostwand, an der

Herzog, Fiechtl und Sixt gescheitert waren, sah er selbst als seine Meisterleistung an; den Riß zwischen Christaturm und Fleischbank als seine schwierigste Tour.
Privat wissen wir von Dülfer wenig. Das Scheitern der Ehe seiner Eltern mag ihn belastet haben. Seine frühe Bekanntschaft mit der kletternden Hanne Franz, mit der er in fester Beziehung in der Nähe von Kufstein lebte, kann eine Folge davon gewesen sein. Der Vater erlaubte ihm 1912 endlich das Musikstudium, das er mit gleicher Begeisterung wie das Klettern betrieb.

»Dülfer... der Schweigsame, der fast nie eine tiefere Regung anderen gegenüber auf Touren äußerte.« Franz Nieberl

»Was Dülfer deutlich heraushob über das Niveau qualifizierter Zeitgenossen, das war die unerschütterliche Konsequenz und die verblüffende Intensität, mit der er sein Bergsteigen betrieb.« Franz Schmitt

Hans Dülfer

Dülfer war kein Draufgänger – nicht bei den Frauen, nicht im Fels. In den Berghütten blieb er meist im Hintergrund. In seiner verschossenen Leinenjacke erkannte ihn zwar jeder, er aber summte oft vor sich hin und wirkte unnahbar. Er sprach wenig, verfolgte dafür mit seltener Geradlinigkeit seine Pläne.
Die Damen standen damals ebenso in »Konkurrenz« zueinander wie die Herren. Seine Hanne Franz und Emmy Hartwich zum Beispiel, die mit Paul Preuß befreundet war.
Hans Dülfer war zweifellos eine starke Persönlichkeit, ein Mann, der intensiv lebte. Sicher ist auch, er war ein begnadeter Freikletterer, der die damals moderne Technik beherrschte. Er war aber – und das unterscheidet ihn von Paul Preuß – bereit, alles an Technik einzusetzen, um eine ausgedachte und studierte Erstbegehung zu Ende zu führen. So stieg er mit Willi von Redwitz mit zwei 40 Meter langen Seilen, 26 Mauerhaken und einem Steinbohrer in

»Dülfer war wohl der beste Felskletterer seiner Zeit, der über alle sportlichen Grundlagen verfügte. Er schuf einen eigenen Stil, dem Eleganz, Ernst und Schönheit nicht abzusprechen waren. Er wollte beweisen, daß es kein Unmöglich gibt.« Walter Schmidkunz

»Dülfer... man darf ihn neben Paul Preuß ruhig als den besten und erfolgreichsten Kletterer seiner Zeit bezeichnen.«
Emil Gretschmann

Paul Preuß am Purtschellergrat, Elmauer Halt.

die Totenkirchl-Westwand ein. Dabei hatten sie die Schlüsselstelle, den Seilquergang, schon vorher mit einem Geländerseil abgesichert. Der Steinbohrer kam zwar nicht zum Einsatz, er war aber dabei; ein Beweis dafür, daß Dülfer die Preußschen Grundsätze nicht teilte. Er vertrat den Standpunkt, daß mit technischen Hilfsmitteln möglich war, was ohne sie als unmöglich galt. Diese Einstellung hatte eine Umwälzung der Kletterpraktiken zur Folge, eine Umgewichtung der Werte, und parallel zu dieser neuen Auffassung ging die Vision von einem Kletterproblem und dessen Lösung. Es ist nicht feststellbar, ob sich Dülfer am »Mauerhakenstreit« beteiligt hat oder nicht. Ich nehme an, daß er, wie da und dort angedeutet, im großen und ganzen mit Preuß einverstanden war, daß er aber gleichzeitig, die Preußschen Grenzen im Freiklettern überschreitend, den Haken selbstverständlicherweise zur Fortbewegung einsetzte. Er war mehr Eroberungsbergsteiger im Gegensatz zu Preuß, dessen Energie vom Geist gelenkt war.
Es ist sicher falsch zu behaupten, Dülfer sei der Techniker, Preuß der Freikletterer in jener Umbruchphase des Alpinismus vor dem Ersten Weltkrieg gewesen. Ich habe die offene Südwandverschneidung am Kesselkogel in der Rosengarten-Gruppe wiederholt und vor Dülfer den Steinschlaghelm gezogen, der diesen Weg teilweise allein erstbegangen hat, nachdem Dibona und Piaz gescheitert waren und seine Partnerin Hanne Franz nach der zweiten Seillänge freiwillig zurückgeblieben war.

»Dülfer war kein Turner – er war ein Akrobat.« *Hanne Franz*

Wo lagen die Grenzen der Dülferschen Freikletterkunst? Es ist sicher, daß Dülfer mit seinem Kletterkönnen in der Furchetta-Nordwand nicht durchgekommen wäre. Obwohl er – nach der Rekognoszierung mit Luis Trenker bis wenige Meter oberhalb der Dülferkanzel – auf einen zweiten Versuch hoffte, er wäre dort wieder gescheitert. An der direkten Gipfelwand, die erst 1932 von der Seilschaft Vinatzer/Peristi erklettert werden konnte, liegen die Schwierigkeiten im Bereich des VII. Grades. Weiter rechts, wo Solleder und Wiessner 1925 durchkamen, hätte auch Dülfer eine Chance gehabt, wenn er die abweisende Rißreihe durch die rechte Gipfelwand von unten für möglich gehalten hätte. An seiner Leistungsgrenze kletterte Dülfer vollendet, harmonisch, rhythmisch. Sein Klettern war ein Tanz an der Senkrechten.

»In den letzten Jahren war Dülfer zu einem sehr kräftigen und ungewöhnlich zähen und ausdauernden jungen Menschen herangewachsen.«
Werner Schaarschmidt

1914, erst 22 Jahre alt, meldete sich Hans Dülfer als Kriegsfreiwilliger beim Ersten Bayerischen Schneeschuhbataillon. Am 15. Juni 1915, am dritten Jubiläumstag der Fleischbank-Ostwand, die er viermal durchstiegen hatte, fiel er bei Arras an der Westfront. Ein angehender Künstler, ein musischer Kletterer war tot.

Dülfer hat seine Kletterpartner durch seine Ruhe, seine Sicherheit und Sauberkeit beim freien Steigen beeindruckt. Vom Umgang mit Haken und Karabinern sprechen nur wenige. Sicher war er geschickt in der Handhabung des Seils, er war immer sparsam mit Haken. Die Grundlage für seine Erfolge war sein Kletterkönnen, nicht die Technik. In seinem Nachruf »Jung stirbt, wen die Götter lieben« charakterisiert ihn Werner Schaarschmidt so: »Dagegen war er ein entschiedener Gegner jeden alpinen Philistertums und gab das ab und zu jener Sorte, die ihr Tun gerade noch für erlaubt und bedeutend, alles weitere für Fexentum hielt, deutlich zu verstehen. Da die Zahl alpiner Philister groß ist, war es auch die seiner gekränkten Gegner. Ehrliche Freunde hatte er hingegen mehrere im einfachen Volk, in Führerkreisen und unter den wenigen, die ihn näher kannten. Im allgemeinen war er schwer zugänglich, sein Innenleben war so reich, daß er einer äußerlichen Allerweltsgeselligkeit nicht bedurfte.«

»Alle die, die viel Sprüche machen, das sind nicht die besten!«
Hans Dülfer

Dülfer war seiner Zeit voraus. Weit voraus. Einige Kritiker sahen in der Kletterei nach Dülfers Art anfangs ein Abweichen von den »wahren Werten des Alpinismus«. Andere hofften, daß sich diese »akrobatische« Bergsteigerei ihrer Schwierigkeiten wegen bald totlaufen würde. Die meisten Spitzenkletterer aber folgten dieser Kletterei Dülferscher Prägung. Nach dem Ersten Weltkrieg stieg die junge Generation dort weiter, wo Dülfer aufgehört hatte. Die Tatsache, daß mit Seil- und Hakentechnik neuartige Probleme lösbar wurden, war ausschlaggebend für die Ausbreitung des Kletterns schärferer Richtung.

»Dülfer danken wir es, daß wir in der alpinen Technik so weit fortgeschritten sind; er war der Bahnbrecher und Verfechter der modernen Technik.«
Emilio Comici

Hans Dülfer und Paul Preuß waren in Geist und Tat gar nicht so weit voneinander entfernt, wie es heute scheinen mag. Die beiden respektierten sich, zusammen hätten sie nach dem Krieg dem Bergsteigen eine andere als die gewesene Richtung geben können.

»Dülfer war eine Klasse für sich, Er hat neue Wege mit neuen Mitteln im Fels eröffnet.«
Franz Nieberl

Dülfer hat Seil und Haken konsequent zur Sicherung *und* Fortbewegung eingesetzt. Dadurch hat er sich von den Preußschen Ideen entfernt: nicht explizit durch seine Aussagen, sondern durch die Tat. Darüber hinaus bemühte sich Dülfer, die technischen Hilfen leichter und handlicher zu machen. Die Entwicklung des Kletterns ging den Weg, den Dülfer gewiesen hatte, weiter zu verbesserter Ausrüstung, zu verstärkter Absicherung bei steigenden Schwierigkeiten. Durch ihn wurde der Wilde Kaiser die Hohe Schule des sportlich-technologischen Alpinismus.

Erst in den letzten beiden Jahrzehnten findet eine Rückbesinnung auf die sportlich-motivierte Freikletterei statt, wie sie Mummery und Preuß eingeleitet haben. Diese erste Freikletterbewegung, die vom technologischen Bergsteigen verdrängt worden war, könnte morgen allerdings wieder tragend werden, wenn die Sicherheit des Alpinisten und nicht eine hundertprozentige Sicherung dem durch größere Schwierigkeiten gesteigertem Risiko entgegengesetzt wird.

Dülfer ist, soweit man weiß, nie gestürzt, er war also ein sicherer Kletterer. In diesem Punkt entsprach seine Einstellung der von Paul Preuß, und wohl deshalb ist Dülfer in Wort und Schrift nie als Gegenspieler von Preuß aufgetreten.

Der technologische Alpinismus hat unweigerlich in eine Sackgasse geführt. Die moderne Hinwendung zum bedingungslosen Freiklettern ist einerseits eine Rückbesinnung auf Paul Preuß, ohne seine absolute Risikobereitschaft, andererseits eine Hommage an Hans Dülfers Kletterkunst, mit weiterentwickelten Hilfen wie Perlonseil, Klemmkeil, Friend.

Was heute »Sportklettern« oder »free climbing« genannt wird, kann grob gesagt auf die Summe aus den Ideen von Paul Preuß und die Taten von Hans Dülfer zurückgeführt werden.

Die beiden Arbeiten von Hans Dülfer, die nun folgen, sind deswegen wichtig für das Verständnis jener Zeit, weil die erste auf die Preußschen Grundsätze eingeht – ob ernst oder ironisch, weiß ich nicht – und die zweite zum Vorschlag von Karl Planck (Sohn des Nobelpreisträgers Max Planck) Stellung bezieht, der eine sechsstufige Schwierigkeitsskala von der Zugspitze bis zur Fleischbank-Ostwand vorschlug.

»Jedenfalls war Dülfer neben Preuß der beste Kletterer der Jetztzeit.« *Wilhelm Lehner*

Auf den Predigtstuhl im Kaisergebirge – Auszüge

Von Hans Dülfer

_____ Seit Anfang August, wo ich zweimal allein auf der Guglia di Brenta gewesen war, sollte es jetzt – Anfang Oktober – wieder meine erste Tour sein, deren Reize ich allein kosten durfte.
Die Kletterei beginnt mit einer äußerst interessanten, nicht äußerst schwierigen Stelle, der Matejaktraverse. Wenige Meter gilt es nach links in einen versteckten Kamin zu queren.
Durch Risse und über kurze Wandstellen geht es immer höher hinauf. Das Schönste ist ein offener Kamin, der etwas rechts von der eigentlichen Matejak-Route gelegen ist. Weithin

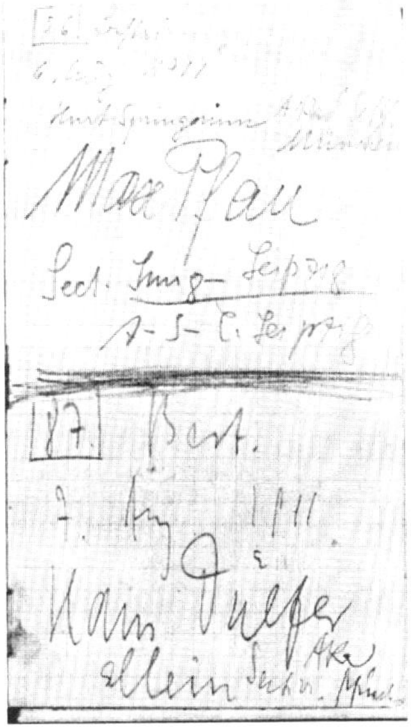
Max Pfau
187
7. Aug 1911
Hans Dülfer
allein

Auszug aus dem Gipfelbuch der Guglia di Brenta.

»Meine schönsten Touren sind die gewesen, die ich allein gemacht habe.« *Hans Dülfer*

schweift von hier der Blick gegen Nordosten, während man zwischen Wand und einer freistehenden Platte auf einem geschützten Plätzchen steht. Lange habe ich hier verweilt. Ich glaube fast, es gibt kein schöneres Fleckchen am Predigtstuhl. Vom höchsten Punkte dieses großen Grataufschwunges führt der Weg jenseits etwas hinab, dann über ein längeres, weniger steiles Stück hinan bis zur Schlußwand. Während der Ostler-Weg sie rechts umgeht, ist es wohl, wenn man die Nordkante macht, idealer, sie direkt zu durchklettern. Allerdings ist die Schlußwand kaum leichter als die Matejak-Route.

Als ich droben auf dem Nordgipfel bin, fällt mir ein, wieviel Ähnlichkeit die Ersteigung der Guglia di Brenta auf dem gewöhnlichen Wege mit der Begehung der Nordkante hat; die Schwierigkeiten am Anfang und am Ende, in der Mitte leichtere Partien; hier die Matejaktraverse, dort der alte Einstieg, dort die Berger- und Ampfererwand, hier der große Grataufschwung und die Schlußwand.

»Dülfer hat... als ausgesprochenes Gehirnwesen seine Leistungen auf geradezu künstlerische Höhe gebracht.« Franz Nieberl

Bald bin ich drüben auf dem Hauptgipfel und klettere den letzten, 30 Meter hohen Abbruch, genannt »Südgrat«, hinab zur Predigtstuhlscharte. Drunten in der Steinernen Rinne treffe ich Fiechtl, den Bergführer aus dem Zillertal, einen unserer besten Wandkletterer. Er rät mir, doch einmal seine Route durch die Westwand des Predigtstuhls zu wiederholen, sie sei nach ihm oft ohne Erfolg versucht worden. Auf meine Frage nach den technischen Schwierigkeiten sagte er, es fänden sich in der Westwand des Totenkirchls keine so schwierigen Stellen als in der des Predigtstuhls, doch sei diese bedeutend kürzer.

Das Ende vom Liede war, daß ich drei Tage später erwartungsvoll vom Kessel am Fuße des Botzongkamins in die Westwand einstieg. Die Eigenart der ganzen Kletterei ist die, daß sie ununterbrochen äußerst schwierig, stets unheimlich exponiert und durch allerlei Felsungetüme, die jeden Augenblick loszupoltern drohen, sehr gefährlich ist. Besonders erinnere ich mich da eines heiklen Querganges nach rechts, durch den man eine Steilrinne gerade oberhalb ihres Abbruches erreicht. Hart oberhalb des Abbruches liegen zahlreiche Felsblöcke, die nur des leisesten Anstoßes bedürfen, um herunterzustürzen. Da habe ich mir zur Vorsicht ein paar Meter vorher einen Mauerhaken eingetrieben und mein 15-Meter-Seil durchgezogen, das ich stets mit mir führe, wenn ich allein gehe.

Predigtstuhl-Nordgipfel von der Steinernen Rinne.

Als überzeugter Anhänger Preußscher Grundsätze versäume ich es keineswegs in den sehr seltenen Fällen, daß die eigene Sicherheit durch unmittelbar drohende Gefahren illusorisch werden könnte, mir durch zweckmäßige Sicherung eine gewisse Notreserve zu schaffen.

(Deutsche Alpenzeitung, 1912/13, 12/I, Nr. 6, Juni 1912)

Die Bezeichnung der Kletterschwierigkeiten – Auszüge

Von Hans Dülfer

——— Nachdem wir nun mit »leicht« und »äußerst schwierig« die Reihe der Schwierigkeitsbezeichnungen begrenzt haben, bleibt nur noch übrig, als Zwischenstufen »mittelschwer«, »schwierig« und »sehr schwierig« einzufügen. Ich stelle im folgenden eine Schwierigkeitsskala für Klettertouren auf, wie sie für eine Reihe von Jahren ausreichen könnte; maßgebend ist selbstverständlich – wie auch Planck betont – die Schwierigkeit der entscheidenden Stellen:

»Die bekanntesten und schwierigsten Felsrouten, die damals frei geklettert wurden, waren: die Punta Emma (IV), der Delagoturm (IV), der Campanile Basso, Fehrmann-Route (IV+), die Kleine Zinne, Fehrmann-Route (IV+) und Witzenmann-Route (IV+, ›Steigleiter‹), das Langkofeleck, Hauptroute (IV+), Tschirspitze, Adangkamin (IV+, ›Steigleiter‹), die Civetta-Nordwestwand, Hauptroute (IV+), Croz dell'Altissimo, Dibona-Route (IV+), die Totenkirchl-Westwand (V), der Große Ödstein, Nordkante (V).« Severino Casara

»Paul Preuß kam es darauf an, die rein persönliche Seite des Bergsteigens zur größtmöglichen Vollkommenheit auszubilden.« Wilhelm Lehner

Leicht: Große Zinne (gew. Weg), Rosengartenspitze (gew. Weg), Totenkirchl (Führerweg – Schmidtrinne – Leuchs-Variante).
Mittelschwer: Kleine Zinne (gew. Weg), Stabelerturm (gew. Weg), Totenkirchl (Stöger-Gschwendtner-Kamin).
Schwierig: Kleine Zinne (gew. Nordwandroute), Rosengartenspitze (Ostwand), Totenkirchl (Rottensteiner-Route).
Sehr schwierig: Kleine Zinne (Fehrmann-Route), Delagoturm (Nordwestwand), Totenkirchl (Leuchskamin).
Äußerst schwierig: Große Zinne (Westwand), Punta Emma (Nordostwand), Fleischbank (von Südosten).

»Dülfer hat keine Preuß-Tour in seine interessante Vergleichsliste der verschieden schwierigen Touren aufgenommen, wohl aber zwei eigene.« Reinhold Messner

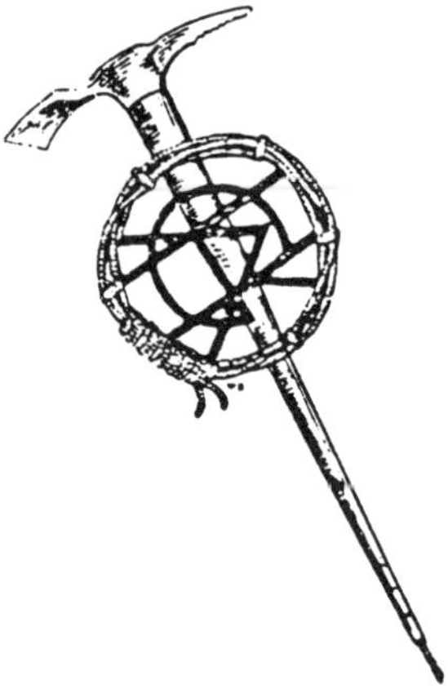

Alpenclub »Hoch-Glück«, Mitgliederstand 1913/14

II. Ordentliche Mitglieder

Name	Wohnort	D u. Oe AVS
Aniforti Engelbert	München	Bergland
Bayer Max	München	Bergland
Bing Dr. Walter	Straßburg	Straßburg-Bayerl.
Bühler Karl	München	Bayerland
Dafner Otto	München	Bergland
Deye Adolf	Linz	Bayerland-Bergl.
Deye Walther	München	Bayerland
Faulmann Willy	München	Bayerland
Fleiß Leonhard	München	Bergland
Greinwald Karl	München	Bergland
Jack Hermann	München	Bergland
Jacobi Paul	München	Bayerland
Kemmler Karl	München	Bergland
Klingl Michael	München	München
Megele Fritz	München	Bergland
Meyer Paul	Murnau	Bayerland
Pilsky Matthias	München	Bayerland
Plapperer Michael	München	Bergland
Preuß Dr. Paul, † 3. X. 13	München	Austria-Bayerland
Renker Dr. Gustav	Wien	Villach-Bayerland
Rudholzner Hans	München	Bayerland
Schlögl Josef	München	Saalfelden
Schneider Franz	München	Bergland
Schuster August	München	Bayerl.-Bergl.-T.-A.-K.
Seitz Franz Josef	München	Bayerland
Wankmüller Karl	Linz a. D.	Linz
Zeitler Fritz	München	Bayerland

Derzeitiger Mitgliederstand 34.

7. November 1913: Gedächtnisabend für unser verstorbenes Mitglied Paul Preuß.«
Alpenklub »Hoch-Glück«, München – Bericht über das Vereinsjahr 1913/14

»Im Fels war er ein Phänomen. Er bildete eine Klasse für sich; eine Beurteilung läßt keinen Vergleich zu. Er war die verkörperte Lebensbejahung. Dieses lebensbejahende Fluidum übertrug sich unwillkürlich auf seine Umgebung, und da sich damit ein offener, fast übertrieben ehrlicher und selbstloser Charakter verband, so erwarb er sich eine große Anzahl guter Freunde.«
Paul Jacobi

Paul Preuß – In der Erinnerung seiner Freunde

»Paul Preuß war tot! Er war tot unter der Vorderen Scharwand aufgefunden worden. Die furchtbar steile Nordwand war für ihn, der im Fels auf sein Können vertrauen konnte, das schönste Problem im Gosaukamm. Da stand er nun, der Sieggewohnte, überdachte die geplante Route und fühlte nicht, daß der Schatten des Todes hinter ihm war. ›Angst und Sorge habe ich nie empfunden‹, sagte er einmal, ›nur Interesse und Spannung sind es, die mich auf neuen Touren begleiten‹.«
Paul Jacobi, für den der Tod seines Freundes und Widersachers so plötzlich kam, daß die Nachricht zu unwahrscheinlich klang, um begriffen zu werden, sagte kurz, was damals alle, die Preuß gekannt hatten, fühlten. Die Trauer erstickte in der Erinnerung an diesen frohen Tatmenschen. Paul Preuß hatte keine Launen gekannt, sein ganzes Wesen war Lebensbejahung, Begeisterung gewesen. Diese personifizierte Lebensfreude ist es, die aus den vielen Würdigungen zur Person von Paul Preuß nachklingt.
An Paul Preuß war nichts Gekünsteltes gewesen, nichts Falsches. Sein offener und ehrlicher Charakter sowie sein Einfühlungsvermögen in die Individualität seiner Mitmenschen hatten ihn allseits beliebt gemacht.

»Der Grundsatz seines Wesens war Liebenswürdigkeit, Gefälligkeit und Verträglichkeit. Auch wo er als Gegner auftrat, war er stets sachlich und verbindlich.«
Eugen Oertel

Paul Preuß in der Rosengartenspitze-Ostwand.

»Eine von hohen Idealen getragene Weltanschauung und seine schmiegsame Anpassungsfähigkeit an die Individualität des andern gestalteten die meisten dieser Freundschaften zu dauernden.« Paul Jacobi

»Meine Bewunderung für Preuß war gleichzeitig Hochachtung für den Menschen, daß ich in letzter Instanz immer den Menschen suche.« Tita Piaz

»Er hatte keinen Feind unter denen, die mit ihm in die Berge stiegen oder die ihn nur in den Bergen trafen«, meinte Kurt Maix. »Er hatte viele Feinde unter denen, die ihn nicht kannten, die aber seine scharfe Formulierung, seinen Geist, seinen treffenden Witz fürchteten. Manche haßten ihn, weil er es wagte, an manchem Gebäude der Selbstgefälligkeit und des alpinen Bonzentums zu rütteln. Die Gegner von Paul Preuß nickten besserwissend mit dem Kopf, als die Nachricht von seinem Tod kam.«

»Der kleine, schmächtige Mann sah so gar nicht wie ein Hochtourist aus.« Paul Gilly

Um die Person von Paul Preuß besser auszuleuchten, habe ich einige Nachrufe gesammelt, die hier ungeschönt wiedergegeben sein sollen. Ich habe zwar die eine oder andere Stelle gekürzt, um Wiederholungen zu vermeiden, sie sonst in ihrer Aussage belassen. Der Alpinismus vor dem Ersten Weltkrieg und seine Akteure sind nur in der Zeit zu begreifen, Paul Preuß am besten durch eine Erkenntnis von Oskar Erich Meyer, die Preuß auch zu der seinen gemacht hat: »Wir, die wir in den Bergen nicht allein die Schönheit wollen, sondern auch den Kampf und durch den Kampf die Schönheit, die aus unserer eigenen Seele kommt, wir sehen klar und ruhig, daß ein Zufall uns einmal aus Siegern zu Besiegten machen kann. Nur wer dies nicht sehen will, spielt leichtsinnig mit seinem Leben, wer das Spiel klar überschaut und trotzdem ja zu dem Spiel sagt, den soll man nicht schelten. Es gibt Gewinne, die des höchsten Einsatzes wert sind.«

Paul Preuß verunglückt
Auszüge

»Am 12. September 1882 fand die Hochzeit der Eltern statt. Einer der Freunde, Baron de Ben, malte ein Bild als Hochzeitsgeschenk: ein damals abgelegener Winkel, der nur mit vielstündiger Wagenfahrt zu erreichen war – der Vordere Gosausee mit dem Dachstein. Das Bild im Großformat zeigt den Dachstein von dem seither so populär gewordenen Punkt und rechts davon den ersten Zacken des Gosaukammes. Rechts, eine Stunde oberhalb des Beschauers, ist die Schwarwandalm, wo Paul die letzte Nacht verbrachte.« Edi Schaar

_____ Am 3. Oktober ist Dr. Paul Preuß, der als einer der hervorragendsten Felskletterer unserer Zeit bekannt war, bei einem Versuch, den Großen Mandlkogel im Stuhlgebirge (Dachstein-Gruppe) über dessen Nordkante zu ersteigen, abgestürzt... Ob nun der so sehr früh Dahingeschiedene nicht doch vielleicht gegen diese von ihm selbst aufgestellte Forderung gesündigt hat? Vielleicht ist ihm gerade seine übergroße Leistungsfähigkeit im Felsklettern dadurch zum Verhängnis geworden, daß sie ihm die Größe der Gefahren nicht mehr recht abschätzen und den eigenen Fähigkeiten zu viel zutrauen ließ. Der Alpinismus verliert mit Preuß einen seiner hervorragendsten, modernen Anhänger, von dem man noch viel hat erwarten dürfen.

(Mitteilungen des Deutschen und Österreichischen Alpenvereins, 1913, Nr. 20)

Altaussee war ein vollkommen katholischer Ort, und der damalige Pfarrer machte Schwierigkeiten hinsichtlich der Beerdigung, da Preuß protestantisch war. Paul war sehr populär im Ort, und die Angelegenheit wurde durch Einflußnahme seiner einheimischen Freunde geregelt. Der Friedhof war immer schon zu klein, und es herrschte immer Platzmangel. Das Resultat war, daß ein schlechter Platz für das Grab angewiesen wurde, nämlich in der Ecke neben der Totenkammer. Pauls Mutter, die bis zu ihrem Tode regelmäßig das Grab aufsuchte, bedauerte es, daß es wegen Mangels an Sonne fast unmöglich war, Blumen am Grab zum Blühen zu bringen. *Edi Schaar*

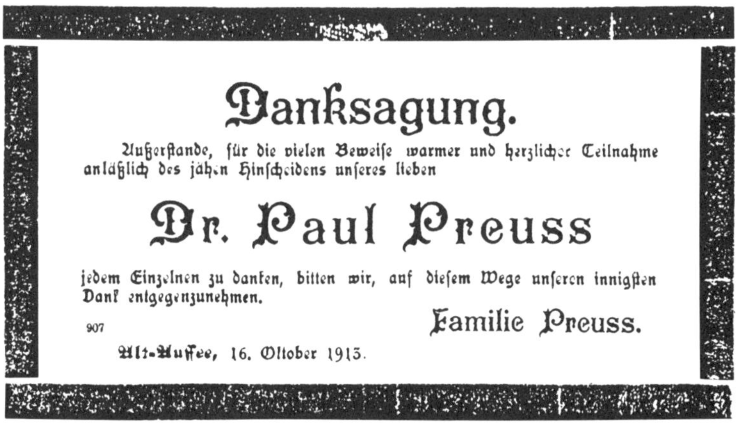
Danksagung.

Außerstande, für die vielen Beweise warmer und herzlicher Teilnahme anläßlich des jähen Hinscheidens unseres lieben

Dr. Paul Preuss

jedem Einzelnen zu danken, bitten wir, auf diesem Wege unseren innigsten Dank entgegenzunehmen.

907 Familie Preuss.

Alt-Aussee, 16. Oktober 1913.

»Die Totenfeier war so traurig... Man dachte nicht mehr an Besteigungen, da der Meister der Berge für immer fort war.« Emmy Hartwich

Paul Preuß – Auszüge

Von Günther Freiherr von Saar

Mandlkogel-Nordkante.

_____ Es war am 16. September des vergangenen Jahres, an einem sehr schönen Herbstabend; wir drei saßen auf einer Bank vor der Hütte eines Wildhüters oberhalb der Scharwandalm, und mit großer Zufriedenheit starrten wir auf die steilen Türme und Wände des Gosaukamms, dem wir die nächsten Tage widmen wollten. Freund Reinl zeigte uns die verbleibenden Schwierigkeiten des zackigen, phantastischen Felsmassivs: den Däumling, das Schartenmandl und verschiedene andere. Aber genau vor uns bohrte sich die glatte Nordseite des Mandlkogels drohend und gespenstisch in den klaren Abendhimmel: »Diese Wand ist die großartigste Aufgabe im Gosaukamm!« rief Preuß aus, und sogleich war er darin vertieft, mit Hilfe seines Fernglases die Einzelheiten dieser gewaltigen Wand zu studieren. »Über den 150 Meter hohen Schrofensockel hinauf zum Plattenschuß; dann, immer aufsteigend, nach rechts queren hinauf zum Bergkamm, wo sich Nord- und Westwand vereinen; diesen Kamm hinauf, der ungefähr 200 Meter hoch ist und sich in einem Winkel von 80 Grad neigt; oben dann nach links traversieren zu der kurzen Spalte, die zwischen den beiden Gipfelzähnen endet. Sollen wir es morgen probieren?« ... Dann kam der Abschied: »Auf Wiedersehen!«

Es sollte nicht sein. Elf Tage später kehrte Preuß allein in das Gebiet zurück. Am 2. Oktober wurde er das letzte Mal gesehen. Nachdem zehn Tage lang keine Nachricht von ihm sein Zuhause erreichte, wurden wir gefragt, ob wir irgend etwas über seine Schritte wüßten. Unsere traurige Vermutung, daß ihm am Nordgrat der Mandlwand ein Unfall zugestoßen sei, bewies sich unglücklicherweise als wahr. Am 14. Oktober wurde senkrecht unterhalb dieses Kamms sein Körper gefunden, bedeckt mit einem halben Meter Neuschnee ...

Geboren und aufgewachsen in der schönen Bergwelt von Altaussee, war sein Interesse an den Bergen schon in einem frühen Alter erwacht. Sonderbarerweise war er als kleines Kind sehr schwächlich und entwickelte sich nur langsam. Späterhin liebte er es, loszugehen und im benachbarten Todtengebirge zu wandern, in den weiten Einöden, die die Möglichkeit zum Training seines Orientierungssinns boten. Als er elf Jahre alt war, wanderte er mit einem Freund zur Hofpürglhütte, verbrachte die Nacht, da es ihm an Geld mangelte, im Freien, um dann ohne jegliche Spezialausrüstung die Große Bischofsmütze hinaufzusteigen. Fröhlich erinnerte er sich dieses frühen Erlebnisses, als wir durch jene Gegend kamen – wenige Tage vor seinem tragi-

Dr. Paul Preuß † – Touren 1913

Mölserberg, Torspitze. – Wasserspitze. – Bodenschneid, Rinnerspitze. – Ehrenbachhöhe, Hahnenkamm. – Pengelstein. – Loser, Hochanger. – Mittlerer Schwarzmooskogel. – Schwarzmoosscharte, Schönberg. – Hochkönig, Lammkopf. – Bodenschneid, Reinerkopf. – Kleiner Schneeberg. – Hochkönig. – Rötelstein, Kampl. – Lawinenstein. – Tragelhals, Hochweiß. – Almkogel, Kleiner Kraxen, Sonnleitstein. – Großer Priel, Rothkogel. – Hochkopf. – Kleiner und Großer Woising, Klammkogel. – Großer Gsollberg, Hochkopf. – Zugspitze. – Hochfelln. – La Tresenta. – Rocca di Gran Paradiso. – Gran Paradiso. – Ciarforon. – Pyramide Vincent. – Stollenberg. – Zumsteinspitze, Lysjoch. – Punta Gnifeiti, Parrotspitze. – Lysjoch, Schwarzhorn. – La Mongia, Pizzo Capuzzino. – Piz Glüschaint. – Pizzo Seila, Gümels. – Piz Chapütschin. – (Alles Westen). – Ruchenköpfe. – Hoher Gaif. – Hochwanner (Nordgrat I). – Kleiner Wanner (Nordostgrat IIa). – Totenkirchl. – Mitterkaiser (Nordgipfel I). – Öfelekopf (Westgipfel Südgrat I). – Öfelekopf (Ostgipfel Ostgrat II). – Aiguille Gamba (I). – Aiguille Jos. Croux (Südgrat II). – L'Innominata (Südostgrat I). – Aiguille Rouge de Triolet. – Aiguille Isabella (Südgrat I). – Grand Pt. Flambou. – Aiguille du Géant. – Aiguille Savoie (Südostgrat I), Pointe de Papillons (Hauptgipfel Ia). – Aiguille Rouge de Triolet (Südgrat I). – Aiguille Noire de Peuterey – Aiguille Blanche de Peuterey (Südostgrat I). – Dames-Anglaises (Südostgrat I). – Strichkogel (Ostwand I). – Großer Donnerkogel (Nordwestgrat I). – Schwarwandeck, Scharwandspitz (I). – Wasserkarturm (Ostwand I). – Däumling (I). – Große Bischofsmütze (Südwand III). – Gosauer Mandl (I) – Freyaturm (Nordkante I). – Schafkogel Nordwand (I). – Hohes Großwandeck (I. Erstg. Südgrat). – Schartenmanndl (I. Erstg.). – (Bericht nicht vollständig.)

Tourenliste von Paul Preuß aus dem Jahre 1913.

schen Ende. Als Junge liebte er es, auf steilen Grashängen herumzuklettern, wodurch er eine außergewöhnlich gute Balance erwarb.

Reinls Ersteigung der Trisselwand nahe Aussee hatte einen großen Einfluß und stimulierte ihn in seinen alpinistischen Ambitionen. Wochenlang studierte er die Beschreibung dieses Aufstiegs, bis er das Unternehmen selbst wagte, ganz allein. Dies war sein erstes großes alpines Abenteuer. Späterhin machte er mit einigen seiner Schulfreunde, die ihm weit unter-

»Alpines Pflichtgefühl«, deutsch Gipfelsammelwut (morbus sectionalis).« Paul Preuß

legen waren, verschiedene Klettertouren auf den Grimming, im Dachstein und im Gesäuse. Erst später, im Jahre 1908, wandte er seine Aufmerksamkeit schwierigeren Aufgaben zu und fand geistesverwandte Begleiter in seiner Schwester und später in Paul Relly. Speziell mit letzterem nahm er systematisch in den Jahren 1909, 1910 und 1911 zunehmend schwierigere Klettertouren in Angriff. Demnach war er kein himmlisches Wunder, sondern er erwarb sich seine erstaunliche Geschicklichkeit durch lange und mühsame Arbeit.

Die erste seiner Expeditionen, die Aufmerksamkeit erregte, war gleichzeitig der Wendepunkt in seiner Bergsteigerlaufbahn. Diese Alleinbesteigung der Westflanke des Totenkirchls im frühen Sommer 1911 gelang ihm in der unglaublich kurzen Zeit von 2¾ Stunden und, was noch hinzukommt, schloß eine neue Route in der oberen Region ein... Preuß war jedoch keineswegs nur einfach ein Felsturner. Die gleiche Gewandtheit, die er im Fels zeigte, erlangte er auch in Schnee und Eis. Dies beweisen seine Touren im Ortler via Marltgrat-Hochjoch, Trafoier Eiswand... Seine Vorhaben in der Montblanc-Gruppe waren charakteristisch für seine Kühnheit und seinen Unternehmungsgeist: Querung der Grandes Jorasses, Besteigung über den Hirondelles-Kamm; ein direkter Aufstieg auf den Montblanc über die Brenvaflanke; die Durchgehung der ganzen Peutereywand, vom Val Veni bis hinauf auf die Spitze des Montblanc. Seine Absicht war, die Südostwand des Mont Rouge de Peuterey hinaufzusteigen, dann abzusteigen durch die Nordwestwand zum Fauteuil des Allemands, danach den Aiguille Noire de Peuterey hinauf auf der üblichen Route und hinab zu den Dames Anglaises, die entweder zu umgehen oder zu queren waren. Dann den Südostkamm der Aiguille Blanche de Peuterey hinauf und auf dem Peutereygrat geradewegs zum Gipfel des Montblanc...

Seine Aufsätze waren gekennzeichnet durch ihre kraftvolle, lebendige Schilderung, verbunden mit viel Humor, und dennoch waren sie nie ermüdend mit ihren Einzelheiten an technischen Informationen oder ähnlichem. Exzellente Fotos, entweder von ihm selbst aufgenommen oder von seinen Freunden, illustrierten die meisten seiner Arbeiten. Aber sein geistreicher Witz wurde wirklich unwiderstehlich, wenn er vorsätzlich und absichtlich Themen humoristisch behandelte (»Damenkletterei«, »Putzi als Skiläuferin«, »Kaiserdenkmal«)...

In der Tat unternahm Preuß viel in wenigen Jahren, aber all das war nur ein Teil von dem, was sein unermüdlicher Geist geplant hatte. Er beabsichtigte, eine ganze Serie von Vorträgen über Expeditionen, die er unternommen hatte, herauszugeben, ein Buch über das Ski-Bergsteigen, ein Handbuch über das Bergsteigen ganz allgemein, eine Studie über Berge im Winter etc.

»Ein in allerneuester Zeit von Paul Preuß geplanter Leitfaden für hochalpine Schneeschuhtouristik, der lediglich dieses Gebiet unter Verwertung der vielen, von diesem Bergsteiger auf zahlreichen Schneeschuh-Hochtouren gewonnenen Erfahrungen bearbeiten wollte, kam infolge seines Bergtodes nicht zur Durchführung.« Wilhelm Lehner

Paul Preuß steigt in die Ostwand der Guglia di Brenta ein.

Wir können nur trauern darüber, daß die Hand, die all das niederlegen wollte, nicht mehr schreiben wird...
Genauso wie er Erwachsene fesseln und erfreuen konnte, so eroberte er im Nu die Herzen der Kinder, mit denen er spielen und herumtollen konnte, als wäre er einer der ihren, immer aufgelegt für jede Art von Spaß. Als Gefährte übernahm er immer den größten Teil der Arbeit, trug die schwerste Last, und

»Paul Preuß, der – wie Dülfer – ebenfalls eine Einzelerscheinung im Alpinismus war, der Dülfer zwar im Klettern nicht ganz ebenbürtig, aber in alpiner Erfahrung und Universalität weit überlegen war.« Luis Trenker

An der Elmauer Halt.

er war nur schwer dazu zu bewegen, irgend etwas davon abzugeben. Seine Rucksäcke waren sprichwörtlich: Er konnte 20 bis 25 Kilogramm tragen, dabei ganz schön rasch gehen, selbst wenn der Weg steil und schwierig war. Immer bereit zu arbeiten und zu helfen, immer gut gelaunt und fröhlich, war er ein idealer Begleiter auf einer Expedition. Wie er seinen Weg fand in schwierigstem Gelände, dabei die beste Route mit einem Blick erkennend, das kann nur von jenen richtig gewürdigt werden, die ihn bei der Arbeit gesehen haben...

(Alpine Journal 28, Nr. 203, 1914)

Nachruf von Walter Bing – Auszüge

_____ Erst der Sommer 1911, jener idealste aller Bergsteigersommer, sollte Preuß' Ruf, der beste Amateurkletterer der damaligen Zeit zu sein, begründen. Noch heute ist das Bild in mir lebendig, wie ich neben ihm im Schatten eines Felsblockes im »Hohen Winkel« lag und mir den Aufstieg zur zweiten Terrasse über die Westwand des Totenkirchls, jener dazumal berüchtigtsten Klettertour des Wilden Kaisers, erklären ließ. Acht Tage später hat Paul Preuß die Westwand auf zum Teil neuem Wege in nicht ganz 3 Stunden, und zwar allein, durchklettert (die Erstersteiger hatten 7 Stunden gebraucht). Er illustrierte damit trefflich seinen zu gleicher Zeit in der »Deutschen Alpenzeitung« erschienenen und auch in den »Mitteilungen« zum Gegenstand bedeutungsvoller Erörterungen gemachten Artikel über »Künstliche Hilfsmittel auf Hochtouren« ...
Der Zauber der Persönlichkeit, das ist es, was den Kern seines Wesens ausmachte. Mögen auch andere kommen und seine Kletterpfade gehen, seinen Skispuren folgen, seine Persönlich-

Paul Preuß mit Walter Bing.

»Von diesem Wolkenzug kann unser Leben abhängen.«
Paul Preuß

Paul Preuß am Gipfelgrat der Törlspitze.

keit wird als eine der markantesten in der Geschichte des modernen Alpinismus für alle Zeiten fortleben.
Und nun noch ein kurzes Wort zu seinem Tod. Sicher werden viele das Unglück als eine unvermeidliche Folge des von ihm vertretenen Prinzips der Ablehnung aller künstlichen Hilfsmittel und des Alleingehens auf schwierigen Klettertouren betrachten. Wie schlecht kannten ihn diejenigen, die derartiges zu behaupten wagen! Nicht aus leichtsinnigem Ehrgeiz vollführte er gerade die schwersten Touren allein. Nein, nur weil er, der als Kletterer gewissermaßen eine Klasse für sich bildete, allein tatsächlich sicherer ging wie mit einem Begleiter. Preuß pflegte sich an kritischen Stellen loszuseilen – »um seine Begleiter nicht in Gefahr zu bringen«.

(Mitteilungen des Deutschen und Österreichischen Alpenvereins Nr. 22, 1913)

Erinnerungen an Paul Preuß – Auszüge

Von W. Burg und F. Henning

_____ Mit Preuß sich auf einer Tour zu zanken, war schlechterdings unmöglich. In alpinen Fragen schon gar nicht. Übte er doch stets die große Kunst, auch die anderen, weniger tüchtigen Bergsteiger um ihre Meinung zu fragen und sich nie und nimmer überhebend als Führer aufzuspielen. So ordnete sich jeder ihm willig unter. Preuß war der lustigste, liebenswürdigste und treueste Begleiter, den man sich wünschen konnte.
Dabei besaß er in ungewöhnlichem Maße die Gottesgabe, seine Umgebung gut gelaunt zu machen. Nie habe ich ihn die gute Stimmung verlieren sehen. Gerade in den Situationen, in denen gar leicht die Langweile, jener graue Gast, sich einschleicht, in langen, langen nebeltrüben, sturmdurchpeitschten Tagen, an denen wir zur untätigen Hüttenrast verdammt waren, da hat er es wie kein anderer verstanden, aus der Not eine Tugend zu machen und die Stunden im Fluge dahingehen zu lassen. Da gab es Vorträge über Seilbehandlung und Eistechnik, über Langlauf und Sprunghügel, über alpine Flora und Geologie, über alles, was mit den Bergen und dem Bergsport zusammenhing. Fröhlicher Übermut der Jugend löste den strengen Ernst der Wissenschaft ab. Ach! es war eine der schrecklichsten Eigenschaften unseres lieben »Preußerl«, daß er dieselben faulen, alten, unerhört pointenlosen Witze zehnmal am Tage zu reißen pflegte, und doch haben wir zehnmal am Tage darüber gelacht und waren froh darüber. Von einer geradezu kindlichen Naivität war er, wenn es galt, sich an etwas recht Harmlosem zu erfreuen. Er war restlos glücklich, wenn beispielsweise einem der Gefährten, der ahnungslos vor der Hütte in der Sonne saß und sein Pfeifchen schmauchte, ein tückischer Schneebrocken, der vom Dach rutschte, in den Nacken sauste; sein Entzücken, als er mir heuer im Mai auf der Mortelhütte ein Fränkli fünfzig Rappen im Sechsundsechzig abnahm, kannte keine Grenzen, und wenn er gar einem berühmten Mann, irgend einer alpinen Größe, einen Schabernack spielen durfte, konnte er sich tagelang nachher nicht darüber beruhigen …
Leuten, die er nicht leiden mochte, gab er stets recht. Je lieber er einen Menschen hatte, desto eifriger stritt er sich mit ihm. So nützte er sich und seinem Kreis in gleichem Maße. Sein packender Impuls riß seine Umgebung mit sich, stundenlang konnte er über alpine Themata diskutieren. Unvergessen wird wohl allen denen, die im Mai 1912 am alpinen Lehrkurs der Sektion Bayerland auf der Meilerhütte teilnahmen, jener denkwürdige Abend sein, an dem sich ein heißer Streit über Kletter-

Gruttenhütte mit Elmauer Halt.

Am Gipfel des Langkofel.

technik entspann, wo Preuß behauptete, daß die Technik des Kletterns in den letzten zehn Jahren immer die gleiche geblieben und nur die Objekte andere geworden seien, daß ein Georg Winkler heute die Westwand des »Kirchls« genau so gut allein ersteigen würde, wie Paul Preuß, und daß in München an den Propyläen nicht anders geklettert würde, als an den Vajolettürmen, nur daß an letzteren der Schutzmann als »objektive Gefahr« (echt Preuß!) entfiele. Wer dann schließlich recht behalten hat im lustigen Streit der Meinungen, dessen erinnere ich mich nicht mehr genau. Aber als wir in der Meilerhütte lange nach Mitternacht in unsere Decken krochen, da hörte ich schon halb im Einschlafen, wie Preuß gedämpft, aber eifrig zu Freund Henning sagte: »Und ich sag' euch, Waschküchentraverse in Hinterbärenbad oder Matejaktraverse am Predigtstuhl, is' eh' Wurscht! Technik ist halt Technik!« *W. B.*

»Preuß war neben Dülfer der beste Kletterer, den ich je gesehen habe.« Franz Nieberl

—— Einen Begriff von seiner Kletterkunst konnte man nur bekommen, wenn man ihn an schwierigen Stellen hat klettern sehen. Ein Meister war er, wie er den Fels anpackte. Mit ein paar ruhigen, kleinen Schritten war er schon droben in der Wand, mit einer Selbstverständlichkeit als ginge er zu Hause die Treppe hinauf. Ein anderer sucht sich im allgemeinen den kürzesten Weg zum Ziel und vermeidet überflüssige Umwege, schwierige Stellen betrachtet er sich aufatmend noch einmal von oben. Anders bei Preuß, wenn er alpine Grundsätze anbringen wollte. »Jeden Schritt, den man aufwärts macht, muß man

auch im Abstieg machen können.« Und wirklich, hatte er einmal eine recht schwere Stelle hinter sich, so konnte es vorkommen, daß er wieder ein Stückchen herunterkam und aus der heikelsten Situation von oben herab zu dozieren begann. Da war er eigentlich recht in seinem Element, wenn er anderen etwas zeigen konnte. Wie die und die Stelle auf ein, zwei oder mehrere Weisen zu machen sei, wie sich lose Griffe doch noch als Griff verwenden ließen, wie man durch vorteilhafte Gewichtsverlegung die Reibung der Fußsohle vermehren könne. Überhaupt eben, wie man sicher und schön klettert. Es war ein ästhetischer Genuß, Preuß an der Arbeit zu sehen, er entwickelte dabei eine natürliche Anmut der Bewegung, die ihm eben angeboren war.
Ein Vertreter des wissenschaftlichen Alpinismus, vielleicht der typischste Vertreter, war Preuß. Er kletterte in erster Linie mit dem Intellekt.
Es war kein Zufall, daß er gerade die schwersten Touren (wie die erste Besteigung der Guglia-di-Brenta-Ostwand) mit Vorliebe allein ausführte. Er tat es zur Steigerung der Leistungsfähigkeit und – so paradox es klingen mag – der Sicherheit. *F. H.*

Paul Preuß an der Elmauer Halt.

»Aber neben der Trauer über den frühen Tod eines hervorragenden Bergsteigers und einer großartigen Persönlichkeit stellt sich auch das Gefühl von Stolz ein, daß in unserer Generation immer noch Männer von höchstem Intellekt zu finden sind, die mit voller Kenntnis darüber, was das Leben alles an leichteren und einträglicheren Möglichkeiten anbietet, fortfahren, ihre zunehmende Geschicklichkeit mit der zunehmenden Schwierigkeit zu messen und den Ausgang mit stiller Tapferkeit akzeptieren.«
G. Winthrop Young

Erinnerungen an Paul Preuß – Auszüge

Von Adolf Deye

»Es geht an der linken Kaminwand empor. Eng an den Fels geschmiegt schiebt sich Preuß langsam vorwärts. Ein Mauerhaken und 2 Meter höher ein zweiter spotten seiner berühmten Theorie, die jedes künstliche Hilfsmittel verwirft. In übergroßer Anstrengung, aber in charakterfester Konsequenz quält er sich an der Felsglätte ab, um, ohne die eisernen Eselsbrücken zu benützen, darüber wegzukommen. Beim ersten Haken glückt es, beim zweiten hängt er doch lieber das Seil in mühsamer Prozedur ein. Die Karabinersicherung war damals noch nicht erfunden.« Walter Schmidkunz (Aus der Schilderung einer gemeinsamen Begehung des Rizzikamins am Innerkoflerturm, Dolomiten).

——— Er war der allzeit heitere Genius der neuen, erfolgreichen Schar Münchner Bergsteiger-Jugend gewesen; bei aller Tiefe, deren sein Geist und sein Gemüt fähig waren, lebte er dennoch mit wahrem Kindersinn, unberührt vom künstlichen Genußbedürftnis der Gesellschaft, seinem Glauben an jene Heiterkeit und Reinheit, wie sie nur in den Bergen erblüht.
Wenn ich solche Wesensart »Kindersinn« nannte, so vermeine ich damit, daß jeder Bergsteiger zu jeder Daseinszeit davon befangen sein sollte: So reif uns die Berge machen, so einfältig stehen wir den Dingen des Lebens gegenüber. Wohl vermessen wir uns, sie jederzeit mit leichter Mühe zu meistern; haben wir uns doch über sie hinweggehoben. Aber wir haben ein so einfaches, schlichtes Verstehen für alle menschlichen Wünsche, Leidenschaften, Taten errungen, daß wir milde darüber lächeln können, wie eben nur Kinder, die noch unbetrogen sind.
Wie wir aber diese kindlich-künstlerische Einstellung als geistigere Bergsteiger uns sehr wohl bis ins spätere Lebensalter bewahren können, so steht sie doch unumstrittener und sorgloser in unseren jungen Jahren da. Und Preuß mußte als Junger aus dem Kreise junger Freunde scheiden: war's ein Wunder, daß unser alpines Glaubensbekenntnis damals einen brutalen Stoß erlitt, als Preuß seinen einsamen Todessturz in die furchtbaren Tiefen des Mandlkogels getan hatte?
Innerhalb einer wahren Bergphilosophie muß eben auch der Tod seine Schrecken verlieren. Die geistige Strömung bleibt, und aus ihrer Gemeinsamkeit kann ein Teil davon nimmer verloren gehen. So lebt Paul Preuß in der alpinen Entwicklung weiter; sein Tatalpinismus war zugleich die stärkste Potenz zur Verinnerlichung des Bergsteigens. Wer in den Bergen seine Wege ging und fortsetzte, dessen psychische Einstellung für Schauen und Erleben mußte auf den gleichen Ton gestimmt sein, der in tiefste veredelte Menschwerdung weiterzuklingen vermag. Wir wissen ja alle, daß wir diesem Weg zum innerlichen Alpinismus, zum wahren Höhenmenschen nur mangelhaft zu folgen vermögen. Aber die Richtung wurde uns bekannt durch das Leben führender Geister, unter denen im alpinen Leben Paul Preuß an hervorragender Stelle steht.
Er war berufen, in allem, was er tat, den Weg zum Gipfel des Erfolges zu finden; ein Licht sollte von ihm ausgehen, das den Menschen neues Wissen, neue Weisheit zuführen mußte. Er war voll von Plänen für seine wissenschaftliche Laufbahn, und impulsiv, hochbegabt, ja genial, wie er war, mußte sein Himmelstürmen zur Wahrheit werden. Nie gab es etwas Unlogi-

scheres, als daß dieses Leben zu kurz wurde. Nur wir Freunde wußten so recht von seiner größeren Bestimmung als Mensch; als Bergsteiger war sein Ruf in einem ungehemmten Siegeszug über die unnahbarsten Gipfel, Wände und Grate rasch begründet. Seine alpinen Taten werden als abgeschlossenes Werk des Menschen Preuß betrachtet. Wie falsch und wie traurig! Wir meinten zu wissen: Bei diesem Manne konnte es nur Episode sein!

Am Gipfel des Molignon.

Wer seine alpinen Vorträge der damaligen Zeit aufmerksam mit anhörte, der mußte erkennen, daß solches Ausdrucksvermögen, solche Redegewandtheit auch noch zu Höherem bestimmt war. Es ist gewiß richtig und wird von vielen, die Preuß' Vorträge hörten, bestätigt, daß er ein Redner war, der geradezu von niemand mehr übertroffen werden konnte ...

(Nachrichten des Alpenvereins Donauland und des Deutschen Alpenvereins Berlin, Nr. 52, 1. Oktober 1925)

»Wohl viele, die die gewagten Touren des nun Verunglückten kannten, prophezeiten ihm oder dachten sich im stillen, daß der kühne Alpinist wohl einst sein Ende in den Bergen finden werde, aber dennoch vertraute man immer wieder auf die Gewandtheit und Gewiegtheit dieses überaus tüchtigen Felskletterers.«
Steirische Alpenpost

Paul Preuß
Blätter der Erinnerung – Auszüge

Von Alexander Hartwich

»Wenn ich von einem Kampf mit ungleichen Waffen spreche, so meine ich, daß wir Menschen mit den Gefahren der Berge, also auch mit Steinschlag, Brüchigkeit etc. von vornherein rechnen müssen, während – bildlich gesprochen – der Berg nicht damit rechnen kann, daß die Menschen mit eisernen Haken, Hammer, Meißel, Steinbohrer und vielleicht gar Zement ihm zu Leibe rücken.« Paul Preuß

_____ »Kämpfen«, »Stürmen«, »Festungen erobern«, »In Bollwerke Bresche schlagen«, »Siegen«, »Triumphieren«, »Den Tod verachten« – all diese Worte aus der schlimmsten Phraseologie, aus der des Krieges, waren Paul Preuß völlig fremd. Genauso fremd war ihm der heute vor allem im deutschen Alpinismus so verbreitete Gedanke, man müsse um jeden Preis kämpfen, und wenn kein Krieg solch heldischer Einstellung Erfüllung bringe, müsse man wenigsten den Kampf in die Berge tragen. Fremd waren ihm auch die widerlichen Schreibtischgefühle, aus denen jene Vergleiche zwischen Bergen und Frauen herstammen, die man bald schmeichelnd, bald mit stürmender Hand erobern, bezwingen müsse. Nein, Paul Preuß hat die Berge so einfach geliebt, wie er einfach im Leben eben war. Für ihn war Bergsteigen – und zwar Bergsteigen im höchsten Sinne, mit Überwindung größter Schwierigkeiten, mit schwerster Arbeit in Fels und Eis – ganz einfach selbstverständlich. So selbstverständlich, wie für den Vogel das Fliegen und für den Fisch das Schwimmen. Wer ihn im Fels gesehen hat, der wußte, daß hier ein junger Mensch an einer ihm lieben und eingeborenen Betätigung reine, naive Freude hatte. Sein Klettern war am ehesten dem Tanzen zu vergleichen, so schwerelos, so ohne Mühe, so durchaus lustbetont ist es erfolgt.

Als Kletterer war Paul Preuß unvergleichlich, im vollsten Sinn dieses oft mißbrauchten Wortes. Äußerste Eleganz, absoluter Mangel jeder Pose, innere Freiheit, die sich im Fehlen jeglichen Verkrampftseins äußerte, beschwingte und auch jede Bewegung beschwingende Heiterkeit der Seele, das waren die Grundzüge seiner Haltung im Fels. Ich glaube nicht, daß er je mit »zusammengebissenen Zähnen« eine besonders schwere Stelle gemeistert oder mit »geballten Fäusten« zur Wand, die es zu überwinden galt, emporgeschaut hat; denn solche Gesten und Attitüden waren ihm im Innersten fremd. Fremd war ihm auch der »moralische Schweinehund«, dem man in der kriegerischen und leider auch in der alpinen Literatur nur zu häufig begegnet …

»Daß wir die Berge personifizieren, liegt in dem Sprachgebrauch und in unserer menschlichen Unfähigkeit, unpersönlich denken zu können. In Wirklichkeit sind die Berge immer das Maß, an dem, niemals der Gegner, gegen den wir unsere Kräfte messen.« Paul Preuß

In den wenigen Jahren aber, in denen er als bester Alpinist seiner Zeit anerkannt wurde, hat er sich – und zwar nicht nur im deutschen, sondern auch im internationalen Alpinismus – einer Bedeutung erfreut, wie sie seit Purtscheller keinem österreichischen Bergsteiger zuteil wurde …

Nicht Wert und Größe gemeinsamer Leistung also sind es, was

Konkurrenten vor einem Skirennen: Paul Preuß ist der fünfte von links.

mir Paul Preuß unvergeßlich gemacht hat, nicht dem Bergsteiger gilt mein Gedenken, nein, dem Menschen. Ich war ihm Freund in jenen Jugendjahren, in denen das Menschenherz noch fähig ist, sich wahrhaft zu erschließen, in denen man noch nicht so fest geprägt ist, um sich nicht voll in das innerste Wesen eines anderen einfühlen zu können. In langen Nachtgesprächen, durch die taunassen Wiesen von Altaussee wandernd – die Luft war still und kühl, hoch spannte sich des Sternenhimmels Bogen, friedlich rauschte der Brunnen – sind wir uns nahe gekommen; sie haben uns fester verbunden als im Fels das Seil. Wie damals, als ich nach jahrelanger Trennung mit dabei war, wie man das, was an ihm sterblich war, in seiner Heimaterde in Altaussee barg, so habe ich auch heute, seiner gedenkend, das wehe Gefühl eines unersetzlichen Verlustes. Es ist traurig, daß das Leben um so dunkler wird, je mehr sich um uns die Schar unserer Freunde lichtet. Und während ich dies schreibe, ist's mir, als wandle ein schmaler Schatten durch den Raum, an den Toten gemahnend, wie er im Leben war; ein Schopf feiner, heller Haare über dem braungebrannten, mageren Gesicht, mit den hellblauen Augen, dem fröhlichen Lächeln; eine schlanke Gestalt, rasch und leicht Gang und Bewegung.

»Er war auch ein exzellenter Schach- und Tennisspieler sowie Fechter.«
Günther Freiherr von Saar

(Berg und Ski, Zeitschrift des Alpenvereins Donauland, 17, Nr. 180, Jänner 1937)

Blick von der Schneespitze gegen Norden (Habicht).

»Wer durch die Fleischbank-Ostwand klettert und nichts über die Besteigungsgeschichte dieser klassischen Wand weiß, der erlebt nur die ›halbe‹ Wand.«
Andreas Kubin

Abgesehen vom sportlichen Erlebnis vermittelt mir jede klassische Bergtour ein unmittelbares Erleben eines Teiles der alpinen Geschichte. Ich kann nicht umhin, mich im Geiste in die Zeit der Erstbegehung der entsprechenden Route zurückzuversetzen, die damalige Einstellung der Alpinisten zu analysieren und an ihre bescheidenen Mittel zu denken. Aus Interesse an ihrem Tun und aus sportlicher Fairneß bemühe ich mich seit Jahren, mit den Mitteln von damals auszukommen. So nur habe ich gelernt, die Erstbesteiger richtig einzuschätzen und den Lauf der alpinen Geschichte zu begreifen. Immer wieder, wenn ich unter der Schlüsselstelle am Winklerturm in der Rosengarten-Gruppe stehe, frage ich mich, ob der 17jährige Winkler damals den Riß oder die Wandstelle rechts davon geklettert ist. Nur wenn man weiß, daß Winkler in Nagelschuhen kletterte und sich damals als Alleingeher nicht selbst sichern konnte, gewinnt die Frage an Bedeutung. Sicherlich ist die benachbarte, leichtere Delagokante deshalb erst eine Generation später erobert worden, weil sie so sehr ausgesetzt ist. Paul Preuß ging sie wenig später im Alleingang. Und der Montblanc fiel deshalb als einer der ersten Gipfel der Alpen, weil er der höchste ist. So gibt mir jeder Gipfel, jede interessante Schlüsselstelle und jede Route Einblick in die alpine Geschichte, und wenn ich meine Touren wähle, achte ich sehr wohl auch auf alpin-geschichtliche Kriterien; es fasziniert mich, auf den Spuren der alpinen Geschichte bergzusteigen. Reinhold Messner

Paul Preuß – sein Vermächtnis

Paul Preuß im Schiefen Riß an der Südostkante des Totenkirchl.

Paul kletterte so, wie ein Vogel fliegt oder wie ein Fisch schwimmt. Es gehörte zu ihm wie das Atmen. »Natürlich und fröhlich wie der ganze Mensch, stilvoll und witzig wie seine Rede, so ist auch der Gehalt seiner Schriften. Mancher hat ihn ins Herz geschlossen, ohne ihn persönlich zu kennen, weil er gelesen hat, was Preuß schrieb.« So erinnert Paul Jacobi an Paul Preuß. Und weiter: »Sein Denkmal hat er sich selbst gesetzt durch seine Taten.«

Paul Preuß ist für uns heute nur zu verstehen durch seine Schriften und seine Touren. Nur wer ihn genau liest, wer seine Erstbegehungen in seinem Geist wiederholt, kann seine Bedeutung für den Alpinismus begreifen. Noch einmal will ich hier deshalb seine wichtigsten Taten aufzählen, an Routen und Gipfel erinnern.

Gelb und lotrecht steht der »Torre Preuß« am Paternsattel in den Sextener Dolomiten. Die Italiener haben die Kleinste Zinne nach dem Erstersteiger des Risses in der Nordostwand so getauft. Die Südostwand der Grohmannspitze hat einen Preußkamin. Zum Kühnsten im Fels dürfen die erste Erkletterung der Ostwand der Guglia di Brenta im Alleingang und ihre erste Überschreitung durch Paul Preuß gerechnet werden. Auch die steile Wandflucht des Crozzon di Brenta links der Nordkante ist eine Preuß-Tour. In der Silvretta-Gruppe und besonders im heimatlichen Gosaukamm beschritt er zahlreiche neue Routen, und 1913 war er trotz Schlechtwetter im Montbanc-Gebiet erfolgreich. Anläßlich einer Doppelüberschreitung der Kleinen Zinne beging er im Aufstieg den Fehrmann- und den Innerkofler-Weg durch die Nordwand und die Ost- und Südwestwand im Abstieg. Eine Überschreitung vom Langkofel-Nordpfeiler über Fünffinger- und Grohmannspitze mit Abstieg über die Südostwand war für ihn eine Tagesleistung. Die damals gefürchtete Totenkirchl-Westwand durchkletterte er auf dem Piaz-Weg mit neuem Ausstieg auf den dritten Wandabsatz allein in weniger als 3 Stunden.

Obwohl Preuß einer der besten Felsgeher war, hat er auch im alpinen Skilauf Beträchtliches geleistet: Großglockner, Bernina, Monte Rosa und Gran Paradiso wurden von ihm im Winter bestiegen.

Preuß war ein klassischer Bergsteiger, in jedem Gelände ein absoluter Könner, im Fels genauso wie im Eis. Er war ein Meister des Skilaufs und als Mitglied einer Nordpolexpedition vorgesehen. Es gab kein besseres Vorbild für das faire sportliche Bergsteigen. Trotzdem ging der Alpinismus nach dem Ersten Weltkrieg einen anderen Weg.

»Ahnte Paul Preuß . . ., daß dem modernen Superalpinismus, vor allem der Supersportkletterei überhaupt keine Grenzen gesetzt sein würden, sobald einmal alle sportlichen Regeln des klassischen Kletterns über den Haufen geworfen würden?« Kurt Maix

»Hervorragende Bergsteiger haben seinen frühen Tod durch Absturz als unvermeidliche Konsequenz seines kompromißlosen Prinzips gewertet.« Luis Trenker

»Die junge Bergsteigergeneration stand vor einem Dilemma, stand gewissermaßen damals an einer Art alpinem und bergsteigerischem Scheideweg. Wollte man den Grundsätzen eines Paul Preuß treu bleiben, so hieß das: Haltmachen an der bereits von Preuß erreichten Grenze des ohne künstliche Hilfsmittel Kletterbaren, Verzicht auf die Eroberung neuer Wände und Routen, die ohne den Einsatz und Gebrauch künstlicher Hilfsmittel nicht zu durchsteigen waren. Sollte man diesen alten Prinzipien treu bleiben, oder sollte man eine ganz neue Richtung einschlagen, sollte man Mauerhaken, Trittleiter und Schlingen verwenden, und zwar nicht nur zur Sicherung, sondern auch zur Fortbewegung, zum Ersatz für fehlende Griffe und Tritte – und damit Neuland erobern, neue kühne Routen durchsteigen, die anders nicht geklettert werden konnten? Wie wir wissen, hat sich die junge Generation für die zweite Möglichkeit entschieden«, schreibt Emil Gretschmann.

Wir wissen heute aber auch, daß sie sich nicht so hätte entscheiden müssen. Erstens hätte man nicht an der von Preuß erreichten Grenze haltmachen müssen, wie die junge Sportkletterbewegung beweist, zweitens hätte im Preuß-Weg mehr Spielmöglichkeit gelegen. Schon knapp vor seinem Tod hat er die Entwicklung hin zum technologischen Alpinismus vorausgesehen. Paul Preuß war ein viel zu moderner, aufgeschlossener Mensch, um sich einer notwendigen Entwicklung entgegenzustemmen. Er wollte der Jugend das herrliche Gefühl des meisterhaften Freikletterns erhalten, die Selbstverständlichkeit. Er wußte genau, daß die modernen Hilfsmittel auch schwächeren Kletterern Touren ermöglichen würden, denen sie sonst nicht gewachsen waren. Paul Preuß kritisierte nicht. Er forderte die Menschen zur Selbstkritik auf, und dies vertrug die breiter werdende Schar der Bergsteiger nicht.

»Paul Preuß' Auffassung über das Gehen im Fels wurde lange Zeit zwar gewürdigt, aber im allgemeinen nicht geteilt. Erst allmählich, etwa ab 1970, wurde er zum Vorbild für die neue Richtung des Freikletterns.«
Österreichisches Biographisches Lexikon 1815–1950, Wien 1983

Zum 20. Todestag im Jahre 1933, als Paul Preuß geächtet war und totgeschwiegen wurde, schrieb Fritz Schmitt, der feinfühlige Alpenhistoriker und Kletterer, in der »Deutschen Alpenzeitung« einen interessanten Gedenkartikel: »Preuß sah in der hemmungslosen Anwendung künstlicher Hilfsmittel eine kommende Verallgemeinerung und Herabwürdigung des Bergsports. Selbst wir modernen Bergsteiger, denen der Mauerhaken selbstverständliches Rüstzeug geworden ist, müssen, wenn wir ehrlich sind, der Auffassung Preuß' Achtung zollen und Verständnis entgegenbringen. Wenn auch die Wege zum Berg verschieden geworden sind – Paul Preuß war einer der Unsrigen!«
Allerdings nur für eine geistige Elite. Gerade in den dreißiger Jahren wurden die Preußschen Vorstellungen sonst kaum verstan-

»Ungemein bedauerlich erscheint es mir, daß Herr Nieberl nicht imstande war, die Sache von der Person zu trennen.« Paul Preuß

Paul Preuß am Einstieg (Erkundung) bei seiner Erstbegehung an der Guglia di Brenta-Ostwand.

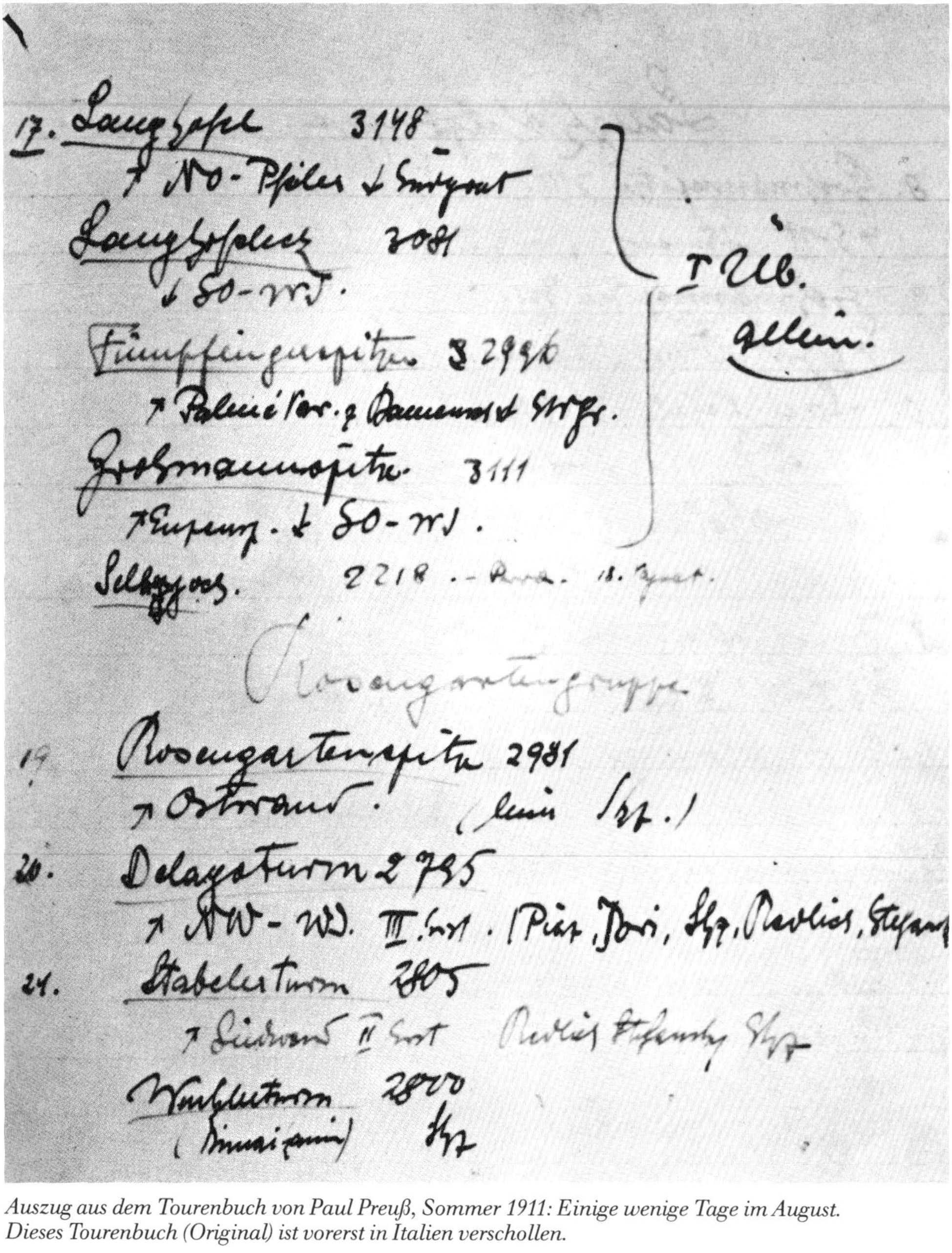

Auszug aus dem Tourenbuch von Paul Preuß, Sommer 1911: Einige wenige Tage im August. Dieses Tourenbuch (Original) ist vorerst in Italien verschollen.

den. Mit der Ausbreitung des Alpinismus wurde dieser auf ein gewöhnliches Niveau gestellt. Notwendigerweise wurde er dafür mit Idealen gefüttert, die die breiter und roher werdende Masse sich überlegen fühlen ließ. Die Riten und Ideale des heroischen Alpinismus haben allen Kitsch kranker Selbstaufopferung in sich, die Preuß abgelehnt hätte. Den Machthabern aber, die einen Paul Preuß totschweigen, gefiel dieses opfersüchtige Bergsteigen. Paul Preuß hatte jeden gelten lassen und jede Leistung anerkannt, seine Nachfolger jedoch sollten ihn vorerst vergessen.

Kaisergebirge – damals das weltweite Zentrum der Kletterkunst.

Paul Preuß könnte ein junger Sportkletterer dieser Generation sein. Mehr noch, er könnte der ausgewogene, geistvolle Allroundbergsteiger der Zukunft sein, den bereits Graf Ugo di Vallepiana beschreibt: »Ein vollkommener Bergsteiger, sei es am Fels, sei es im Eis, der beste Kamerad in jeder Beziehung. Dabei ohne jegliche Eitelkeit. Er war ein brillanter Schriftsteller, und an viele seiner Artikel erinnert man sich heute noch als Musterbeispiel alpiner Literatur.«
Nur wenige haben seine Talente so klar gesehen wie Kurt Maix: »Die Menschen, die Paul Preuß nicht in ihre Reihen eingeladen hatten, betrogen sich selbst um das Beste. Denn Paul Preuß war kein anmaßendes Wunschkind. Im Gegenteil. Er war alles eher als ein akrobatischer Kletterer. Er wuchs mit den Einheimischen des Ausseer Landes auf. Als Kind war er so schwach, daß der Hausarzt bedenklich den Kopf schüttelte. Die kindliche Schwäche züchtete in dem Jungen jedoch keine ›Komplexe‹, die man ›überkompensieren‹ mußte. Die Berge machten ihn gesund. Er begann nicht als ›Kletterer‹. Er stieg und kraxelte herum, wie es eben die Einheimischen tun. Er suchte Pflanzen und Kräuter – wie es die Einheimischen tun. Er lernte den wiegenden Gang, die Trittsicherheit auch auf den steilsten Rasenhängen – wie er es eben bei den

»In der Zeit vom 26. Dezember 1912 bis 4. Jänner 1913 wird unter der Leitung des Herrn Paul Preuß ein norwegischer Skikurs für Anfänger und Fortgeschrittene abgehalten werden.«
Steirische Alpenpost, 21. Dezember 1912

Einheimischen gesehen hatte. Er lernte auch ihre Lieder, ihre Spache, ihr Lachen.«
Auch Paul Jacobi schildert uns Preuß als Alleskönner und Prophet: »Er war ein sehr gewandter und mutiger Skiläufer, den die Bretter auf die höchsten Gipfel trugen. Er war ferner, wie er durch seine Westalpentouren bewies, ein ausgezeichneter Eisgeher. Im Fels aber war er ein Phänomen. Er war eine Klasse für sich und läßt einer Beurteilung keinen Vergleich zu. Wo er hinging, kam, sah und siegte er. Aber diese Siege machten ihn nicht stolz. Er gehörte der modernen Richtung an, vielleicht war er sogar deren Vater und Prophet.«
Mehr noch, er war damals bereits die Zukunft. Paul Preuß hat das heutige Bergsteigen vorweggedacht, er ging ob Sommer oder Winter, Frühling oder Herbst ins Gebirge. Er hat am Gran Paradiso eine der schönsten hochalpinen Skitouren eröffnet, er kletterte die schwierigsten Felstouren seiner Zeit »frei solo«. Sein unbändiger Drang nach immer kühneren Touren zielte auf eine unerreichbare Perfektion. Er beherrschte die Kletterkunst in Vollendung, vereinigte gleichzeitig soviel Erfahrung als Alpinist auf seine Person, daß er alle Touren in den Alpen hätte klettern können.
Kein Alpinist kann so eindeutig ins moderne Bergsteigen integriert werden wie Preuß. Christoph Profit, der Alpenbergsteiger dieser Jahre, ist ihm ähnlicher als seine Zeitgenossen; Wolfgang Güllich, das große Felsklettertalent, könnte sein Schüler sein; Wojciech Kurtyka sein Seilpartner. Preuß hatte jenes Selbstverständnis, das Lebensfreude vermittelt. Er war nicht nur Kletterer, er war ein Mann des Geistes.
Paul Preuß hat Dutzende von Aufsätzen über alle alpinen Fragen und Themen geschrieben. Er hat viele Vorträge gehalten. Er sprach immer frei. Seine Erlebnisfähigkeit war so stark, daß er auch dem Laien den Eindruck einer Bergtour vermitteln konnte. Er sprach mit sprühendem Humor und mitreißendem Temperament. Im Fels, im reinen Klettern ohne künstliche Hilfsmittel war er unerreicht. Er war ein Spieler. Er wuchs aus bescheidenen Anfängen durch hartes Training und durch ständige Selbstkontrolle in die Spitzenklasse – und darüber hinaus.
Paul Preuß war kein Genie, er war gewachsen, geworden, gereift – als Kletterer und als Mensch. Sein Vermächtnis sind große, geheimnisvolle Berge, die zur Tat herausfordern. Sein Vermächtnis hat sich die junge Bergsteigergeneration zurückgeholt, ohne zu merken, daß er es vor 80 Jahren bereits ins Gebirge getragen hat.
Daß Paul Preuß oft verkannt wird, hängt auch mit dem Nationalsozialismus zusammen, mit der Judenfeindlichkeit und unsachlichen Berichten. Der folgende Aufsatz von Paul Relly soll dies aufzeigen.

»Eben habe ich Ihr Buch ›Der 7. Grad‹ zu Ende gelesen. Begeisterung, selige Erinnerung, Dankbarkeit drücken die Gefühle nicht aus, die ich (leider uralte) ehemalige Bergsteigerin dabei empfunden habe. Vielleicht spielt bei meiner Ekstase über Ihre Schilderungen die Tatsache mit, daß so viele Erwähnte meine Gefährten, einige meine intimen Freunde waren. Ich bin seinerzeit von Paul Preuß oft mitgenommen worden (in der alpinen Literatur als Emmy Eisenberg erwähnt), dann von Guido Mayer, später von Emilio Comici, der mich u. a. auf die Torre del Diavolo und die Kleinste Zinne (jetzt Torre Preuß benannt) führte.«
Emmy Hartwich-Brioschi

Teufelsturm-Ostwand, Elbsandsteingebirge.

»Im Elbsandsteingebirge wurde die Preußsche Idee von der ›Beschränkung‹, durch Rudolf Fehrmann propagiert, praktisch angewandt. Von hier aus hat sie unseren Sport in allen Klettergebieten beeinflußt.«
Reinhold Messner

»Jawohl in der Beschränkung! Die hätte sich aber Herr Preuß vor allem auferlegen müssen, bevor er daranging, so ganz ohne Beschränkung die künstlichen Hilfsmittel schlankweg zu verwerfen. Alles mit Maß und Ziel!«
Franz Nieberl

»Nach dem Tode Pauls haben seine Schwester Mina und Paul Relly das Klettern aufgegeben. Zuerst haben der Schock des Unfalls, die Jahre des Ersten Weltkrieges solche Unternehmungen gehindert, dann hat auch noch der Partner gefehlt... Nach dem Einmarsch Hitlers in Österreich war es geplant, daß das Haus in Altaussee das ganzjährige Heim für Mina und Paul Relly werden sollte. Die Familie Schaar wanderte aus. Alle Erinnerungen, Andenken, Zeitschriften etc., die über Paul Preuß existierten, wurden nach Altaussee gebracht. Der Plan mit dem Altausseer Haus ließ sich aber nicht verwirklichen, und das Haus mußte zwangsverkauft werden, an Deutsche. Die neuen Eigentümer verschleuderten die Möbel und das Inventar, und so sind fast alle verbliebenen Aufzeichnungen von Paul etc. verlorengegangen. Das Porträt von Walter Bing mit Paul Preuß (Öl) wurde von den Nachbarn vor dem Verkauf bewahrt. Das Haus in Altaussee wurde nach dem Krieg (1950) hauptsächlich aus sentimentalen Gründen auf mein Betreiben mit Hilfe der Restitutionsgesetze zurückerworben. Nach dem Tode von Mina und Sophie (die die grundbuchmäßigen Besitzer waren) wurde das Haus mir überschrieben. Praktische Gesichtspunkte in den Nachkriegsjahren veranlaßten uns, das Haus zu vermieten. Ob wir oder andere Familienmitglieder je wieder dort wohnen werden, ist fraglich.«

Edi Schaar

Die Kleinste Zinne, 2698 m: Erste Ersteigung und Überschreitung von Nordosten nach Nordwesten – Auszüge

Von Paul Relly

_____ Wer hätte gedacht, daß unser aus der Zufälligkeit eines Augenblicks geborener Entschluß, die unweit des Paternsattels angesichts der Dreizinnenhütte aufstrebende, glatte Wand zu durchklettern, einst die Ursache sein werde, Paul Preuß zum Meister der ehrsamen Zunft der sogenannten »Bergschlosser« zu stempeln! Die Sache wäre nicht weiter tragisch – und sie ist ja für jeden Alpinisten, der den so früh Verstorbenen kannte, nur tragikomisch –, wäre nicht gegen diesen idealgesinnten Bergsteiger, welcher als einer der ersten und sehr nachdrücklich gegen die Verwendung von Mauerhaken und gegen Seilpendelmanöver aufgetreten ist, von Herrn Karl Prusik in seinem kürzlich in diesem Blatte erschienenen Artikel »Hilfsmittel des Bergsteigers« indirekt der Vorwurf erhoben worden, Preuß habe im Widerspruch mit seiner Theorie »für die Ersteigung des bekannten, verhältnismäßig kurzen Risses in der Punta d'Emma (Zinnenstock) eine Woche lang vorbereitend Haken geschlagen.« Damit sollte also augenscheinlich festgestellt werden, daß auch Preuß, wie so viele Menschen, Wasser gepredigt und Wein getrunken habe.

Es war in den ersten Septembertagen des Jahres 1911, als Preuß und ich, begleitet von seiner Schwester, nach schönen Fahrten in anderen Dolomitenbergen und dem infolge eines plötzlichen Schlechtwettereinbruches abgeschlagenen Versuche der Durchkletterung der direkten Civetta-Nordwestwand zur Zinnenhütte kamen. Daß wir zunächst einmal der Kleinen Zinne unseren Besuch abstatteten, indem wir sie auf den vier damals bekannten Wegen überschritten (Aufstieg Nordwand Fehrmann-Weg, Abstieg Ostwandkamin, Wiederaufstieg Nordwand Originalweg, Abstieg Südwestweg), ist aus der magischen Anziehungskraft dieses Berges erklärlich. Den darauffolgenden Tag, es war der 5. September, wollten wir als Rasttag verstreichen lassen, da wir uns abgespannt fühlten und für die kommenden Tage noch mancherlei kräfteheischende Pläne geschmiedet hatten; nachträglich stellte sich heraus, daß wir uns auf der Coldaihütte eine Konservenvergiftung zugezogen hatten, welche sich vorerst in Ermüdungserscheinungen äußerte. Als wir jedoch beim Mittagessen saßen und die Sonne gar so schön zum Fenster hereinschien, vergaßen wir unsere Müdigkeit und entschlossen uns, eine Nachmittagstour zu unternehmen. Als geeignet dafür erschien uns die hübsche, unweit des Paternsattels aufstrebende Wand der Kleinsten Zinne, welche von der Hütte aus gut sichtbar war und nicht gar zu hoch aufragte. Bis zu diesem Moment hatten wir die Ersteigung dieses Turmes gar nicht in Erwägung gezogen, weil wir ja größere Unternehmungen ins Auge gefaßt hatten.

Kleinste Zinne und Punta Frida von Süden.

Die Vorbereitungen zur Tour waren rasch getroffen: wir holten unser 30-Meter-Seil und gingen um 15 Uhr, so wie wir waren, los; in Kletterschuhen, nur im Kletterjanker, ohne Rucksack, ohne Proviant und ohne einen einzigen Haken. Wir wollten versuchen, die Kleinste Zinne in der Richtung zur Punta di Frida, von der sie durch die Kleinste Zinnenscharte (ca. 2600 m) getrennt ist, zu überschreiten, zumal anzunehmen war, daß der Abstieg über die von der Hütte abgekehrte Bergseite leichter sein werde als der Weg über die Aufstiegswand. Preuß' Schwester wußte von unserem Vorhaben.

Bald waren wir am Paternsattel und querten auf der Nordseite, um das obere Ende der kleinen Geröllrinne zu erreichen, welche zwischen dem der Kleinsten Zinne östlich vorgelagerten, etwa 50 Meter hohen Zacken und der Kleinsten Zinne eingebettet ist. Der Zacken steht oben mit dem Bergmassiv durch einen vorspringenden Block in Verbindung. Aus der Geröllrinne geht es rechts haltend aufwärts, bis ein Band nach links in einen Kamin führt, durch den man eine Scharte des Zackens erreicht. Jetzt muß man auf der Nordseite desselben linkshaltend über eine Wandstelle hinauf und dann schräg rechts auf die von dem oben erwähnten Block gebildete Brücke empor. Nun ging es auf einem guten Bande des Bergmassivs etwa eine Seillänge nach rechts; es galt, die hoch oben ansetzende, auffallende Kaminreihe zu gewinnen, welche bis in die Gipfelscharte führt. Das große Fragezeichen war für uns die senkrechte Wandstelle über uns, die zu überwinden war und die erst ein gutes Stück über unseren Köpfen von einem seichten Riß durchzogen erschien.

Auf der äußersten Kante einer abgesprengten Platte auf den Zehenspitzen balancierend, unterzog Preuß diese »haarige« Stelle einer gründlichen Untersuchung, bevor er sich mit dem gewohnten »Achtung, Tiger!« von dem sicheren Boden abstieß, um wieder einmal den Beweis seiner Meisterschaft zu liefern. Wer ihn jemals an schweren Stellen klettern gesehen hat weiß, wie ausgeglichen seine Bewegungen waren und wie sehr sie den Anschein erweckten, als gebe es nichts Einfacheres. 18 Meter über dem Bande erreichte er den ersten Standplatz, das sagt genug. Die Wand gilt auch nach modernen Begriffen als sehr schwierig und hat, da diese Tour inzwischen Modetour geworden ist, bereits mehrere Opfer gefordert. Wenn sich in der Wand Mauerhaken vorfinden, rühren sie von unseren Nachfolgern her.

Das stärkste Bollwerk war genommen: Schwierig ging es nun schräg links zu der erwähnten Kaminreihe, welche in abwechslungsreicher Kletterei bis knapp unterhalb des Gipfels verfolgt wird und aus der man denselben nach rechts aufwärts erreicht. Der Aufstieg hatte uns länger aufgehalten, als wir gedacht hatten, die Tage waren schon recht kurz, es dämmerte, als wir uns zum Abstieg über die – wie sich nun herausstellte – schwierige Südwestwand anschickten. Obwohl wir uns, um das drohende Biwak zu vermeiden, zweimal ein Stück weit abseilten, gerieten wir in die Nacht und mußten halbwegs zwischen Gipfel und Karboden in einer kleinen, nach außen geneigten Wandeinbuchtung biwakieren. Wir banden uns mit dem Seile an die Felsen und froren gottsjämmerlich dem kommenden Tage entgegen. Es war daher – abgesehen von dem Umstand, daß wir keine Haken mitgenommen hatten – schon aus Zeitmangel nicht möglich, eine Woche lang Vorbereitungen für die geschilderte Bergfahrt zu treffen.

(Mitteilungsblatt für Touristik und Wintersport, VI, 27. April 1928)

Die Nordwestwand der Civetta.

Paul Preuß – sein Leben, seine Ansichten, seine Taten sind später häufig falsch oder verzerrt dargestellt worden. Sicher hat es zwischen den beiden Weltkriegen auch politische Gründe gegeben, Paul Preuß, den Juden, zu verleumden, seine Leistungsfähigkeit zu schmälern. Ihn als »Bergschlosser« hinzustellen, ist grober Unfug. Wie oft wird seine Einstellung zum Haken heute noch falsch interpretiert, seine Aussagen kletternden Mädchen gegenüber als Frauenfeindlichkeit hingestellt.
Paul Preuß hätte die Energie und die Fähigkeit gehabt, die direkte Civetta-Nordwestwand zu klettern. Das schlechte Wetter hat einen Versuch nicht erlaubt. Wäre Preuß Emil Solleder um mehr als zehn Jahre zuvorgekommen, wir täten uns heute noch schwerer, den Menschen hinter dem »Helden« zu sehen.
Paul Preuß hat das Freiklettern nicht erfunden, er hat ihm jene geistige Basis gegeben, die es heute noch trägt. Auch wenn viele junge Sportkletterer noch nicht wissen, wer der große Vater ihres Tuns ist, das Bergsteigen wäre in vieler Hinsicht ärmer, hätte ihm Paul Preuß nicht einen Teil seines intensiven Lebens gewidmet.

Emil Solleder

Tourenbericht von Paul Preuß
(unvollständig)

»Der kompletteste Alpinist der Bergsteigerwelt.« Franz Nieberl

(a = allein, I = 1. Begehung, II = 2. Begehung, III = 3. Begehung)

1904

Juni:
Schneeberg

1905/06

Sandling (Westwand I)
Loser
Saarstein (mehrmals)
Bräuningzinken
Eisenhut
Trisselwand (a)
Rax (mehrmals)
Schönberg

1907

Juni:
Rax
Schneeberg
Tamischbachturm
Großer Priel
Kleiner Buchstein (a)
Peternscharte

Juli:
Woising
Wilder Gößl

August:
Trisselwand
Sandling
Eisenhut
Preber
Loser, Scharfberg

September:
Saarstein
Däumling
Stober – Großer Priel

November:
Schneeberg

Dezember:
Schöpfel
Rax

1908

Mai:
Hohe Wand

Juni:
Rax (2mal)
Ötscher
Rax

1908 (Fortsetzung)

Juli:
Planspitze (a)
Grimming

August:
Totes Gebirge (diverse kleinere Ausflüge)
Sturzhahn-Salzsteig-Goßl
Dachstein-Hozpürglhorn-
Große Bischofsmütze-Dachstein

September:
Trisselwand-Westwand (III a)
Traweng (II a) Ostgrat
Großer-Kleiner Tragl-Sturzhahn (a)

Oktober:
Eiskarlspitze (a)
Schöberl (a)
Dachstein-Südliches Dirndl (a)

November:
Planspitze
Hochtor (a)
Schneeberg
Peilstein
Schneeberg
Hohe Wand

Dezember:
Schneiderkogel
Almkogel (a)
Sturzhahn (a)

1909

März:
Schneeberg
Loser-Hochanger
Bräuningzinken
Wilder Gößl
Großer Priel

Mai:
Rax (mehrmals)
Hochtor
Hohe Wand

Juni:
Rax (2mal)
Tamischbachturm
Kleiner Buchstein
Eiskarlspitze (a)
Dachstein

Juli:
Loser-Hochanger-Bräuningzinken
Karnische Hauptkette
Großglockner
Riffelscharte
Rax

August:
Mont Bouvin-Todthorn-la Zaa (a)
Wildstrubel-Schneehorn
Watzsteinhorn-Plaine morte

September:
Sandling (a)
Sandling

Oktober:
Rax (zweimal)
Hochtor

November:
Großer Buchstein
Rax
Laargang
Sonnwendstein

Dezember:
Großer und Kleiner Tragl
Wildenkarkogel
Hoher Dachstein
Großer Hundstein
Sulzfluh
Fuorcla Buin
Dreiländerspitze-Hintere Jamspitze
Grenzeckkopf

1910

Januar:
Medrig-Fugler-Medrig
Rotbleißkopf

Februar:
Stuhleck
Loser
Rax
Seckauer Zinken
Warscheneck
Muckenkogel

März:
Bachauerscharte-Breithorn
Stuhleck
Tiroler Kogel-Ahornberg
Hochkönig
Lammkopf

April:
Bratschenkopf
Hinterer Brunnenkogel
Wildspitze
Mittlere Guslarspitze-Hintere Guslarspitze-Nock
Fluchtkogel-Großer Rauhenkopf

1910 (Fortsetzung)

Rinnenkogel-Bodenschneid-Schreibkogel-Rotkopf

Mai:
Österreichischer Schinder
Venedigerscharte-Kleinvenediger-Großvenediger-Hohes Aderl
Großer Geiger
Rotwand-Ruchenköpfe
Brandkogel

Juni:
Stripsenkopf
Totenkirchl
Elmauer Halt
Kleine Halt-Gamshalt
Totenkirchl

Juli:
Zugspitze
Totenkirchl
Predigtstuhl
Hoher Angelus-Vertainspitze
Ortler (über Marltgrat)
Ortler (über Hochjochgrat)

August:
Zebrù (a)
Hochleitenspitze-Bärenköpfe
Dreisprachenspitze
Monte Scolluzzo
Monte Livrio-Tuckettspitze
Trafoier Eiswand (Nordwand führerlos)-Turwieserspitze-Eiskogel
Königspitze
3 Zufallspitzen
Grasleitenturm
Winkler Stabeler-Delago-Piazturm
Punta Emma
Marmolada (Südwand)
Zahnkofel
Grohmannspitze (Südwand führerlos I)
Fünffingerspitze
Große Tschierspitze
Kleine Zinne (Ostwand)

September:
Trisselwand
Trisselwand
Sturzhahn
Hochtor
Trisselwand
Hoher Sandling
Hoher Sandling (Westwand III a)

Oktober:
Dachstein
Festkogel
Sturzhahn
Sturzhahn (a)
Traweng (Nordwand) (I)
Große-Kleine Bischofsmütze, Wesselyturm
Trisselwand

Der Rosengarten von Osten.

»Ich war immer und bin noch ein begeisterter Bergsteiger. Obwohl ich auch in meinen besten Jahren nie die Klasse Pauls erreichte, bin ich in mancher Hinsicht in seine Fußstapfen getreten. Die Tagebücher Pauls habe ich erst 1961 zu Gesicht bekommen. Man hat sie mir wohl in jungen Jahren absichtlich vorenthalten, um jede Aneiferung zu vermeiden. Es war für mich interessant zu sehen, in wievieler Hinsicht seine Eintragungen die gleichen waren wie meine eigenen und wie sich die gleichen Bergnamen und Orte wiederholten.« Edi Schaar

»Rizzi hat auch weder Astralleib noch Saugwarzen gehabt.«
Paul Preuß

»Delagoturm (Rosengarten-Gruppe): Dieser Anstieg hat vor der üblichen Route, ohne die Schwierigkeiten bedeutend zu erhöhen, den Vorteil, nach Regen früher zu trocknen. Außerdem verläuft er vollkommen in den Felsen des Delagoturms.«
Paul Preuß

1910 (Fortsetzung)

Sandling
Trisselwand
Totenkirchl (2mal)

November:
Totenkirchl
Rotwand-Auerspitze-Hochmiesing-Taubenstein

Dezember:
Zugspitze
Kellenspitz-Gschützspitze-Gamskarspitze
Frauenwand-Schwarze Pfann (a)
Stripsenkopf
Kitzbühler Horn (a)
Großer Möseler

1911

Januar:
(Höchste) Hornpsitze
Bodenschneid-Stümpfling-Schreikogel
Roßkopf-Rotkopf-Stolzenberg
Österreichischer-Bayerischer Schinder

Februar:
Jägerkamp-Alplspitze-Rotwand-Auerspitze
Wildalpjoch
Hölltorkopf
Alpspitze-Kampl
Winstirlkopf

März:
Hohenburg-Nördlicher Bärenkopf
Kampl
Hochanger
Moosberg
Loser

April:
Rax (2mal)
Lawinenstein-Schneiderkogel
Großer und Kleiner Brieglersberg-Scheiblingtragl-Großer und Kleiner Tragl (2mal)
Gefrorene Wandspitze-Riffler

Mai:
Olperer
Pyramidenspitze-Naunspitze
Vogesenwanderung und Schwarzwaldwanderung
Feldberg-Stripsenkopf
Kleiner Waxenstein-Zwölferkopf-Großer Waxenstein

Juni:
Schneespitze
Agelspitze
Geißwandspitze-Roter Grat-Hochgrindl-Untere Hochtrog-Hofmannspitze
Königshofspitze
Hochgewänd-Botzer-Becher-Wilder Freiger
Wilder Pfaff-Zuckerhütl

Juni:
Grasleitenturm-3 Grasleitenspitzen
Mittlerer und Hinterer Molignon-Untermojakogel-Seekogel-Kesselkogel-Cima di Lausa-Cima di Lasec
Punta Emma

Juli:
Karlspitzen-Totenkirchl
Totenkirchl
Kleiner Litzner (Südwestgrat I)
Kleiner Litzner (a)
Großes Seehorn-Großer Litzner (a)
Großes Seehorn (Nordostwand I)
Kleiner Litzner (Nordgrat a)
Großer Litzner (Nordwand I)
Glötterspitze (a)
Verhupspitze-Südliche Lobspitze
Totenkirchl
Predigtstuhl-Kleine und Hintere Goinger Halt
Totenkirchl-Westwand (teilweise neuer Anstieg) (a)
Guglia di Brenta (Ostwand I a)
Crozzon di Brenta
Cima Tosa (2mal) (Südwand II, Ostwand II)
Guglia di Brenta (I. Überschreitung)

August:
Crozzon di Brenta (Nordostwand I)
Cima Tosa
Torre di Brenta
Croz del Altissimo (Südwand II)
Kleine Fermeda
Grohmannspitze (Südostwand II)
Langkofel
Langkofeleck (Ostwand II)
Innerkoflerturm (Südostwand II)
Innerkoflerturm (Südwand II)
Fünffingerspitze
Zahnkofel
Langkofel
Langkofeleck
Fünffingerspitze
Grohmannspitze
Sellajoch
} (a) I. Überschreitung an 1 Tag
Rosengartenspitze
Delagoturm (Nordwestwand III)
Stabelerturm-(Südwand II)
Winklerturm
Delagoturm (Südwandkante II)
Stabelerturm
Winklerturm-Piazturm
Punta Emma
Delagoturm (Südl. Kamin I)
Stabelerturm
Winklerturm

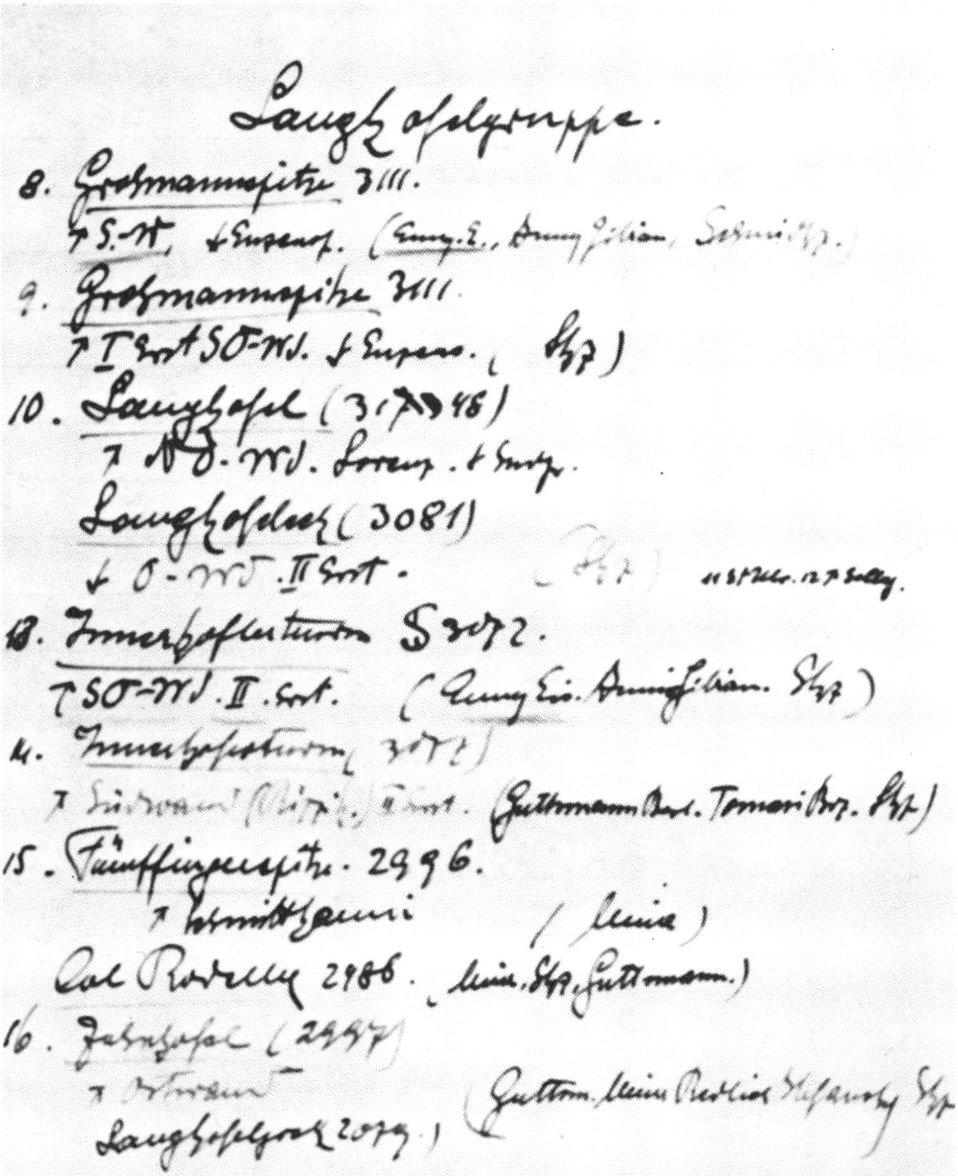

Auszug aus dem Tourenbuch von Paul Preuß, August 1911. Nur wenn man bedenkt, wieviele Neutouren, frühe Wiederholungen Paul Preuß damals geklettert hat, wird seine Bedeutung klar.

»Noch sehe ich das begeisterte Leuchten seiner blauen Augen, als er auf vorgebrachte Zweifel an der Ersteigbarkeit der oberen Partien nur einen Ausruf hatte: ›Sagt was ihr wollt, das ist das schönste Problem im Gosaukamm.‹« Hans Reinl

Der Mandlkogel von Norden.

1911 (Fortsetzung)

Punta Emma
Vajolet-Ostturm
Vajolet-Nordturm

September:
Kleine Zinne (I. Doppelüberschreitung)
Kleinste Zinne (I. und I. Überschreitung)
Trisselwand
Loser
Hochanger-Bräuningszinken
Hochtor
Sturzhahn
Traweng (Nordwand I)

Oktober:
Trisselwand (I)
Großer Ödstein (II. Nordkante)
Kleiner Ödstein
Hochtor
Hochtor
Planspitze
Hoher Dachstein
Hoher Dachstein
Hochtor
Scheiblingstein

November:
Fehlt.

Dezember:
Stripsenkopf-Pyramidenspitze

1912

Januar:
Hochmühleck
Lawinenstein
Kleiner Galtenberg
Seebachkopf
Alpspitze

Februar:
Mittlerer Drusenturm
Ofenpaß (P. 2337 a)
Geißspitze
Gohnerjoch
Rotwand
Auerspitze
Hohenburg
Hohe Riffl-Burgstall
Johannisberg-Burgstall

März:
Bärenkopf-Glockerin-Kleiner und Mittlerer Bratschenkopf-Großer Wiesbachhorn-Glocknerin
Großglockner
Kleine Gubachspitze
Vordere Habachspitze
Atznerkopf

April:
Ehrenbachhöhe (2mal)

1912 (Fortsetzung)

Kitzbühler Horn
Großvenediger-Hohes Aderl
Dreiherrenspitze

Mai:
Ruchenköpfe
Auerspitze
Elmauer Halt
Zwei Törlspitzen
Westliche Törlspitze
Großer Löffler-Trippachspitze

Juni:
Floitenspitze
Großer Möseler
Sattelnock-Turnerkamp (Südgrat)-Eisbuckjoch
Totensessel
Totenkirchl
Törlturm
Mitterkaiser
Totenkirchl
Predigtstuhl

Juli:
Kleine Halt (a)
Totenkirchl
Aiguille de la Brenva (a)
Mont Chétif
Mont Brise

August:
Mont de la Save
Tête Bernarde
Aiguille de Chatelet
Aiguille de l'Evèque (a)

September:
Klammkogel
Trisselwand (7mal)
Loser-Hochanger
Brauningzinken

Oktober:
Loser-Hochanger
Branningzinken-Schwarzmooskogel
Großer-Kleiner Wildenkogel
Hirschkaarbühl-Mittlerer Bruderkogl-Wilder Gößl-Plattenkogel
Rothkogel-Salzofen-Vorderer Ofenkogel-Weiße Wand-Traglhals
Großes/Kleines Tragl-Lechkogel-Scheiblingstragl
Schneiderkogl-Lawinenstein
Kleiner/Großer Briglersberg-Kraxenberg-Mitterberg-Hebenkas
Hahnenkamm

November:
Mölserberg-Torspitze

Dezember:
Wasserspitze

1912 (Fortsetzung)

Bodenschneid-Rinnerspitze
Ehrenbachhöhe-Hahnenkamm
Pengelstein
Loser-Hochanger

1913

Januar:
Mittlerer Schwarzmooskogel
Scharzmoosscharte-Schönberg
Hochkönig-Lammkopf
Bodenschneid-Rainerkopf

Februar:
Kleiner Schneeberg
Hochkönig
Röthelstein-Kampl
Lawinenstein
Traglhals-Hochweiß
Almkogel-Kleiner Kraxen-Sonnleitstein
Großer Priel-Rothkogel
Hochkopf
Kleiner-Großer Woising-Klammkogel
Großer Gsollberg-Hochkopf

März:
Zugspitze
Hochfeller

April:
La Tresenta
Rocca di Gran Paradiso
Gran Paradiso
Ciarforon
Pyramide Vincent
Stollenberg
Zumsteinspitze-Lysjoch
Punnta Gnifetti-Parrotspitze
Lysjoch-Schwarzhorn

Mai:
La Mongia-Pizze Capuzzi
Piz Glüschaint
Pizzo Sella-Gümels
Il Chaputschin
Ruchenköpfe

Juni:
Hoher Gaif
Hochwanner (Nordgrat I)
Kleiner Wanner (Nordostgrat II)
Totenkirchl
Mitterkaiser (Nordgipfel I)
Öfelekopf (Westgipfel Südgrat)
Öfelekopf (Ostgipfel Ostgrat)

Juli:
Aiguille Gamba (I)
Aiguille Jos. Croux (Südgrat I)
L'Innominata (Südostgrat I)

August:
Aiguille Rouge de Triolet
Aiguille Isabella
Grand Pt. Flambou
Aiguille du Géant
Aiguille Savvie (Südostgrat I)
Pointe des Papillons (Hausgipfel I a)
Aiguille Rouge de Triolet (Südgrat)
Aiguille Noire de Peuterey
Aiguille Blanche de Peuterey (Südostgrat)

September–Oktober:
Strichkogel (Ostwand I)
Großer Ponnerkogl Nordwestgrat
Scharwandeck-Schwarwandspitze
Wasserkarturm (Ostwand I)
Däumling (I)
Große Bischofsmütze (Südwand I)
Gosauer Mandl (I)
Freyaturm (Nordkante I)
Schafkogel (Nordwand I)

»Scharwandeck: Landschaftlich überaus reizvolle, nur mittelschwere Kletterei.« *Paul Preuß*

(Deutsche Alpenzeitung, XIII, 1913/14, Nr. 19, Januar 1914)

Vortrags-Programm von Paul Preuß

»Aber was ihn sogar noch berühmter machte als seine Heldentaten, waren seine vielen Vorträge und Abhandlungen, welche praktisch das gesamte Gebiet des Bergsteigens umfaßten.«
Günther Freiherr von Saar

Allgemeine Themen

Geschichte und Entwicklung des modernen Alpinismus, Alpinismus, Sport und Kultur. Ost- und Westalpen. Der Alpinismus bei uns und in anderen Ländern. Klettertechnik. Eistechnik. Skitechnik. Alpine Technik. Geschichte des Skilaufes und der Skitouristik. Wintersport und Hochtouristik. Wintertouren alten Stiles. Skihochtouristik. Von schweren und schwersten Klettertouren. Ernstes und Heiteres vom Schwierigkeitsbegriff. Schwierigkeit und Gefahr beim Bergsteigen. Meine schönsten Bergfahrten. Auf neuen Touren. Meine erste Hochtour. Die Handhabung des Seiles. Einführung in den Skilauf. Einführung in die Hochtouristik.

Vorträge über spezielle Touren und Gebiete

1. **Nördliche Kalkalpen:** Aus dem Wiener Ausflugsgebiet (Rax und Schneeberg). Die Ennstaler Berge (Hochtor Nordwand, Ödstein-Nordkante etc.) Aus der Dachstein-Gruppe Südwände etc. (Ski- und Wintertouren). Das Tote Gebirge – ein Skidorado. Klettertouren im Toten Gebirge. Auf Ski durch das Steinerne Meer. Ein verbotener Berg (Drei Skitouren auf den Hochkönig). Skifahrten in den Kitzbüheler Bergen. Klettertouren im Wilden Kaiser. Das Totenkirchl. Winter auf Deutschlands höchstem Gipfel. Klettertouren im Wetterstein. Der Gosauer Kamm u. a. m.

2. **Zentralalpen:** Die Hohen Tauern im Winter (Skitouren auf Großglockner, Venediger, Wiesbachhorn, Geiger, Dreiherrenspitze etc.). Winter und Frühling im Zillertal (Löffler, Mösele, Thurnerkamp etc. mit Ski). Skitouren auf den Olperer und die Gefrorene Wand. Frühlingsskitouren im Stubai (Zuckerhütl, Wilder Freiger, Bozer etc.). Skitouren im Ötzel (Wildspitze etc.). Auf Ski quer durch die Silvretta. Neue und alte Klettertouren in der Silvretta. Aus der Ortler-Gruppe (Marltgrat, Suldengrat, Bäckmanngrat).

3. **Südliche Kalkalpen:** Aus der Brenta-Gruppe. Die erste Überschreitung der Guglia. Der Crozzon etc. Dolomiten: (fast alle »Modetouren«) Vajolettürme, Marmolada-Südwand, Punta Emma, Piazkamin, Adangkamin, Fünffingerspitze (3 Wege), Langkofel (Überschreitungen), Grohmannspitze und Innerkoflerturm (je 3 Wege), Kleine Zinne (alle 4 Wege) etc.

4. **Westalpen:** Winter auf dem Monte Rosa (Ski), Skitouren in den Grajischen Alpen (Gran Paradiso etc.). Auf Ski im Reiche der Viertausender. Eine Überschreitung des Zinal-Rothornes. Altes und Neues aus der Montblanc-Gruppe. Die Aiguille Noire und Aiguille Blanche de Peuterey.

»Vor seinem Todessturze trug sich Preuß noch mit dem Plane, sich mehr mit alpinen Lichtbildervorträgen zu befassen. Hierzu hatte er in der Ausseer Buchdruckerei einen Prospekt in Druck legen lassen, den er an die in Betracht kommenden Vereine versenden wollte.«
Steirische Alpenpost

»Ausgestattet mit einer das gewöhnliche Maß weit überragenden Begabung verband er damit eine geradezu phänomenale Rednergabe und Fähigkeit des Ausdruckes, die es ihm, wie nicht leicht einem zweiten, ermöglichte, seine Ideen, deren der phantasiereiche Kopf unzählige barg, fruchtbringend und überzeugend zu entwickeln.« *Paul Jacobi*

Schrifttum von und über Paul Preuß

Zusammengestellt von Prof. Dr. Karl Mägdefrau

»Man warf ihm Akrobatismus vor, und er antwortete, daß zum Bergsteigen beides gehöre: die Kletterkunst sowie die Erfahrung des Alpinisten in Fels und Eis.«
Luis Trenker

Alpine Aufsätze

Deutsche Alpenzeitung:
XI/1 (1911), 242–244: Künstliche Hilfsmittel auf Hochtouren
XI/1 (1911), Mitteilungen Nr. 14, S. 9: Meine Antwort
XI/2 (1912), Mitteilungen Nr. 19, S. 115–116: Künstliche Hilfsmittel auf Hochtouren
XII/1 (1912), 10–13: Damenkletterei
XII/1 (1912), 165–169: Eine Tour in der Ortler-Gruppe: Trafoier Eiswand – Bäckmanngrat
XII/2 (1912), 87–91: Der Crozzon di Brenta
XII/2 (1913), Mitteilungen S. 35 und 40: Jagd und Skitourismus
XII/2 (1913), 247–249: Putzi als Skiläuferin
XIII/1 (1913), 77–81: Eine Frühlingsfahrt in das Zillertal
XVI (1920), 141–144: Eine Frühsommerreise um den Grasleitenkessel

Der Winter:
V (1911), 365–366: Das Winterhüttenproblem
VI (1911), 47–48: Die hochalpinen Gefahren des Winters
VI (1912), 350–352: Norwegische Rennen im alpinen Gelände
VI (1912), 368–371: Norwegische Dauerläufe in alpinem Gelände
VII (1912), 80–83: Die Amateurfrage
VII (1913), 357–360: Die Amateurfrage
VII (1913), 443–447: Eine Winterfahrt auf die Dreiherrenspitze

Mitteilungen des Deutschen und Österreichischen Alpenvereins:
37 (1911), 282–284: Künstliche Hilfsmittel auf Hochtouren
38 (1912), 91–93: Alpenvereinshütten im Winter (Pseudonym: P. Schulze)
38 (1912), 119–122: Neues zum Tourenprogramm der Saarbrücker Hütte
38 (1912), 265–269: Nordkante des Großen Ödsteins

Österreichische Touristenzeitung:
31 (1911), 242–246: Zwei Skitouren im Gebiet des Spannagelhauses

Steirische Alpenpost:
27, Nr. 48

Routenbeschreibungen

Mitteilungen des Deutschen und Österreichischen Alpenvereins:
37 (1911), 216: Priel-Gruppe, Traweng (Nordwand)
37 (1911), 245–246: Kleinste Zinne, Grohmannspitze (Südwestwand), Grohmannspitze (Südostwand), Delagoturm
37 (1911), 259: Großes Seehorn (Nordostwand), Groß-Litzner (Ostwand), Kleiner Litzner von Norden
37 (1911), 273–274: Trisselwand (Westpfeiler), Crozzon di Brenta (Nordostwand), Guglia di Brenta
39 (1913), 284: Mitterkaiser (»Griesener Schlucht«)
39 (1913), 337: Hochwanner (Nordgrat)
40 (1914), 21: Däumling (1. Ersteigung), Scharwandeck (Nordwand), Hohes Großwandeck (Südgrat)

Nachrufe und Gedenkaufsätze

(Anonym) Dr. Paul Preuß verunglückt. Mitteilungen des Du.OeAV 39 (1913), 299
W. Bing: Paul Preuß †. Mitteilungen des Du.OeAV 39 (1913), 323–324
W. Bing/F. Henning: Erinnerungen an Paul Preuß. Deutsche Alpenzeitung XII/2 (1913), 149–155

Bloßstock-Westwand, Elbsandsteingebirge.

»Wer als Sportkletterer Paul Preuß und seine Schriften nicht kennt, kennt sein Tun nicht.«
Reinhold Messner

K. BLODIG: Die Bergwelt des Cromertales (Touren mit Paul Preuß). Zeitschrift des Du.OeAV 43 (1912), 199–217

S. CASARA: Preuss, l'alpinista leggendario. Milano 1970. 382 S., 122 Abb.

A. DEYE: Erinnerungen an Paul Preuß. Nachrichten des Alpenvereins Donauland und des Deutschen Alpenvereins Berlin, Nr. 52 (1925), 155–157

A. HARTWICH: Paul Preuß. Berg und Ski, Zeitschrift des Alpenvereins Donauland, 17. Jahrg. (1937), Nr. 180, 3–7

P. JACOBI: Paul Preuß. Jahresbericht des Alpenklub »Hoch-Glück« 1912/13. Nochmals abgedruckt in »Bergsteigen als Lebensform«, herausgegeben von der Sektion Bayerland des DAV 1949, 15–17

K. MAIX: Paul Preuß – der Spaziergänger zu den Wolken. Jugend am Berg 1963, Heft 4, 117–123

E. OERTEL: Dr. Paul Preuß †. Österreich. Alpenzeitung 35 (1913), 375–377

H. REINL: Der Gosaukamm. Dr. Paul Preuß zum Gedenken. Zeitschrift des Du.OeAV 45 (1914), 219–263

G. VON SAAR: Paul Preuß. Alpine Journal 28 (1914), Nr. 203, 50–57

F. SCHMITT: Paul Preuß zur 20. Wiederkehr seines Todestages. Deutsche Alpenzeitung 28 (1933), 498–500

F. SCHMITT: Paul Preuß zum 50. Todestag. Jahrbuch des DAV 88 (1963), 182–191

G. W. YOUNG: The fatal accident to Dr. Paul Preuß. Alpine Journal 27 (1913), 427–429

Tourenbericht des Dr. Paul Preuß. Deutsche Alpenzeitung XIII (1914), Mitteilungen Nr. 19, 25–26

P. RELLY: Die Kleinste Zinne, 2698 m: Erste Ersteigung und Überschreitung von Nordosten nach Nordwesten. Mitteilungsblatt für Touristik und Wintersport VI (1928)